ニューヨーク
NEW YORK

おとな旅プレミアム PREMIUM

日本からのフライト時間
約12〜13時間

ニューヨークの空港
ジョン・F・ケネディ国際空港
マンハッタンまで車で約1時間
▶P182

ビザ
ビザは不要だが、ESTA（電子渡航認証システム）の申請が必要
▶P180

通貨と換算レート
USドル（US$）

$1=155円（2025年1月現在）

チップ

時差

日本

0	1	2	3	4	5	6	7	8	9	10	11	12	13	14	15	16	17	18	19	20	21	22	23

ニューヨーク

10	11	12	13	14	15	16	17	18	19	20	21	22	23	0	1	2	3	4	5	6	7	8	9

日本時間の前日

ニューヨーク

CONTENTS

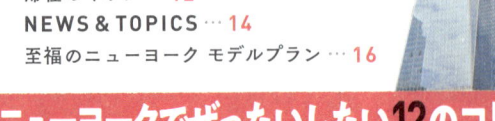

本書の使い方

●本書に掲載の情報は2024年7〜12月の取材・調査によるものです。料金、営業時間、休業日、メニューや商品の内容などが、本書発売後に変更される場合がありますので、事前にご確認ください。

●本書に紹介したショップ、レストランなどとの個人的なトラブルに関しましては、当社では一切の責任を負いかねますので、あらかじめご了承ください。

●料金・価格は「$」で表記しています。また表示している金額とは別に、税やサービス料がかかる場合があります。ホテルの料金はスタンダードな客室の1室あたりの最低料金を記載しています。

●電話番号は、市外局番から表示しています。日本から電話をする場合にはP.179／P.186を参照ください。

●営業時間、開館時間は実際に利用できる時間を示しています。ラストオーダー（LO）や最終入館の時間が決められている場合は別途表示してあります。

●休業日に関しては、基本的に年末年始、祝祭日などを除く定休日のみを記載しています。

本文マーク凡例

☎	電話番号	¥	料金
🅇	アクセス	HP	公式HP
所	所在地　Hはホテル内にあることを示しています	J	日本語が話せるスタッフがいる
営	営業時間	J	日本語のメニューがある
休	定休日		予約が必要、または望ましい
			クレジットカードが利用できる

地図凡例

★	観光・見どころ	N	ナイトスポット	SC	ショッピングセンター
血	博物館・美術館	R	飲食店	H	宿泊施設
★	アクティビティ	C	スイーツ&カフェ	i	観光案内所
E	エンターテインメント	S	ショップ	✈	空港

本書では、下記の略称を使用しています。
St.=Street　Rd.=Road　Dr.=Drive　Ave.=Avenue　Blvd.=Boulevard
Sq.=Square　Pl.=place　Is.=Island

あなたのエネルギッシュな好奇心に寄り添って、
この本はニューヨーク滞在のいちばんの友達です！

誰よりもいい旅を！ あなただけの思い出づくり

ニューヨークへ出発！

どこを歩いてもいつか映画で見たＮＹは今だって確かにあるが、
場面が移れば街はすっかり様変わりしている。
ブルックリンは急速に発展し、ハーレムも開かれた観を呈する。
古き良きエリアや進化する街を楽しめる旅に出かけよう。

大きな橋を渡ればそこは
憧れのブルックリン

『ティファニーで朝食を』
の世界に入れるような
ブルー・ボックス・カフェ

CAFE

WORLD TRADE CENTER

悲しい事件が起きた跡地にできたワールド・トレード・センターで平和を祈る

ハイラインを使い、高層ビルの合間を通り抜けられる

HIGH LINE

MoMAから行きますか、
それともメトロポリタン？

MoMA

メトロポリタン美術館

近現代の美術家の作品が
多く展示されているニュー
ヨーク近代美術館

ベーグルもいいけれど
ＮＹのサンドイッチってイケます！

アメリカの歴史を物語る
NYのシンボル

TIMES SQUARE

自由の女神

観たいミュージカルは
早めにチケットを！

LEDディスプレイや看板
が夜遅くまで輝く、活気
ある街並みを楽しめる

シティはこうなっています！

ニューヨークのエリアと街

ニューヨーク観光はどのエリアから？

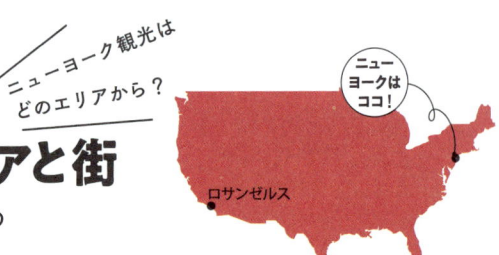

ニューヨークはココ！

ロサンゼルス

ニューヨーク市はマンハッタン、ブルックリンなど5つの
エリアからなる広い街。まずはその全体像を把握しよう。

摩天楼がそびえ立つニューヨークの顔

マンハッタン
Manhattan

ニューヨーク市の中心で、政治や経済、観光
の拠点。ブロードウェイや国連本部などがあ
り、超高層ビルが立ち並ぶ風景が象徴的。

洗練された雰囲気を漂わせる高級住宅街

アップタウン
Uptown

セントラル・パークの西が
アッパー・ウエスト、東が
アッパー・イースト。いず
れも高級住宅街が広がる。

人気の観光スポットやオフィスビルが集中

ミッドタウン
Midtown

5番街の西側は、観光名所や
ホテルが多い繁華街。東側
はビジネス街で、有名企業
の本社ビルが集まる。

新旧の魅力が凝縮した、古い歴史が息づく街

ダウンタウン
Downtown

古い歴史を持つ個性的な街
が隣接するエリア。最近は
若者向けのレストランや
ギャラリーなどが急増中。

ニューヨーク市
New York City

ニューヨーク州

ブロンクス

ニュージャージー州

アップタウン

セントラル・パーク

メトロポリタン美術館

マンハッタン

クイーンズ

ミッドタウン

ウィリアムズバーグ

ニューヨークの代名詞

マンハッタン
Manhattan

ダウンタウン

ワールド・トレード・センター

Ⓒ

Ⓐ ダンボ

Ⓑ ポコカ

エリス島

プロスペクト・パーク

自由の女神

リバティ島

自由の女神がある場所

リバティ島
Liberty Island

自由の女神が立つ小さな島。
マンハッタンの南西に浮か
び、バッテリー・パークか
らフェリーが出航。

スタテン島

ニューヨークってこんな街

広大なニューヨーク州にある経済都市
ニューヨークというと大都市を想像しがちだが、ニューヨーク州はカナダとの国境まで広がる広大な州。その中心となるニューヨーク市は、マンハッタン、ブルックリン、クイーンズ、ブロンクス、スタテン島の5つの行政区で成り立っている。

観光の中心はマンハッタンとブルックリン
ニューヨーク市のなかでも、主な観光スポットがあるのはマンハッタンとブルックリン。特にマンハッタンには多くの見どころが集中している。自由の女神があるリバティ島はニュージャージー州だが、公園の管理はニューヨーク市が任されている。

ヒップホップ発祥の地
ブロンクス
Bronx
かつては治安の悪い地域だったが最近は改善。ヒップホップやラップ音楽が生まれた街として有名。

0　2km

国際色豊かな移民の街
クイーンズ
Queens
5つの区のなかで最も広く、多様な民族が集まる移民の居住地。ジョン・F・ケネディ国際空港がある。

ジョン・F・ケネディ国際空港 ✈

ブルックリン

最新トレンド発信地
ブルックリン
Brooklyn

⚓リバティ島にそびえる自由の女神はアメリカのシンボル。近くで見るとその迫力に驚く

緑あふれる静かな島
スタテン島
Staten Island
マンハッタンの南に位置する大きな島。落ち着いた住宅地で、湖や緑地などの自然にも恵まれている。

かつての倉庫街がおしゃれなエリアに変身
ブルックリン
Brooklyn
イースト・リバーを挟んでマンハッタンの東側に位置。もとは倉庫街だったが、近年の再開発によりおしゃれなショップやレストランが続々とオープン。

倉庫を改装したアート系のショップが充実
Ⓐ ダンボ ▶P28
Dumbo
ブルックリン・ブリッジ近くにあり、対岸のマンハッタンの眺望は抜群。ギャラリーが多いアートの街でもある。
🚗ジョン・F・ケネディ国際空港から車で55分

落ち着いた街並みが広がる3エリアの総称
Ⓑ ボコカ ▶P32
Bococa
ボアラム・ヒル、コブル・ヒル、キャロル・ガーデンの3地区からなる。静かな街の中に素敵なショップが点在。
🚗ジョン・F・ケネディ国際空港から車で50分

ブルックリンの流行を牽引する人気エリア
Ⓒ ウィリアムズバーグ ▶P30
Williamsburg
1990年代から若いアーティストが移り住み、ブルックリンブームの先駆けに。センスの良いギャラリーやカフェなどが集まる。野外のグルメイベントにも注目したい。
🚗ジョン・F・ケネディ国際空港から車で50分

マンハッタンのエリアと主要スポット

どこに何がある？
どこで何する？

「ニューヨーク」というとき、一般的には「マンハッタン」を指すことが多い。
主要な見どころがほぼ集まっていて観光の中心となる。エリアの位置を押さえておきたい。

大勢の観光客で賑わう眠らない街

NY最大の繁華街

D ミッドタウン・ウエスト ▶P152
Midtown West

5番街から西側は、タイムズ・スクエアやブロードウェイの劇場街など、主要な見どころが集中するエリア。夜遅くまで賑わうエネルギッシュな繁華街で、世界中から多数の観光客が押し寄せる。
✈ジョン・F・ケネディ国際空港から車で1時間

歴史ある街で最新アートを鑑賞

F チェルシー／グラマシー ▶P156
Chelsea／Gramercy

多数のギャラリーが集まるチェルシーは最新アートの拠点。グラマシーは閑静な住宅地で落ち着いた趣がある。
✈ジョン・F・ケネディ国際空港から車で50分

流行に敏感なファッショナブルタウン

H ソーホー／ノリータ ▶P38
Soho／Nolita

以前は倉庫街だったが、現在は一大ショッピングエリアに。高級ブティックから個人経営のショップまで揃う。
✈ジョン・F・ケネディ国際空港から車で1時間

倉庫街からセレブに人気の街へ

J トライベッカ
Tribeca

古い倉庫街に芸術家が暮らし始め、今やセレブが住む高級住宅地に。洗練された店が多く、街歩きが楽しい。
✈ジョン・F・ケネディ国際空港から車で55分

高層ビルが立ち並ぶオフィス街

E ミッドタウン・イースト
Midtown East ▶P154

5番街から東側の一帯は、新旧の高層ビルがひしめく世界屈指のビジネス街。有名デパートや高級ブランド店が並ぶ5番街でのショッピングも楽しめる。
✈ジョン・F・ケネディ国際空港から車で50分

工場跡が話題のスポットに変身

G MPD（ミート・パッキング・ディストリクト）／グリニッチ・ビレッジ ▶P158
MPD（Meat Packing District）／Greenwich Village

精肉工場の倉庫跡を利用したおしゃれな店が続々と誕生。多くの文化人が愛したグリニッチ・ビレッジは石畳の街並みが美しい。
✈ジョン・F・ケネディ国際空港から車で1時間5分

移民たちが暮らす活気あるエリア

I チャイナタウン／ ▶P160
ロウアー・イースト・サイド
Chinatown／Lower East Side

レストランや食材店が集まる活気あふれるチャイナタウン。その東側はユダヤ系移民の開拓時代の面影が残るエリアだ。
✈ジョン・F・ケネディ国際空港から車で55分

多様な民族の文化や歴史が共存

K イースト・ビレッジ
East Village

ロシアやウクライナからの移民が暮らす穏やかな住宅街。トンプキン・スクエア・パークなど緑豊かな公園もある。
✈ジョン・F・ケネディ国際空港から車で1時間

マンハッタン
Manhattan

ハーレム
L

ワーズ島

メトロポリタン
美術館

アッパー・
ウエスト・サイド **M**

セントラル・
パーク

N アッパー・
イースト・サイド

ミッドタウン・
ウエスト **D**

E ミッドタウン・
イースト

リンカーン・トンネル

クイーンズ・ミッドタウン・トンネル

ハドソン・ヤーズ

エンパイア・ステート・ビル

チェルシー **F**

F グラマシー

グリニッチ・
ビレッジ

MPD
（ミート・パッキング・
ディストリクト）**G**

G

K イースト・ビレッジ

H

I ロウアー・
イースト・サイド

ソーホー **H**

ノリータ

ウィリアムズバーグ・
ブリッジ

ホランド・トンネル

I チャイナタウン

トライベッカ **J**

マンハッタン・ブリッジ

イースト・
リバー

ブルックリン・ブリッジ

ワールド・トレード・センター

O ロウアー・マンハッタン

エリス島

ガヴァナーズ島

0　　　　1km

通りの特徴と歩き方

碁盤の目のように整備された街並み
マンハッタンの街は、南北に走るアベニューと東西に走るストリートで構成。地下鉄の駅は交差点にあることが多く、駅名には通りや大型施設の名が使われていてわかりやすい。

ブラック・カルチャーを発信

L ハーレム ▶P164
Harlem

ジャズやゴスペルなどの文化を生んだ黒人コミュニティの中心地。最近は観光客が入りやすい店も増えている。
⊗ジョン・F・ケネディ国際空港から車で50分

文化の薫り漂う静かな住宅地

M アッパー・ウエスト・サイド
Upper West Side

セントラル・パーク西側にある落ち着いた住宅街。リンカーン・センターやアメリカ自然史博物館などがある。
⊗ジョン・F・ケネディ国際空港から車で1時間15分

マンハッタン屈指の高級住宅街

N アッパー・イースト・サイド
Upper East Side

セントラル・パークの東側、豪邸が立ち並ぶ高級住宅街。5番街沿いには、多数の美術館や博物館が集まる。
⊗ジョン・F・ケネディ国際空港から車で1時間

世界一の金融街がある商業地区

O ロウアー・マンハッタン ▶P162
Lower Manhattan

アメリカ経済
の中心地

世界経済を動かすウォール街があるマンハッタンの最南端エリア。同時多発テロの被害を受けたワールド・トレード・センターは再建が進められ、新たなランドマークに。バッテリー・パークからは自由の女神を一望できる。
⊗ジョン・F・ケネディ国際空港から車で50分

まずはこれをチェック！
滞在のキホン

ニューヨークへ出発する前に知っておきたいフライトや交通、通貨と物価、イベント情報などを確認したい。

ニューヨークの基本

❖ **地域名（国名）**
アメリカ合衆国
ニューヨーク州
ニューヨーク市
New York City,
State of New York,
U.S.A.

❖ **州都**
オールバニー
Albany

❖ **人口（ニューヨーク市）**
約833万6000人
（2024年7月推計）

❖ **面積（ニューヨーク市）**
約784km²

❖ **言語**
英語

❖ **宗教**
キリスト教

❖ **政体**
大統領制、連邦制

❖ **大統領**
ドナルド・トランプ
（2025年1月〜）

✈ 日本からの飛行時間

❖ **約12〜13時間。直行便は日本の主要空港から就航**

日本からニューヨークまでは約12〜13時間。羽田空港、成田国際空港など主要な空港から複数便就航。ニューヨークの玄関口はジョン・F・ケネディ国際空港とニューアーク・リバティ国際空港。近郊には、アメリカ国内線のみが発着するラガーディア空港もある。

💴 為替レート&両替

❖ **$1（USドル）=155円。銀行、両替所を利用**

通貨の単位はUSドルで、$1＝155円（2025年1月現在）。両替はニューヨークではレートが悪く高いので、日本で済ませるのがベスト。現地での両替は、空港の両替所や銀行、大手ホテルのフロントで可能。安全性や利便性を考慮して、手持ちの現金は最小限にしたい。

⊛ パスポート&ビザ

❖ **ビザは不要だがESTA渡航認証が必要**

90日以内の観光ならビザは不要だが、ESTA渡航認証が必要。搭乗前にオンライン上で取得することが義務づけられている。登録を怠ると搭乗拒否、入国拒否されることがあるので渡航72時間前には手続きを済ませたい。パスポート残存期間は90日以上が目安。

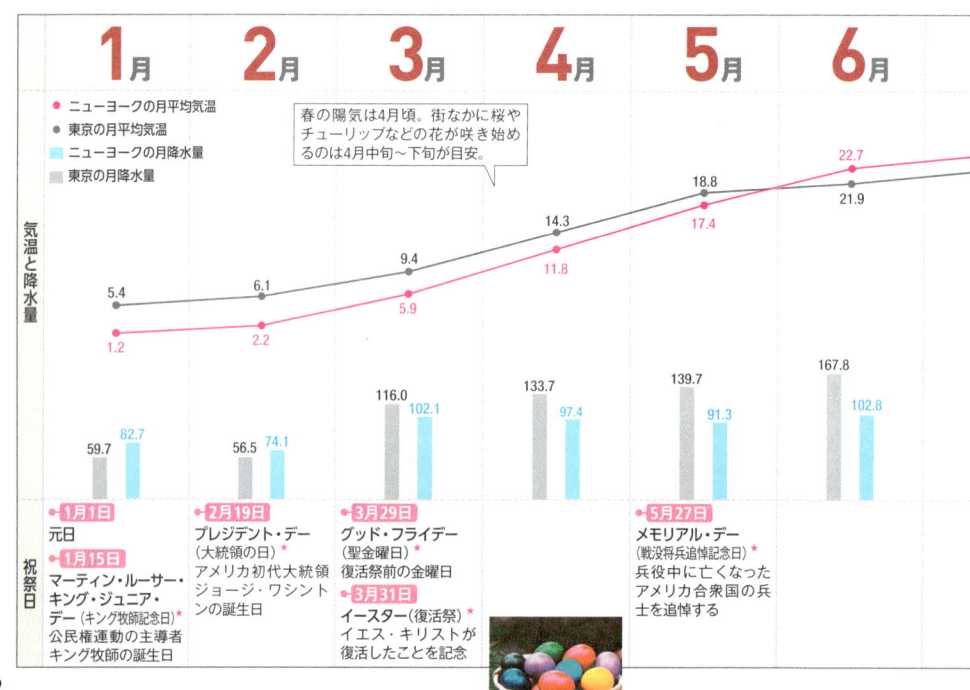

気温と降水量

- ● ニューヨークの月平均気温
- ● 東京の月平均気温
- ■ ニューヨークの月降水量
- ■ 東京の月降水量

	1月	2月	3月	4月	5月	6月
ニューヨーク平均気温	1.2	2.2	5.9	11.8	17.4	22.7
東京平均気温	5.4	6.1	9.4	14.3	18.8	21.9
東京降水量	59.7	56.5	116.0	133.7	139.7	167.8
ニューヨーク降水量	82.7	74.1	102.1	97.4	91.3	102.8

春の陽気は4月頃。街なかに桜やチューリップなどの花が咲き始めるのは4月中旬〜下旬が目安。

祝祭日

1月1日
元日

1月15日
マーティン・ルーサー・キング・ジュニア・デー（キング牧師記念日）*
公民権運動の主導者キング牧師の誕生日

2月19日
プレジデント・デー（大統領の日）*
アメリカ初代大統領ジョージ・ワシントンの誕生日

3月29日
グッド・フライデー（聖金曜日）*
復活祭前の金曜日

3月31日
イースター（復活祭）*
イエス・キリストが復活したことを記念

5月27日
メモリアル・デー（戦没将兵追悼記念日）*
兵役中に亡くなったアメリカ合衆国の兵士を追悼する

日本との時差

❖ **日本との時差は−14時間。日本が正午のとき、ニューヨークは前日の22時。サマータイム実施時は−13時間。**

日本	0	1	2	3	4	5	6	7	8	9	10	11	12	13	14	15	16	17	18	19	20	21	22	23
ニューヨーク	10	11	12	13	14	15	16	17	18	19	20	21	22	23	0	1	2	3	4	5	6	7	8	9

前日 ／ 同日

言語

❖ **基本は英語。簡単な挨拶や会話は覚えたい**

ニューヨークの使用言語は英語。日本語はほとんど通じない。ニューヨーカーは見知らぬ人にも街なかや店内で「元気？」「どこから来たの？」「今何時？」など気軽に声をかけてくる。初めて訪れると驚くこともあるが、簡単な受け答えができると旅もより楽しくなる。

交通事情

❖ **地下鉄とタクシーを上手に利用**

マンハッタンには数多くの地下鉄駅があり、ワールド・トレード・センター、セントラル・パーク、ハドソン・ヤーズなど主要な観光名所には地下鉄でのアクセスが便利。夜になると治安の悪い駅もあるので、タクシーを利用するのが安心。

チップ＆物価 ▶P97／P.185

❖ **チップの支払いが必要。物価は日本より高い**

日本ではなじみのない習慣だが、チップは「労働賃金の一部」とされ払うのが当たり前。レストランでは料金の15〜20%、タクシーでは15%、ホテルのルームキーパーやポーターには$1〜2を目安に、サービスに対する感謝の気持ちとしてスマートに支払いたい。

治安

❖ **スリや置き引きなどの盗難に注意**

犯罪の発生率は減少傾向にあるが、日本と比較すると治安は良くない。繁華街や地下鉄内など混雑する場所でのスリや置き引きなどの盗難が多発。恐喝や暴行事件もある。施設内でも荷物から離れない、人の少ない場所は近づかない、夜はタクシーを利用するなどの対策を。

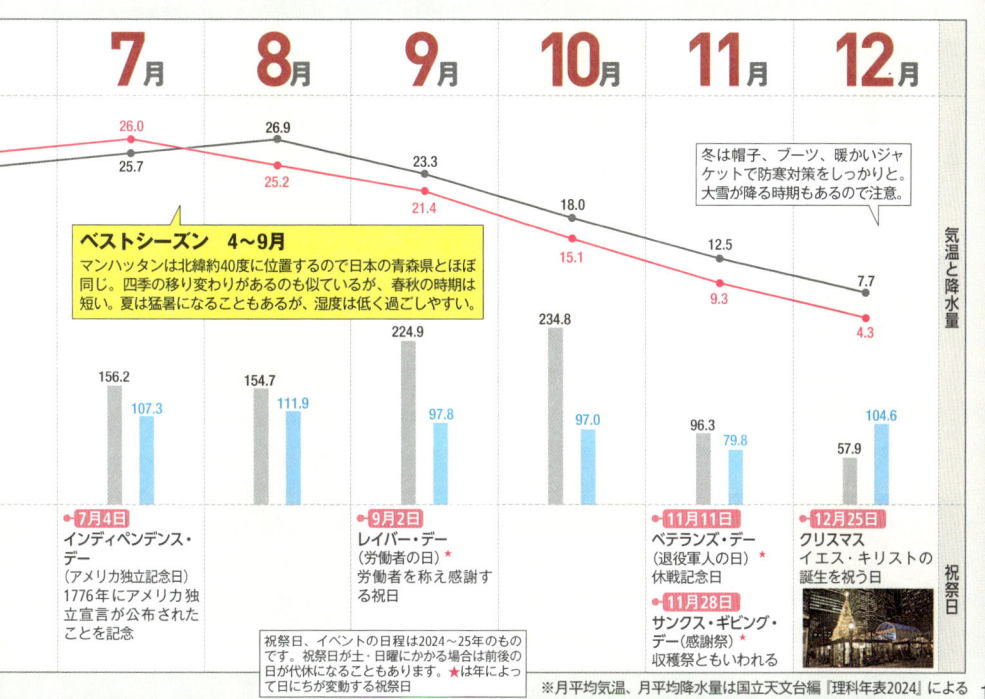

ベストシーズン　4〜9月
マンハッタンは北緯約40度に位置するので日本の青森県とほぼ同じ。四季の移り変わりがあるのも似ているが、春秋の時期は短い。夏は猛暑になることもあるが、湿度は低く過ごしやすい。

冬は帽子、ブーツ、暖かいジャケットで防寒対策をしっかりと。大雪が降る時期もあるので注意。

気温と降水量

7月 26.0　25.7　156.2　107.3

8月 26.9　25.2　154.7　111.9

9月 23.3　21.4　224.9　97.8

10月 18.0　15.1　234.8　97.0

11月 12.5　9.3　96.3　79.8

12月 7.7　4.3　57.9　104.6

祝祭日

●**7月4日**
インディペンデンス・デー
（アメリカ独立記念日）
1776年にアメリカ独立宣言が公布されたことを記念

●**9月2日**
レイバー・デー
（労働者の日）★
労働者を称え感謝する祝日

●**11月11日**
ベテランズ・デー
（退役軍人の日）
休戦記念日

●**11月28日**
サンクス・ギビング・デー（感謝祭）★
収穫祭ともいわれる

●**12月25日**
クリスマス
イエス・キリストの誕生を祝う日

祝祭日、イベントの日程は2024〜25年のものです。祝祭日が土・日曜にかかる場合は前後の日が代休になることもあります。★は年によって日にちが変動する祝祭日

※月平均気温、月平均降水量は国立天文台編『理科年表2024』による

NEWS & TOPICS

ハズせない 街のトレンド！

ニューヨークのいま！ 最新情報

新たな博物館や大型商業施設が次々オープン。常に進化し、新しい発見が見つかる最新スポットを一挙ご紹介！

2023年5月オープン

リチャード・ギルダー・センター で 自然界と人間の世界の繋がりを学ぶ

インタラクティブな特別展示や没入型の体験を通して、科学と自然界について学ぶことができる。生きた昆虫や標本を展示する常設展、地球上のあらゆる生命体を紹介した特別展示など、子どもから大人まで楽しめる。

▶**P81**

洞窟や峡谷のなだらかな岩肌を思わせる1階エントランス

常設展「昆虫館」
Susan and Peter J. Solomon FamilyInsectarium

1階エントランスロビーのすぐ横に設置。公園などで見かける身近な昆虫を数多く展示するほか、アリの採餌行動や、世界中のゴキブリも観察できる。

特別展示「見えざる世界」
Invisible Worlds Immersive Experience

雷の光やDNAなど速すぎたり小さすぎたりして人間の目には見えないもの、地球上のあらゆる規模の生命体とヒトとの関わりについてインタラクティブな展示で楽しく学べる。

特別展示「放蝶園」
Davis Family Butterfly Vivarium

温度や湿度が管理された室内でヒラヒラと飛び回るチョウを間近で観察できる。世界中に生息する130種のうち最多で1000匹のチョウと出会える。

2023年4月リニューアル

ティファニー・ランドマーク が 全面リニューアル！

改装期間を経て、2023年にリニューアルオープン。10フロアにティファニーの美しく優雅な世界観が広がり、芸術品として見るだけでなく、特別な時間を過ごすことができる。

▶**P134**

⬆オードリー・ヘプバーンが映画で着た黒いドレスとネックレスが飾られているスペースも

→鏡張りの空間で、景色や人が反射し、ユニークな写真が撮影できることで話題の展望台「エアー」

2021年12月オープン

サミット・ワン・ヴァンダービルト の鏡の世界に引き込まれる

グランドセントラル駅に直結する「ワン・ヴァンダービルト」の91〜93階にある展望台。展望台にはさまざまなテーマの部屋があり、展望台の概念を覆すような演出に驚くこと間違いなし。

ミッドタウン・イースト **MAP** 付録P.15 D-4

☎877-682-1401 ⊗Ⓜ4・5・6・7・S線Grand Central-42 St駅からすぐ 卹45E 42nd St. 🕘9:00〜24:00 ❸火曜 🈯

2024年6月オープン

ストーンウォール国立記念碑ビジターセンター でLGBTQ+を理解できる

米国国立公園局が管轄する施設としては初のLGBTQ+がテーマのビジターセンター。ビジュアルアートの展示などを通してLGBTQ+の権利、歴史、文化を学ぶことができる。1969年6月28日、LGBTQ+の人々が警察の暴挙に反発して起こした暴動事件「ストーンウォールの反乱」を記念して設立された。

ウェストビレッジ **MAP** 付録P.18 A-4

☎212-355-6295 ⊗Ⓜ1線Christopher St-Stonewall駅から徒歩1分 卹51 Christopher St. 🕘10:00〜16:00 ❸月曜 🈯

2023年10月オープン

人気シアターの面影が蘇る ザ・ヴィクトリア に宿泊する

黒人文化の中心地ハーレムにオープンした複合施設。レストラン、ルーフトップ、シアター、イベントホール、ホテルが集まる。ワッフルなどの定番の朝食メニューから、米南部料理やブランチが楽しめる。

アップタウン **MAP** 付録P.4 C-2

☎332-266-8727 ⊗Ⓜ A・B・C・D線から125 St駅から徒歩5分 卹233 West 125th. 🕘朝食6:30〜10:30(土・日曜7:00〜11:00)、ランチ12:00〜15:00(土・日曜〜16:00)、ディナー17:00〜22:30(金・土曜〜23:30、日曜16:00〜)、日曜のブランチ12:00〜16:00 ❸無休 🈯

ザ・ヴィクトリア・レストラン
The Victoria Restaurant

アボカドトースト、パンケーキ、などの定番の朝食メニューから、ガンボ、チキン＆ワッフルなどの米南部料理が楽しめる。

レジデンス・ニューヨーク・ハーレム・ホテル
Residence New York Harlem Hotel

マリオット系列で、ハーレム初のフルサービスのホテル。アポロ・シアターの近くに位置しており、夜の公演に行く人におすすめ。

ハドソン川に浮かぶ水上公園 リトルアイランド で自然とくつろぐ

チューリップ形の支柱がユニークな水上公園。ハドソン・ヤーズのベッセル(→P36)と同じ、トーマス・ヘザウィックがデザインした公園としても注目を集めている。350種類の花や樹木が植えられており、園内にはグラウンドや芝生、展望デッキ、屋外ステージなどが設置されている。屋外ステージではパフォーマンスを見ることができる。

ミッドタウン・ウエスト **MAP** 付録P.10 A-3

☎なし ⊗Ⓜ A・C・E・7L線 14 St駅から徒歩8分 卹Pier 55 in Hudson River Park,West 13th St. 🕘6:00〜23:00 ❸無休 🈯

2021年5月オープン

至福のニューヨーク モデルプラン

とびっきりの
4泊6日

トレンド最前線の新定番スポットと、絶対外せない大定番スポットを厳選！
ニューヨークの今を楽しむための大満足コースをご紹介。

旅行には何日必要？

初めてのニューヨークなら
4泊6日 以上

絶景やグルメ、買い物、体験、エンタメなど、体験したいことが盛りだくさんのニューヨーク旅。フライト時間を含め、4泊6日を目安にすると複数のエリア散策などゆとりをもって楽しめる。

プランの組み立て方

❖ **大型観光施設やレストランは出発前に日本で予約**
自由の女神、ワールド・トレード・センターなどの大型施設やメディアに取り上げられる人気レストランは日本で事前予約をしたい。

❖ **シティパスでお得に観光**
街の観光名所の入場券がセットになったシティパス。エンパイア・ステート・ビル、9.11メモリアル・ミュージアムなど5つの施設に入場できる。各施設の入場券を個別に買うより40%以上もお得。詳細はP.71を確認。

❖ **曜日限定イベントをチェック**
曜日限定で開催されるグリーン・マーケットやスモーガスバーグなどのフードイベントは公式HPなどで開催日時やスケジュールを確認してプランに組み込もう。

❖ **公共交通機関を上手に選ぶ**
エリアを移動する際は地下鉄がメインとなるが、フェリーやバスを利用すれば同じ値段で時間も効率よく巡ることができる場合も。

❖ **夜の移動はタクシーを利用**
治安状況は近年ではだいぶ改善されているが、夜はタクシー移動を心がけたい。昼間でも人の少ない路地や郊外はタクシーで。

[移動] 日本 ➡ ニューヨーク

DAY 1

旅の初日はニューヨークのトレンド最先端の名所へ。
進化し続けるハドソン・ヤーズを満喫したい。

12:00 ── **ジョン・F・ケネディ国際空港到着** ✈

NYエアポート・エクスプレス・バスで1時間

空港に到着したらさっそくマンハッタンへ。ホテルに荷物を預けたら、時差解消のため街歩きに出発するのが◎。

14:00 ── **遅めのランチは手軽な** ▶P53
フードコートで好みの一品を

徒歩5分

🍴 ハイラインの南側に広がるMPD（ミート・パッキング・ディストリクト）周辺にはガンズヴォート・リバティ・マーケットがあり、お手軽フードコートを楽しめる。

 ➡各国の個性ある料理を選ぶことができる

➡ニューヨークではおしゃれで上質、種類豊富なフードコートが続々オープン

15:00 ── **ハイラインを歩いてビル街を空中移動** ▶P48

徒歩20〜30分

高架線を再開発して生まれた遊歩道。3階建ての高さから、マンハッタンのビル街を横目に見ながら散策できる。2019年に北側が延伸し、MPDからハドソン・ヤーズまでラクラク移動が可能に。ペースにもよるが景色を見ながら20〜30分の散歩を楽しめる。

ハイライン北側にはスロープが誕生

30 ハドソン・ヤーズにあるエッジ展望台から街を一望できる

Hudson Yards

16:00

徒歩すぐ

ハドソン・ヤーズを攻略しよう！
▶P34

ハドソン・ヤーズにできた各高層ビルを周ってみよう。館内にはおしゃれなショップやレストランが多く、行きたくなる場所が豊富に揃う。

19:00

徒歩すぐ

体験型パブリックアート ベッセルで絶景を眺める ▶P36

街の絶景は、斬新なデザインのベッセルから眺めるのが今どきのブーム。階段がさまざまな方向に伸びたインパクトのある構造には驚き！

アドバイス
公式HPで入場予約が必須。日時を指定してから出かけよう。入場は無料なので手続きは簡単

➋ ベッセルの最上部からはハドソン・リバーの夕暮れが見られる

20:00

徒歩すぐ

メルカド・リトル・スペインの名物パエリアを食べたい！

10 ハドソン・ヤーズの1階にあるメルカド・リトル・スペインは、スペインをテーマにしたフードコート。大人気の巨大なパエリアをはじめ、シーフードやワインなどをカジュアルに楽しめるのが魅力。
▶P37

ローカルからも絶品と好評のパエリア

➊ 地元客や仕事帰りの人が立ち寄って一杯交わす賑やかなスペース

➋ 持ち帰りができる食材も販売している

17

Statue of Liberty

【移動】リバティ島➡ロウアー・マンハッタン

DAY 2

街のシンボル、自由の女神とワールド・トレード・センターへ。アメリカらしいスケールの大きさに圧倒！

10:00

バッテリー・パークから
フェリーでリバティ島へ

リバティ島へ渡るためには、バッテリー・パークから出航する専用フェリーに乗船。

スタチュー・クルーズで15分

アドバイス
フェリーのチケットは事前購入ができるので手配を済ませておくのがベスト。特にお昼過ぎになるとチケット売り場は行列になることも

10:30

スタチュー・クルーズで25分、バッテリー・パークから地下鉄で12分

リバティ島に到着！
自由の女神を間近で見学 ▶P60

自由の女神を見学するのはもちろん、リバティ島内にある自由の女神ミュージアムやショップも要チェック。

⬆リバティ島の食事処であるクラウン・カフェの軽食やドリンクで遅めの朝ごはん

リバティ島への移動

スタチュー・クルーズで快適に移動

バッテリー・パークから出航するスタチュー・クルーズ。比較的大きなクルーズ船で、展望デッキではすがすがしい風を感じながら移動ができる。フェリー乗船中に自由の女神を撮影するのもおすすめ。詳細はP.61参照。

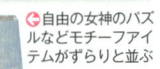

➡自由の女神のパズルなどモチーフアイテムがずらりと並ぶ

⬆ショップにはここでしか購入できないオリジナルグッズもある

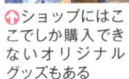

自由の女神ミュージアムでは貴重な資料も見られる

14:00

徒歩すぐ

9.11の記憶を伝える
メモリアル・プラザ

2001年9月11日に起きたアメリカ同時多発テロ事件。実際の現場となった地で事件の記憶を今に残している。

穏やかな緑地となったメモリアル・プラザ

⬅⬆9/11メモリアル・ミュージアムはあまりの被害の大きさに見学中にショックを受ける人も

15:00

徒歩すぐ

新しい歴史をつくり続ける ▶P56
ワールド・トレード・センターの今をキャッチ

9・11の惨事を乗り越え、超高層ビルが誕生し続けるワールド・トレード・センターの一帯では、次々と建設が進んでいる。2018年にワールド・トレード・センターが完成、2021年には2ワールド・トレード・センターがオープンした。

地下で各施設と直結しておりオキュラスから入ることができる

⬅⬆ショッピングモールのウエストフィールド・ワールド・トレード・センターでは食事もできる

17:00

徒歩5分

米国最高峰、ワン・ワールド・
オブザーバトリーに上る ▶P58

アメリカで一番高いビル、1ワールド・トレード・センターの展望台を訪れたい。マンハッタン全体を一望できる。

⬇床が透明になっているのでスリル満点！

エンパイア・ステート・ビルを見下ろすほど高い

19:00

ル・ディストリクトで
新鮮シーフードを堪能 ▶P51

ブルックフィールド・プレイスにあるル・ディストリクトでは、フランスをテーマにしたレストランやバーが充実。

⬇夜まで楽しめるバーを併設しているのでゆっくり食事をしたい

⬅⬆新鮮なカキには白ワインを合わせて

DAY 3

ニューヨークでホットなエリア、ブルックリンを訪れよう。川沿いの絶景やおしゃれなカフェでひと休み。

9:30

ブルックリン・ブリッジを歩いて渡る ▶P26

徒歩20〜30分

ロウアー・マンハッタンの東側からブルックリンに架かる歴史ある橋。通勤時間は比較的混雑するので考慮しながら散策を。

⬆歩いて渡れるので、林立するビル群を眺めながら散歩ができる

10:00

マンハッタンの絶景を眺めながらダンボの川沿いを散策 ▶P28

レンガ造りの倉庫街をリノベーションした施設が点在するダンボ。イースト・リバー沿いの公園や、複合施設にふらりと立ち寄って。

倉庫をリノベーションして誕生したエンパイア・ストアズ

徒歩すぐ

11:00

有名雑誌が推奨する名店を集めたタイム・アウト・マーケット・ニューヨーク ▶P29

地下鉄40分＋徒歩10分

ニューヨーカーなら誰もが知る『Time Out New York』がおすすめする店だけを集結させた豪華な施設では、ニューヨークのトレンドグルメをまとめて味わえる。

カジュアルな雰囲気ながらも各店の味は一流レベル

⬅アイス＆ヴァイスのアイスサンドやジュリアナズのピザなど名店のグルメばかり

過去の『Time Out』誌の表紙が展示されている

13:00 ━ ウィリアムズバーグの新たな憩いの場
ドミノ・パークへ ▶P30

徒歩12分

ドミノシュガーの工場跡地を開発して生まれた新しい公園。芝生はもちろん、バレーボールコートやウッドデッキなどもある。

公園内のタコチーナはトレンドのタコス店

15:00 ━ 巨大な食のテーマパーク ▶P.146
ホールフーズ・マーケットへ

 アメリカの大手スーパーマーケットであるホールフーズ・マーケットでは、食材はもちろんお菓子やデリなど、みやげや旅の途中で必要な日用品なども揃う。

徒歩すぐ

16:00 ━ **フォトジェニックカフェ**
は地元で大人気！ ▶P128

地下鉄40分＋徒歩15分

落ち着いた空間が広がるウッド調のカフェで休憩。

おしゃれなインテリアが写真映え間違いなし！センスの良い雑貨が並んでいる

➡淹れたてのクラフト・コーヒーも一緒に

⬅⬆デリ・コーナーに並ぶ焼きたてのフォカッチャ（左）、パッキングされたフルーツはホテルで食べても◎（右）

18:00 ━ ニューヨークで大ブームの ▶P.64
ルーフトップ・バーで過ごす

大人の夜を演出するバーのなかでも、美しい景色とおいしいカクテルの両方を満喫できるのがルーフトップ・バー。心地よい風を感じながら飲むお酒は格別のおいしさ。

➡オリジナルカクテルを多数用意しているので好みに合わせて堪能したい

夕暮れから夜にかけてムーディな雰囲気

21

Walking

自作の絵画を販売する地元の学生。未来は大物アーティスト！

【移動】アップタウン ➡ ミッドタウン

DAY4

一日自由に歩くのは今日が最後！ 旅の終わりは特別なご褒美旅を演出するハイエンドな街や食事を満喫。

アドバイス
公園内は広いので、見どころや訪れる場所を絞って散策を

9:00
徒歩15分

朝の空気が気持ちいい！
セントラル・パーク散歩 ▶P44

4日目は都会のオアシス、セントラル・パークからスタート。爽やかな天気のなか、サイクリングやランニングなどをする地元の人たちを眺めながら、ゆっくりお散歩したい。

⬆朝は通勤での横断やサイクリングする人もたくさん！

⬆結婚式の花嫁を迎える馬車も通過。眺めているだけで幸せな気分に

11:30
徒歩15分

🍴4

高級グルメバーガーで少しだけ
リッチなお昼を ▶P100

高級かつヘルシー志向のニューヨーカーを満足させる絶品バーガー店が急増中。

こちらも便利です!

セレブ御用達の高級デリへ ▶P45

アップタウン周辺のデリはセレブも利用する高品質で種類豊富な食材ばかり。テイクアウトして、セントラル・パークで食べるのもおすすめ。

⬅➡セレンディピティ3のチョコレートサンデー（左）、バーガーはヴィーガン用もありヘルシー（上）

⬅➡好みのお惣菜をチョイス（左）、ドーナツなどのペイストリーやパンも充実（上）

展示物のなかにはビートルズのバンドセットが！

13:00

作品数の多さに圧倒！
メトロポリタン美術館 ▶P76

地下鉄で12分

世界最大規模のフロアと展示作品を誇る美術館。一日ではまわりきれないが、フェルメールやゴッホなどの名画は必見！

アドバイス
展示の多さは世界トップレベル。見学したいエリアや作品を事前に調べてから出かけたい

↻名画を鑑賞するのはもちろん、記念撮影もできるのがうれしい

Museum

16:00

ニューヨークのブランド
ストリート5番街へ ▶P134

地下鉄で15分
（徒歩の場合は20分）

高級ブランドショップやデパートが立ち並ぶ、街いちばんの買い物スポット。ニューヨーク発祥ブランドの限定アイテムもチェックしたい。

洗練された5番街。ウインドーショッピングだけでも楽しい

18:00

徒歩5分

🍴

高級ステーキハウスで
本場の熟成肉を味わう ▶P.106

夜はゴージャスな熟成肉ディナー。老舗のステーキハウスでお酒とともに、ジューシーなお肉に舌鼓。

ポーターハウス・ステーキはシェアするのが◎

20:00

ネオン輝く繁華街 ▶P68
タイムズ・スクエアを歩く

↻24時間眠らない街

夜まで賑わうタイムズ・スクエアへ繰り出そう！ショップや食後のひと休みに利用できるカフェやバーが点在する。

カーストアイ
アンの建築が
見られる街

【移動】ダウンタウン ➡ 空港

DAY 5

滞在最終日はゆっくりスタート。最先端が集まるソー
ホーの街を散策しながら話題のカフェに立ち寄って。

10:00

徒歩10分

トレンド×レトロなソー
ホーでいいもの探し ▶P38

マンハッタンで最新トレンドがいち早く
入る街、ソーホーを歩いておみやげ探し。

11:00

徒歩10分

ニューヨーカーが今いちばん
行きたいフレンチカフェ ▶P42

ラ・メルセリエは、ローカルの大人女子がいち
ばん行きたいというほど人気のカフェ。話題
のデザイナー、ローマン＆ウィリアムスが手
がけるフレンチスタイルのカフェで、洗練さ
れた食事はもちろん、居心地のよい空間でリ
ラックスして過ごせる。

ローマン＆ウィ
リアムスの世界
観が存分に発揮
された店内

➍やさしい味
わいの鶏肉の
揚げ物や季節
野菜も味わえ
る（時期により
異なる）

Cafe

13:00

地下鉄で15分＋
NYエアポート・
エクスプレス・バ
スで1時間

ジョン・F・ケネディ国際空港へ

ジョン・F・ケネディ国際空港には豊富な
品揃えの免税店があり、旅の最後に立ち
寄りたい。

アドバイス

出国手続きは混雑するのでフライ
トの2時間前には到着しておきたい

➡レストランや免税店もあ
り帰国の前に楽しめる

【移動】ニューヨーク ➡ 日本

DAY 6

楽しい思い出とともに帰国。フライト時間は約13時
間ほど。羽田空港への到着は午後。

BEST 12 THINGS TO DO IN NEW YORK

ニューヨークで ぜったいしたい 12のコト

Contents

朝から夜まで好奇心が全開するエリア！

01 ヒートアップする街 ブルックリンを遊ぶ

**移民の街から新しいカルチャーの発信地へと変貌を遂げた
ブルックリン。今なお進化し続ける街から目が離せない！**

イマドキのニューヨークを体感する
トレンドカルチャーの発信地

イースト・リバーを挟み、マンハッタンとはブルックリン・ブリッジ、マンハッタン・ブリッジ、ウィリアムズバーグ・ブリッジという3つの橋と地下鉄で結ばれている。もともとは移民の街であったため、その名残をとどめつつ、近年はクリエイティブ＆アートの業界人が多く移り住むにつれ、ヒップスターと呼ばれる流行に敏感な若者が集まるおしゃれなエリアとして注目されている。

ブルックリン・ブリッジ
Brooklyn Bridge
ダンボ **MAP** 付録P.26 A-2

マンハッタンとブルックリンを結ぶ全米最古の吊り橋。ハープのようなワイヤーが特徴の橋越しにマンハッタンの摩天楼を望む景色は、数々の映画やTVドラマにも登場。長さ約1825mの橋の上を歩いて渡ることができる。

交［マンハッタン］Ⓜ4・5・6線 Brooklyn Bridge-City Hall駅から徒歩1分［ブルックリン］ⒶA・C線 High St駅から徒歩5分

マンハッタン

グリーンポイント

ウィリアムズバーグ
ウィリアムズバーグ・ブリッジ

ダンボ

マンハッタン・ブリッジ
ブルックリン・ブリッジ
ブルックリン・ハイツ

ブルックリン

ボコカ

ゴワヌス

0 ── 2km

▶ ブルックリンへ渡る

▌徒歩
地下鉄Brooklyn Bridge-City Hall駅から橋の入口へ。約30分ほどでダンボに到着する。

▌地下鉄　▶付録P30
ウィリアムズバーグへはL線利用が便利。ダンボへはF、もしくはA・C線が最寄り駅へのアクセスあり。

▌フェリー　▶付録P35
NYCフェリーのイースト・リバー線が運航している。ウィリアムズバーグとダンボ間は地下鉄より移動が便利だ。

ニューヨークでぜったいしたい12のコト

01 ヒートアップする街ブルックリンを遊ぶ

27

ブルックリンのウォーターフロント
ダンボの名所を巡る！

Dumbo

石畳が残る風情あふれる街並みに、クリエイティブな人々が集まり、ギャラリーやインテリアショップを展開。トレンド発信地として注目されている。

倉庫街の面影を残すレンガ造りの建物がおしゃれに変身

west elm

ニューヨーカーも注目する
個性派ショップが集うアートの中心地

マンハッタン・ブリッジの高架下に広がるアンティークな雰囲気のエリア。石畳に残る線路や古いレンガ倉庫群を改装したおしゃれなギャラリーショップや、流行の先端をいくレストランやカフェなどが点在。ウォーターフロント沿いのブルックリン・ブリッジ・パークからは、橋とマンハッタンの摩天楼が見渡せる夜景スポットにもなっている。

アクセス Ⓜ F線 York St駅、A・C線 High St駅

↓イースト・リバー越しに見えるマンハッタンの夜景も素敵

ブルックリン・ブリッジ・パークにある回転木馬

倉庫だった建物をリノベーション。レトロでおしゃれ

レトロモダンな新名所
エンパイア・ストアズ
Empire Stores
ダンボ **MAP** 付録P.26 B-2

19世紀に建てられた倉庫を、2017年にリノベーション。話題のショップ、レストラン、カフェなどが集まる複合施設で、屋上からの眺めも最高。

☎718-858-8555 Ⓜ F線 York St駅から徒歩7分 ⓟ53-83 Water St. ⓣ店舗により異なる Ⓗ無休

↗インテリア雑貨のショップは必見

↗昔の機材などもインテリアに生かされている

▶散策のポイント◀

おしゃれなギャラリーやショップを巡ったあとは、イースト・リバー沿いを中心に歩いて、ウォーターフロントの眺めを満喫したい。

マンハッタンの絶景を望む洗練されたレストラン

イースト・リバー沿いにある、美しい景色と食事を楽しめるハイエンドなレストランでくつろいで。

絶景とともに極上の料理を

セレスティン
Celestine

ダンボ **MAP** 付録P26 B-1

魚介類と野菜をふんだんに使用した地中海料理レストラン。全面ガラス張りでイースト・リバー沿いの素晴らしい景色を眺めることができる。☎718-522-5356 ⊗Ⓜ F線York St駅から徒歩5分 ⎇1 John St. ⏰17:00(金〜日曜11:00)〜23:00(金〜日曜はブランチあり) 休無休🇺🇸

Nice View
マンハッタン・ブリッジと対岸のビル群が目の前に広がる

➡ランチやディナーコースに付く前菜の3種のメゼ

Nice View
ブルックリン・ブリッジやマンハッタンの摩天楼が眺められる

ホテルクオリティの上質な食事

オスプレイ
The Osprey

ダンボ **MAP** 付録P26 A-3

四季折々の食材を使ったニューアメリカンの店。地元マーケットで調達した新鮮な野菜を使用したサラダ類も人気。☎347-696-2573 ⊗Ⓜ A・C線High St駅から徒歩10分 ⎇60 Furman St.🄷1 Hotel Brooklyn Bridge内 ⏰7:00〜15:00、17:30〜23:00(日曜は〜22:00) 休無休

⬅シェア用のメニューが充実している。サラダや生ガキなど$24〜

NYのいち押しグルメを楽しむ

タイム・アウト・マーケット・ニューヨーク
Time Out Market New York

ダンボ **MAP** 付録P26 B-2

フリーペーパー『Time Out New York』がプロデュースする開放的なフードコート。24の人気のNYグルメ店が軒を連ね、イタリアンや和食、スイーツなど、多彩な食事が楽しめる。支払いはカードのみ(現金不可)。☎店舗により異なる ⊗Ⓜ F線York St駅から徒歩7分 ⎇55 Water St. ⏰8:00〜22:00(金・土曜は〜23:00) 休無休🇺🇸

2019年オープンから客足が絶えない大盛況の場所だ

⬆過去の雑誌の表紙が展示されている

⬅フードコートの入口がおしゃれ

➡「ロコ・ココ」のヘルシーなアサイー・ボウル

⬆クッキー生地をそのまま食べる新感覚ショップ「クッキー・ドゥー」

➡「ジュリアナズ」の絶品マルゲリータピザ

※料理はイメージです

ブルックリンのブームはここから始まった
ウィリアムズバーグでトレンドを体感

Williamsburg

洗練されたカフェや雑貨店が増え、ショッピングに訪れる人も多い。
おしゃれな街としてすっかり定着し、いつも観光客で賑わっている。

落ち着いた街並みにハイセンスなショップやグルメ店が集まる

散策のポイント

Bedford Av駅を南北に貫くベッドフォードAve.を中心に歩きたい。新名所ドミノ・パークもできてサウスエリアも賑やかになった。

DUMONT BURGER

独自の感性が街にあふれる
ブルックリンの人気エリア

　マンハッタンのイースト・ビレッジ対岸のブルックリン北部に位置するエリア。ひと昔前は倉庫街だった街は、近年ヒップスター御用達の街として注目され、有名カフェやレストラン、インテリアショップや古着ブティックなどが軒を連ねる。通りにはインディーズ音楽があふれ、遊び心いっぱいのウォールアートのビルを見かけるのもこの街の特徴。一転、グランドSt.以南は超正統派ユダヤ教のコミュニティがある地域で、黒ずくめの伝統的な衣装の姿の人々が見受けられる。観光地ではないので写真撮影などはマナーを守って。

アクセス Ⓜ L線 Bedford Av駅

➔砂糖精製所の古い建物が独特の趣を醸し出す

川沿いのデッキチェアから摩天楼の眺めを楽しみたい

砂糖精製所跡地のアートな公園
ドミノ・パーク
Domino Park
ウィリアムズバーグ **MAP** 付録P.28 A-3

1856年に建てられた砂糖精製所の敷地を再開発したイーストリバー沿いの公園。高架遊歩道やプレイグラウンドなど大人も子どもも楽しめる。

☎212-484-2700 Ⓜ J・M・Z線 Marcy Av駅から徒歩15分 住15 River St. 営6:00〜23:00 休無休

➔マンハッタンの夜景も楽しめる

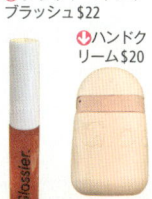

SNS で話題の自然派コスメ
グロッシア
Glossier
ウィリアムズバーグ MAP 付録P.28 B-2

ミランダ・カーなど世界中のセレブやファッショニスタから火がついた人気コスメ店。商品は自然成分で作られていて、肌なじみが良く艶っぽい質感に仕上げてくれる。マンハッタンのソーホーに本店があり、ロサンゼルスなど全米展開している。

☎なし ⊠ⓂL線 Bedford Av 駅から徒歩5分 🏠77 N. 6th St. 🕚11:00〜19:00(日曜は〜18:00) 🛑無休 🔲

⬆ボディヒーロー $16

⬆クラウドペイントブラッシュ $22

⬇ハンドクリーム $20

➡リップグロス $18

> 店内はピンクを基調としたかわいらしい色合いになっている

> お店の中にはさまざまな色や香りを感じられる商品が揃う

⬆ソープバー1個 $8.5。3個買うと4個目は無料に

➡使うのがもったいないほどかわいいカップケーキソープ1個 $14

カップケーキのソープが人気
ソープ・シェリー
Soap Cherie
ウィリアムズバーグ MAP 付録P.28 B-2

ハンドメイドで作られたカラフルで可愛く、SLS パラベン不使用の自然派の石鹸とバス&ボディケアの専門店。ケーキやカップケーキの形をした個性的な石鹸も人気。

☎718-388-1165 ⊠ⓂL線 Bedford Av 駅から徒歩3分 🏠218 Bedford Ave. 🕚11:00〜20:30(土・日曜は〜21:00) 🛑無休 🔲

焙煎機を備える本格カフェ
パートナーズ・コーヒー
Partners Coffee
ウィリアムズバーグ MAP 付録P.28 B-2

アフリカと南米の提携農園から輸入した豆を、店で焙煎し独自にブレンド。焙煎したばかりのアーティザナルなコーヒーが楽しめる。各種コーヒー豆には、「Brooklyn」($17.25)など、地名がついている。ラテアートなどを教えるクラスも開講。

☎347-586-0063 ⊠ⓂL線 Bedford Av 駅から徒歩2分 🏠125 N. 6th St. 🕚6:30(土・日曜7:00)〜18:00 🛑無休 🔲

⬆Toby's Estate Coffee がネーミングを変えて再スタート

⬅サクサクの抹茶クロワッサン $4.75

> 友人のリビングルームに招かれたようなリラックスした雰囲気

> 店名も新たに再スタートしたオーナーのアンバーとアダム

> 白が基調の店内をカラフルなデザインが楽しげに彩る

軽くてコンパクトなバッグ
バグー
Baggu Brooklyn
ウィリアムズバーグ MAP 付録P.28 A-2

2007年カリフォルニアで生まれた、ポップでカラフルなナイロン製エコバッグの店。布製のリュックや革製のポーチなど各種バッグも揃う。軽くて丈夫なので、旅行中つい荷物が増えた場合に購入する人も多い。

☎なし ⊠ⓂL線 Bedford Av 駅から徒歩7分 🏠242 Wythe Ave., No. 4 🕚11:00〜19:00 🛑無休 🔲

⬆スタンダードバグー $14

⬆タック・バッグ $42

Bococa

異国情緒あふれるローカルタウン

庶民的な住宅街ボコカを散策

歴史を感じる街並みのなかに、おしゃれなカフェや雑貨店が点在。新旧が共存する親しみあふれる街を歩いてみよう。

散策のポイント

メインストリートはスミスSt.とアトランティックSt.。脇道に入ると静かな住宅街なので、この2つのストリートを中心に散策したい。

ブラウンストーンの建物が並ぶ落ち着いた街並み

グローバルな住人に合わせてこだわりの個性派ショップが急増

ボアラム・ヒル（Boerum Hill）、コブル・ヒル（Cobble Hill）、キャロル・ガーデンズ（Carroll Gardens）の3地区の頭文字をとってボコカ。イタリア系、フランス系、日系などさまざまな人々が暮らす落ち着いた住宅エリアで、ブラウンストーンの建物にアクセントのように点在するアンティークショップや雑貨店にカフェなど洗練された個人オーナーのショップが人気。

アクセス Ⓜ F線Bergen St駅、2・3・4・5・B・D・N・Q・R線Atlantic Av-Barclays Center駅

静かな住宅街に洗練されたショップやカフェが次々と登場

人気ベンダーが集まるフードコート

ディカルブ・マーケット・ホール

Dekalb Market Hall

ボコカ **MAP** 付録P27 E-4

マンハッタンの老舗デリ、カッツデリや、人気ベーカリーのカフェ・ダヴィニョンなど、約40のフードベンダーが集まる。どれも量が多いのでシェアがおすすめ。

☎なし ⓍⓂ2・3線Hoyt St駅から徒歩3分 🏠445 Albee Sq. W. 🕐8:00～22:00（店舗により異なる）🚫無休

⬆イベントスペースも併設された

⬆イートイン用のテーブルも随所に

人気スーパーのトレーダージョーズも隣接、おみやげ探しにぜひ

当時にタイムスリップした懐かしさ
ブルックリン・ファーマシー＆ソーダ・ファウンテン
Brooklyn Farmacy & Soda Fountain
ボコカ **MAP**付録P.24 A-3

19世紀後半から20世紀後半頃にアメリカでよく見かけたソーダ・ファウンテン（薬屋や日用雑貨店の奥に設けられていた軽食カウンター）が郷愁をそそる。

☎718-522-6260 🚇F線Bergen St駅から徒歩12分 🏠513 Henry St. 🕐14:00(日曜13:00)〜22:00 🈺無休 💳

→ハイビスカスソーダのPink Poodle $9

カフェの原型や、Egg Creamsなどをここで楽しめる

↑アイスクリームにバナナや生クリームなどがトッピングされたBandana Split $15

ノスタルジックな気分になる店内

行列必須のアメリカ料理
バターミルク・チャンネル
Buttermilk Channel
ボコカ **MAP**付録P.24 B-4

キャロル・ガーデンズの住宅地にたたずむ人気ブランチ店。人気No.1メニューはバターミルクフライドチキン。ワッフルやポークチョップ、パンケーキなど、気負いなく楽しめるメニューが豊富。

☎718-852-8490 🚇F線Smith-9 St駅から徒歩4分 🏠524 Court St. 🕐11:00〜15:00(金〜日曜はブランチあり)、17:00〜21:30(金・土曜は〜21:00、日曜は〜22:00) 🈺月曜 💳

→ブラッディ・メアリー $12

↑定番のバターミルク・パンケーキ $15

カフェのような心地よい空気が流れる地元のカジュアルダイナー

ブルックリンの注目エリアが拡大中

ますます賑わうブルックリン地区。その範囲は周辺へと広がり続けている。注目はこちら!

新たな流行発信地へと進化中
グリーンポイント
Greenpoint
MAP付録P.25 A-1

リトル・ポーランドの愛称で知られる界隈。ウィリアムズバーグからクリエイティブ系の人たちが続々流入し、国際色豊かな新旧入り交じるショップやカフェが並ぶ街並みを楽しめる。

🚇M G線Greenpoint Av駅

↑ノスタルジックな雰囲気が残る街並み

運河の街からアートな街へ
ゴワヌス
Gowanus
MAP付録P.24 B-4

「ドブ川」と悪名高かったゴワヌス運河を起点に再開発が進むエリア。オールド・ブルックリンの風情を残す倉庫に雑貨店やライブハウスなどがオープンし、イメージが改善されつつある。

🚇M R線Union St駅

↑倉庫街がおしゃれな街に進化している

俳優や映画監督が住む高級住宅地
ブルックリン・ハイツ
Brooklyn Heights
MAP付録P.26 B-4

イースト・リバー沿いの高台に19世紀の重厚なレンガ造り建築が残る高級住宅地。ブルックリン・ハイツ・プロムナードと呼ばれる遊歩道から見るブルックリン・ブリッジと摩天楼は絶景。

🚇M 2・3線Clark St駅

↑ブルックリン・ハイツ・プロムナードからのマンハッタンの眺めは必見

色彩豊かなアートが集う
ブッシュウィック
Bushwick
MAP付録P.3 D-4

かつてはビール醸造で栄えていたことで知られるエリア。壁画には、「ブッシュウィック・コレクティブ」と呼ばれる世界各地から集まったアーティストが描くストリートアートが描かれている。

🚇M M線Knickerbocker Av駅

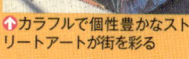

↑カラフルで個性豊かなストリートアートが街を彩る

ハドソン川沿いの最旬名所

02 ハドソン・ヤーズに 潜入する *Hudson Yards*

ハイラインの北端のエリアで着々と開発が進められ、
ニーマン・マーカスなど注目の店舗がすでにオープン。
今マンハッタンで最も目が離せない存在だ。

インスタ好きも楽しめる
再開発された近未来的な街

　ミッドタウン・ウエストとチェルシー周辺のハドソン・リバー沿いに、総工費250億ドル（約3兆8766億円）以上の民間企業によるプロジェクトで開発が進むエリア。4棟の超高層オフィスビル、コンドミニアムにホテルなどの複合ビル、ショッピング＆レストラン、コンサートホール、展望スポットなど、2025年の工事完了に向けて着々と近未来的な街が形作られている。

ハドソン・ヤーズ
Hudson Yards
チェルシー **MAP** 付録P22-B-2
交通 M7線 34 St-Hudson Yards駅から徒歩3分
HP www.hudsonyardsnewyork.com/

50ハドソン・ヤーズ
50 Hudson Yards
Meta社やBlackRock社が入居している58階建て高さ308mのガラス張りの高層オフィスビル。

55ハドソン・ヤーズ
55 Hudson Yards
三井不動産が5500億円を投じた51階建て高さ237mのガラス張りの高層オフィスビル。

35ハドソン・ヤーズ
35 Hudson Yards
エクイノックス・ホテルと53階以上が平均販売価格12億円という超高級コンドミニアム。

観光のポイント

ユニークな外観のベッセルは必見。入場は無料だがチケットが必要なので、公式HPから予約するほうが無難。ニーマン・マーカスなど話題の店も要チェック。

エッジ

Edge

30ハドソン・ヤーズビルの101階に突き出た三角形の屋外展望台。

15ハドソン・ヤーズ

15 Hudson Yards

パノラマティックなビューが楽しめる88階建て全285個のユニットのコンドミニアム。

30ハドソン・ヤーズ

30 Hudson Yards

高さ386m。101階建ててニューヨークで3番目の高さを誇る高層オフィスビル。

10ハドソン・ヤーズ

10 Hudson Yards

1階にメルカド・リトル・スペインが入る52階建ての複合オフィスビル。

20ハドソン・ヤーズ

20 Hudson Yards

100店以上のショップや25店のレストランが入る7階建てのビル。

シェッド

The Shed

コンサートやパフォーマンスのイベント会場。天井部分は開閉式。

ベッセル

Vessel

階段で構成されたインパクト大のインスタレーション。

P36

世界をリードするニューヨークが見える
最先端の絶景スポットへ
**絶景スポットのベッセルに続き、30ハドソン・ヤーズの
エッジも完成し、ニューヨークの街並みを一望できる。**

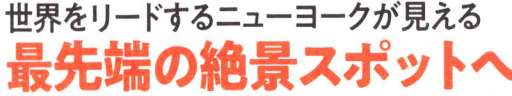

Hudson Yards

⬇独創的なデザイン
のエレベーター

体験型のパブリックアート
ベッセル
Vessel
チェルシー MAP 付録P22 B-2

高さ46m、蜂の巣のような建築
アートは、イギリス人デザイナー
のトーマス・ヘザウィックが古代
インドの階段井戸からインスピ
レーションを受け設計したという。

☎なし 🚇Ⓜ7線 34 St-Hudson Yards駅
から徒歩3分 🅿 Hudson Yards 🈺無休
📞💳

蜂の巣状の階段を
上っていくと、見晴
らしのいい展望ス
ポットに出る

Information
入場は無料だが当日配
布されるチケットが必
要。公式HPから2週間
先までの予約が可能。

⬆ユニークな外観が目を引く

⬆眼下にマンハッタン
の街並みが広がる超絶
景が見られる

天空に浮かぶ屋外展望台
エッジ
Edge
チェルシー MAP 付録P22 B-2

ニューヨークで3番目の高さを誇る高層ビ
ル、30ハドソン・ヤーズビルの101階に突
き出た屋外展望台。高さ約335m、西半球
で最も高い展望台となり、スカイラインや
ハドソン・リバーを見下ろすことができる。

☎332-204-8500 🚇Ⓜ7線 34 St-Hudson Yards駅
から徒歩1分 🅿 30 Hudson Yards 🈺9:00～23:00

高さ335mのパノラ
マビューが人々の期
待を集めている。一
部の床はガラス製

↑メイン料理の
チョイスで選べる
フィレミニョン

窓際のテーブルで
は、ニューヨークの
街並みを見渡しなが
ら食事を味わえる

ハドソン・ヤーズの絶景レストラン

ピーク・ウィズ・プライスレス

Peak with Priceless

チェルシー **MAP**付録P.22 B-2

30ハドソン・ヤーズの101階にある絶景レストラン＆バー。地元農家と提携し、サステナビリティの取り組みに影響を受けた季節ごとのニューアメリカ料理を楽しめる。グルテンフリー、ベジタリアン、ヴィーガンなどさまざまなオプションが用意されている。

☎ 332-204-8547 ⊗Ⓜ7線 34 St-Hudson Yards駅から徒歩1分 卹30 Hudson Yards ⊗ランチ11:30(金〜日曜11:00)〜14:30 ディナー17:00〜22:00(木〜土曜22:30) ⊗無休 ▭

東海岸初出店を探して

レストラン巡り

ニューヨーク初出店とあって、オープン以来混雑が続いている。ニューヨーカーの関心の高さがうかがえる。

1F
マー
Mar

フードコートでオーダーできる新鮮なシーフード店。新鮮でクリーミーなカキを味わえる

1F
ロラズ グリーンズ
Lola's Greens

その場で作ってくれるサラダバー。ボウルいっぱいに盛られたボリューム満点のサラダが特徴的！

1F
パエラス
Paellas

大きなフライパンで調理するパエリア専門店。チキンなどをトマトソースやローズマリーで焼き上げており、米もふんわり柔らかい味わいとなっている

スペインがテーマのフードホール

メルカド・リトル・スペイン

Mercado Little Spain

チェルシー **MAP**付録P.22 B-3

ハドソン・ヤーズの地下にあるスペイン料理がテーマのフードホール。パエリヤやハムとチーズ、トルティージャ、ハンバーガー、サラダバーなどのキオスクほか、コーヒー＆パンの軽食店、バー、フルサービスのレストランのマーとレナもある。

☎ 646-495-1242 ⊗Ⓜ7線 34 St-Hudson Yards駅から徒歩3分 卹10 Hudson Yards ⊗11:00〜22:00 ⊗無休 ▭

¡BIENVENIDOS!
MERCADO
LITTLE SPAIN
Qué Sweet!

トレンド発信地に哀愁の輪郭

03 ソーホー、ノリータで ハイエンドなショップクルーズ

ファッショナブルで
セレブな下町

Soho, Nolita

高級ブティックやセレクトショップが集まるソーホー、若手デザイナーの進出がめざましいノリータ。いずれもショッピング目的で出かけると楽しい街だ。カースト・アイアンの歴史的建物が趣を添える。

歴史的建築物に最新ブランドが融合する街

高級ブティックからファストファッションやストリート系ブランドまで揃う一大ショッピングエリア。石畳の道に「カースト・アイアン」と呼ばれる19世紀の英国建築様式の建物を利用したショップやレストランが並ぶ街並みも必見。

街巡りのポイント

カースト・アイアンの建物を生かしたショップやカフェは、ブロードウェイのキャナルSt.とハウストンSt.に挟まれた地域で多く見られる。

鉄製の外階段が最上階まで続く、特徴のある建物が並ぶ

個性的なアイテムが見つかる
ノリータ
Nolita
MAP付録P.12 C-1

若手デザイナーのショップが多く、ショッピングが楽しい

ソーホーの隣、かつてはイタリア系移民が住んでいたリトルイタリーの北に位置し、ヴィンテージなどオリジナルアイテムを扱うショップが多い。オーナーの個性が際立っており、地元ニューヨーカーからも注目されている。

🚇Ⓜ4・5・6・A・C・E線 Spring St駅、J・Z線 Bowery駅

トレンドショップで買い物三昧
ソーホー
Soho
MAP付録P.12 C-1

芸術家の住む街というかつてのイメージは消え、レトロな建物に高級ブランドやファッションブティック、おしゃれなカフェやレストランが軒を連ねる。流行を先取る最新シーンにあふれ、多くの買い物客で賑わう。

🚇Ⓜ6・C・E線 Spring St駅、1・6・A・C・E線 Canal St駅、R・W線 Prince St駅

ハイエンドブランドも多数あり、買い物客がひっきりなしに行き交う

ニューヨーカーや観光客で賑わうストリート

ニューヨークでぜったいしたい12のコト

03 ソーホー、ノリータでハイエンドなショップクルーズ

最旬スポットが登場

次々とこだわりのあるショップやレストランが登場し、トレンドを発信する。このエリアの新しい店は要チェック!

大人が納得するフレンチの店
フレンチェッテ　レストラン
Frenchette
ソーホー **MAP**付録P20 C-4

2人のシェフが作り出す至極のメニューが評判。常勤ソムリエのワインのセレクトも高評価を受けている。
▶P110

世界中の高級紅茶が集まる店
ハーニー＆サンズ　カフェ
Harney&Sons
ソーホー **MAP**付録P21 D-3

世界中の高級紅茶を集め作られた、オリジナリティ豊かなブレンド茶を購入できる。店内では試飲もできる。
▶P119

宝石のように輝くチョコレート
スティック・ウィズ・ミー　ショップ
Stick With Me
ノリータ **MAP**付録P21 E-3

高級フレンチレストランの専属ショコラティエだったオーナーが作る、芸術的なチョコレートに魅了される。
▶P142

Soho, Nolita

進化するファッショナブルなデザインに注目

ニューヨーク発祥ブランドの聖地へ

ソーホーとノリータのなかでも、
ブランドの旗艦店が集中するソーホー。
ニューヨークで誕生したブランドや、
地元出身のデザイナーなど、
ニューヨークらしさを感じる
ショップにおでかけしよう。

贅沢な色使いと明るさが魅力

ケイト・スペード・ニューヨーク

Kate Spade New York

ソーホー **MAP** 付録P21 D-3

1996年ソーホーに1号店を誕生させたバッグブランド。 バッグ、ウェア、めがね、ジュエリー、アクセサリーなどを手がける。大人ながらもかわいさを忘れないデザインは多くの女性の心をつかみ、使い勝手の良さも支持されている。

☎212-274-1991 Ⓜ6線Spring St
駅から徒歩5分 ⌂454 Broome St.
11:00～18:00 休無休

きらびやかな店内には女性の憧れが詰まったアイテムが並ぶ

ブランドヒストリー

1993年1月、キャサリン・ノエル・ブロスナハン（ケイト）とアンディ・スペード氏がバッグブランドを設立。1996年に店舗開業してから多彩な色使いとファッショナブルなデザインで、ハンドバッグ旋風を巻き起こした。

➡ハートとスペードが重なったブランドロゴのアクセサリーも豊富（上）、ハンドバッグの品揃えは世界最大級だ（下）

⬆シューズをはじめスカーフなどのアパレル小物も用意

インパクトの強いピンクの花柄が施されたハンドバッグは注目の的

落ち着いた色合いのハンドバッグなので年齢を重ねても愛用できる

➡マンハッタンのビル街をイメージしているディスプレイが素敵

クロコダイルの素材ながらもポップな色が重厚感を強調せず使いやすい

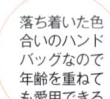
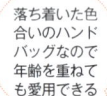

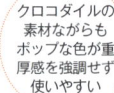

※商品はイメージです

地元発信のストリートブランド
キス
Kith
ソーホー **MAP** 付録P21 D-1

アメリカのスニーカー業界において絶大な影響力を持つデザイナーのロニー・フィグのセレクトショップ。オリジナルのアパレルライン「デイトナ(DAYTONA)」を展開するほか、アメリカの人気スニーカーを販売。限定モデル発売日には街に長蛇の列ができる。

☎646-648-6285 🚇6線Bleecker St駅から徒歩1分 🏠337 Lafayette St. 🕐11:00〜21:00(月曜日は〜22:00) 🚫無休 🌐

⬆カジュアルなアパレルライン「デイトナ」のウェア

⬆整然と陳列されたスニーカー

ナイキやニューバランスなどの限定モデルなど注目のアイテムが集まる

ブランドヒストリー
2011年クイーンズ出身であるロニー・フィグが創設。ブランド名は「KITH and KIN」が由来となっており、スコットランドの言葉で「Friends & Family」を意味するという。

⬅店内にはカフェがありコーヒーや軽食で休憩することもできる

➡ブランドなどのコラボ企画により店内ディスプレイも変化

⬇エレノア・サッチェル$898。肩掛け可能なベストセラーのファーのハンドバッグ

⬅おでかけが楽しくなりそうな、ふわふわのミニフレミングシアリングドローストリングバッグ$798

ブランドヒストリー
2004年にニューヨークのノリータ地区で創業。CEO兼デザイナーのトリー・バーチはフォーブス誌やタイム誌に「世界で最も影響力のある人物100人」に選ばれている。

NYで生まれた世界的ブランド
トリー・バーチ
Tory Burch
ソーホー **MAP** 付録P21 D-2

バッグや財布、シューズ、ジュエリーなどスタイリッシュでビビッドなトレンドを押さえたファッションを提供。クラシックな雰囲気を持ちながら、エレガントなデザインが際立っている。

☎917-261-7172 🚇B・D・F・M線Broadway Lafayette St駅から徒歩3分 🏠151 Mercer St. 🕐11:00〜19:00 日曜12:00〜18:00 🚫無休 🌐

幅広い年齢層の女性から愛されるおしゃれなアイテムが揃う

ブランドの本店やフラッグシップ・ストアが点在

ニューヨークのショッピングエリアとして名高い5番街と並び、次世代のファッション業界が注目しているソーホー。ニューヨーク発祥ブランドの1号店が集まっている。また、世界各国のフラッグシップ・ストアや、独自のコンセプト・ストアなどをオープンさせるブランドが多いのも特徴。世界の流行最先端が見られる特別なエリアだ。

❊グッチ・フラッグシップ・ストア
❊コンバース・フラッグシップ・ストア

エレガントなスタイルを提案する

04 マンハッタンで話題の 最旬カフェ *Cafe*

ニューヨーカーが集まる空間

フローリストに併設された新しいコンセプトのカフェが、ニューヨーカーの間で話題だ。洗練されたライフスタイルを提案する最先端のカフェをご紹介。

インテリアショップ、花屋、カフェ、ベーカリーが融合した洗練された空間が広がる店内

ラ・メルセリエ
La Mercerie
ソーホー **MAP** 付録P21 D-4

デザイン界で注目の「ローマン&ウィリアムス」が手がけた店。カフェにオリジナル家具や雑貨を扱うショップと花屋が併設され、見事に調和された空間で気軽にカジュアルフレンチが食べられる。

☎212-852-9097 ⓜN・Q・R・W線Canal St駅から徒歩2分 所53 Howard St. 営11:30(土・日曜11:00)～22:00 休無休 ⬛

家具雑貨店＋花屋＋カフェ
新しいカフェスタイルの提案

↩サブレ(3枚入り)$16

↑ペストリーはテイクアウト販売もしている

↑フレンチスタイルのカフェは季節の食材を使用

↪なめらかなソフラ・ゴーダチーズのデザートプレート

※料理はイメージです

ニューヨーカーが憩う

ほっこり系カフェ

グリーンをセンス良く配したナチュラルな店内

話題のデザイナー
ローマン&ウィリアムス

ロビン・スタンデファーとスティーブン・アレッシュ夫妻が、祖父たちの名前から「ローマン&ウィリアムス」を設立。話題のホテル「ACE」「THE STANDARD」、Facebook社の社員食堂などを手がけてきた。今デザイン業界で最も注目されている存在。

ママン
Maman
ソーホー **MAP**付録P21 D-3

キッシュやサンドイッチにクッキーなど、フランスのお母さんが作るようなメニューとカントリー風のアットホームな雰囲気が人気のカフェ。ブルーを基調とした花柄のオリジナルの食器が大好評。

☎212-226-0700 Ⓜ6線Spring St駅から徒歩4分 🏠239 Centre St. 🕐7:30(土・日曜8:00)〜18:00 Ⓚ無休 🍽

↑サンドイッチやサラダ、キッシュなどの軽食が用意されている

レミ・フラワー・アンド・コーヒー
Remi Flower and Coffee
ミッドタウン・イースト **MAP**付録P.9 E-3

フラワーショップとカフェのコラボ店。グリーンやブーケに囲まれ、花の息づかいに包まれながらいただくコーヒーやお茶は格別。オフィスビルの林立するエリアでホッとひと息つけるオアシスだ。

☎646-559-1233 Ⓜ6線 51 St駅から徒歩8分 🏠906 2nd Ave. 🕐7:00〜18:00 Ⓚ無休 🍽

花の香りに癒される

オフィス街のカフェ

花を使ったオリジナル・コーヒーはぜひ試したい

→スコーン
$4.25

←ラベンダーの香りが素敵なラベンダー・ラテ $6

↓花屋の中にカフェがある。心のお休み処

ローマン&ウィリアムス・ギルド
Roman & Williams Guild

ホテルのためにデザインしたオリジナル家具や、日本や北欧を中心に買い付けたセンスあふれる食器や雑貨がずらり。

エミリー・トンプソン・フラワーズ
Emily Thompson Flowers

店の入口付近にある。花が持つ自然美を生かしたスタイルのフローリストのセンスが楽しめる。

43

素敵な陽気に誘われて自然に包まれリラックス

05 都会のオアシス *Central Park*
セントラル・パークで憩う

摩天楼の大都会の真ん中にあるとは思えないほどスケールの大きな公園。四季折々の豊かな自然美を見せてくれるセントラル・パークは、ニューヨーカーの憩いの場となっている。

ランチやおやつをテイクアウトして

どこを歩いても絵になる
四季折々に表情豊かな公園

　南北4km、東西0.8kmという広さを誇る大きな公園で、地元の人々の憩いの場として親しまれている。園内には湖や池、芝生広場に並木や林、森が広がり、さまざまなイベントやアクティビティが楽しめる。園内の各所で映画やTVでもおなじみの風景に出会うことができ、天気が良ければ、芝生の上でのんびりとニューヨーカー気分を満喫するのもいい。夜間の公園は安全な場所とはいえないので散策は昼がベスト。

セントラル・パーク
Central Park
セントラル・パーク **MAP** 付録P6 C-4
🚇Ⓜ1・A・C・B・D線 59 St-Columbus Circle 駅／N・R・W線 5 Av/59 St駅などからすぐ　開 24時間(一部施設を除く)　休無休(一部施設を除く)
HP www.centralpark.com

公園の楽しみ方

園内に点在するモニュメントや碑を巡って散策したり、芝生でのんびり過ごしたり、思い思いの楽しみ方が可能。さまざまなイベントも開催されているので公式HPをチェックしよう。

芝生でランチ

晴れた日には、公園周辺のデリでテイクアウトして、シープ・メドウの芝生でランチがおすすめ。

馬車で移動する

グランド・アーミー・プラザからレトロな馬車に乗ってパーク内をひとまわり。2〜3人で乗車できる。

見どころを散策

動物園や劇場のほか、アンデルセンの像や「イマジンの碑」など見どころも盛りだくさん。

P46

サイクリングを楽しむ

園内には自転車専用レーンも用意されている。コロンバス・サークル周辺で自転車がレンタル可能。

ヨガクラスに参加

ヨガ・インストラクターの指導のもと、シープ・メドウの芝生でヨガが体験できる。4〜11月の実施(不定期なので、事前に要確認)。

ローカルが集まる
メインエリア

シープ・メドウ
Sheep Meadow　P46

緑の芝生が広がるスペース。会社のランチタイム、ピクニックや読書、絵描きやヨガなど、自由に楽しむニューヨーカーが利用する。

ジョン・レノンを偲ぶ「イマジンの碑」に今もファンが訪れる

デリを買ってテイクアウトしよう！

芝生の上でピクニックランチ

デリを購入するならこちら　お天気の良い日は、好みのランチやスイーツ、ドリンクをテイクアウトしてピクニックがおすすめ！

ダニエル・ブールのカフェ
エピスリー・ブール
Epicerie Boulud at Lincoln Center
アッパー・ウエスト・サイド　MAP 付録P8 B-1

ショッピングの合間に立ち寄りたいカフェ・バー。おいしいフランスパンを使ったサンドイッチやペストリー、ワインやビールもある。

☎212-595-9606 ⊗Ⓜ1線 66 St-Lincoln Center駅から徒歩2分 🏠1900 Broadway at 64th St. ⏰7:30～20:00（木曜は～21:00、金・土曜は～22:00）🏠無休 🇫🇷

⬇チェリー＆ルバーブ・サントノーレ $6.50（上）、ラズベリー・クロワッサン $4.75（下）

セレブ御用達のデリカテッセン
イート
E.A.T.
アッパー・イースト・サイド　MAP 付録P7 D-3

アップタウンのセレブ御用達の高級デリ。惣菜やドーナツ、パンまで価格も高めだがその分おいしさはレストランより上質なほど！

☎212-772-0022 ⊗Ⓜ6線77 St駅から徒歩8分 🏠1064 Madison Ave. ⏰8:00～17:00 🏠無休 🇺🇸

⬆お惣菜は日替わり
⬇シュガー・ドーナツ $5.50

自然豊かな園内を歩く

セントラル・パーク必見ポイント

のんびり過ごすだけでもいいが、
映画のロケ地やジョン・レノンの聖地など、
見どころはぜひ訪れてみたい。

Central Park

装飾が美しいボウ・ブリッジが架かるザ・レイク。手漕ぎボートで湖上からの景色も楽しみたい

 ## 園内の歩き方

南北4kmは直線で歩いても1時間かかる距離。徒歩で散策するなら、主要なポイントを選んで巡るのがおすすめ。ひとまわりするならレンタル自転車を利用しよう。馬車や人力車もある。

スケッチを販売する若手アーティストの姿も

古き良き時代の回転木馬

A カルーセル
Carousel

1908年に造られたアメリカでも最も大きなアンティーク・メリーゴーラウンドのひとつ。手彫り、手塗りの58頭の木馬が音楽に合わせて回り、大人も子どもも楽しめる。

ハンドメイドの装飾が美しいレトロな木馬

ニューヨーカーの憩いの広場

B シープ・メドウ
Sheep Meadow

もともとは羊の牧草地として使われていた芝生広場。マンハッタンの高層建築物を背景にした緑一面の景色は美しく、日光浴やピクニックなど、ニューヨーカーが思い思いの時間を過ごす憩いの場。

4月中旬から11月中旬まで開放される

公園のランドマーク

C ベセスダの噴水
Bethesda Fountain

1973年に建てられた天使の像が立つ噴水。円形広場のランドマークにもなっていて、週末にはさまざまなストリートパフォーマンスが噴水の周りで繰り広げられる。

水の天使の像が広場を見守るように立つ

ジョン・レノンを偲ぶ

D ストロベリー・フィールズ
Strawberry Fields

セントラル・パークの西、ダコタ・ハウスで殺害されたジョン・レノンの記念碑。オノ・ヨーコのデザインという「IMAGINE」の文字が描かれたモザイクには一年中献花が絶えない。

今もなお、訪れるファンが後を絶たない

子どもが登って遊べる

E 不思議の国のアリス像
Statue of Alice in Wonderland

大きなきのこの上に座るアリスの両サイドにはウサギや帽子屋などのキャラクターが集合。この銅像はジャングル・ジムみたいに子どもが登って遊べるようになっている。

撮影スポットとしても人気のアリス像

N

0 — 200m

ジャクリーン・
ケネディ・
オナシス貯水池

グッゲンハイム美術館●

W. 86th St.　86 St駅　E. 86th St.

地下鉄A.C線
地下鉄B.D線

● グレート・ローン

メトロポリタン美術館●

W. 81st St.　81 St-
Museum of Natural History駅　E. 81st St.

イート ★

● アメリカ自然史博物館

G ベルヴェデーレ城

W. 79th St.

W. 77th St.　E. 77th St.

Central Park West

F ザ・レイク

ロブ・ボート・ハウス

E. 75th St.

ボウ・ブリッジ　不思議の国のアリス像 **E**
アンデルセン像★

C ベセスダの噴水

ダコタ・ハウス●　72 St駅
W. 72nd St.　E. 72nd St.

D ストロベリー・フィールズ

フリック・コレクション●

5th Ave.
Madison Ave.

W. Drive

The Mall

タヴァーン・オン・ザ・グリーン

B シープ・メドウ ★

i デイリー・ビジター・
センター＆ギフト・ショップ

6 St-
Lincoln Center駅

● エビスリー・
プール

カルーセル **A**

セントラル・パーク動物園
ウールマン・リンク

地下鉄Q線
地下鉄F線

Broadway
Columbus Ave.

地下鉄1.2.3線
地下鉄A.C.D線

グランド・アーミー・プラザ●

5 Av/59 St駅

コンパス・サークル●　59 St-Columbus Circle駅
地下鉄N.R.W線

●プラザ・ホテル
W. 57th St.　E. 58th St.

57 St-7 Av駅　7 Av駅　E. 57th St.

有料の手漕ぎ
ボートは1時間
単位で貸し出し

➡ロブ・ボートハウスで湖を
眺めながらひと休み

四季を感じさせる自然に囲まれた湖

F ザ・レイク
The Lake

手漕ぎボートで湖に出ることができ、四季折々に
移ろう湖面に映る木々と高層ビル群の景色は格
別。カースト・アイアン様式の優美なボウ・ブリッ
ジ周辺は特に人気。ボート上や橋がプロポーズの
舞台となることもしばしばとか。

城のバルコニーからセントラル・パークを一望

G ベルヴェデーレ城
Belvedere Castle

小高い丘の上に建つ19世紀後半に建てられた歴
史ある石造りの城。展望台からはセントラル・
パークを見渡す眺
望が楽しめる。内
部の展示室では、
園内に生息する動
植物を紹介する資
料が、無料で閲覧
できる。

らせん階段を上
がっていくと展
望台がある

情報収集やおみやげ探しに

ここでしか買えないおみやげをゲット

デイリー・ビジター・センター＆
ギフト・ショップ

The Dairy Visitor Center & Gift Shop

MAP 付録P8 C-1

園内マップの配布やセントラル・パークグッズ
の販売を行う案内所。ギフトショップの売り上
げはセントラル・パーク支援寄付に。

☎332-245-3021 交Ｍ
N・R・W線5 Av/59 St駅
から徒歩15分 所Mid-
Park at 65th St. 営10：
00〜17：00 休無休 英

ニューヨークでぜったいしたい12のコト

05 都会のオアシス セントラル・パークで憩う

高架鉄道跡から街を見下ろす

06 ハイラインの空中散歩

緑あふれる
都会の散策路

High Line

廃線になった高架鉄道跡を利用した緑豊かな遊歩道は、今ではすっかり観光の定番スポットになった。開発中のハドソン・ヤーズともつながり、ますます注目を集めそうだ。

いつもより少し高いところから眺める街並みがおもしろい

空や川や街の風景を満喫できる郷愁と自然アートの散策路

かつての高架貨物鉄道の線路跡地を再生した、地上約9m、ビルの3階ほどの高さに建設されたユニークな線形公園。線路と橋脚の上で、季節ごとの植栽を楽しみ、枕木を利用した階段式やサンデッキ風のベンチで憩い、アイスや飲み物の屋台でひと息つける。この全長約2.3kmの長い公園を進めば、エンパイア・ステート・ビルなどマンハッタンの高層ビル、ハドソン・リバーにハドソン・ヤーズの近代的なビル群などが次々と目の前に現れてくる。個性的なアート作品なども置かれ、さまざまなイベントも開催されている。

ハイライン
High Line

ミッドタウン～MPD **MAP**付録P.10 A-1
☎212-500-6035 7線 34 St-Hudson Yards駅から徒歩5分、A・C・E・L線 14 St駅から徒歩10分 Gansevoort St.～W. 34th St. (10th Ave.と12th Ave.の間) 7:00～22:00(12～3月は～20:00) 無休 www.thehighline.org

ホイットニー美術館 P.158
スタンダードハイライン
1 W. 12th St.　**2** W. 14th St.　**3** W. 17th St.　ハイライ

ハイライン南口
MPDにあるゆったりめの階段を上ると空中公園にアクセスできる。

南端はホイットニー美術館と隣接

チェルシー・マーケット P.53

狭い道が急に開け、緑豊かな広場でくつろぐ人の姿が

建物を通り抜けるユニークな構造
1 W. 12th St. 周辺

ハイラインがなんとホテルの中を突っ切るポイント。1階のレストランや屋上のバーに立ち寄るのもおすすめ。
A・C・E線 14 St駅から徒歩6分
スタンダード・ホテルを抜けたあとは通路がギャラリーになっていることも

デッキチェアに陣取ってひと休み
2 W. 14th St. 周辺

ゆったりとしたサンデッキが設置され、ひと休みできる。木が植えられて緑も多く、西側に見える川の眺めは最高。
A・C・E線 14 St駅から徒歩6分

06 HIGH LINE

木のデッキで
しばし休憩

散策のポイント

展望台やアート作品など見どころも豊富。好きな区間だけ歩いたり、チェルシー・マーケットなどに立ち寄りながら歩くのもおすすめ。

ウォーキング・ツアー
Walking Tour　[所要 1.5〜8時間]

⏰5〜8月 火・木曜18:00〜、水・土曜10:00〜、9〜10月 火曜17:00〜、水・土曜10:00〜、11〜4月 水曜10:00〜、土曜12:00〜　[料]無料
🔗 www.thehighline.com/events/high-line-tour-from-freight-to-flowers/

芝生広場でごろごろしたい

4 W. 23rd St. 周辺

芝生広場や階段状のベンチでくつろげる。デリで買ったお弁当やドリンクを持ち込んで、ランチタイムにするのもおすすめ。ニューヨーカーたちも思い思いにのんびりとした時間を過ごしている。季節によって芝生内に入れないこともあるので注意。

🚇M A・C・E線 23 St駅から徒歩7分

散歩道の半分が芝生広場。北に向かって高くなるつくり

➡周囲の建物を眺めるのも楽しい

ハイライン北口

34th St. でゆったりとしたスロープを下りると地上へ。終点はハドソン・ヤーズの敷地内。

➡北端の出入口は長いスロープ

0　　100m

W. 22nd St. / W. 24th St. / W. 25th St. / W. 26th St. / W. 27th St. / W. 28th St. / W. 29th St.　11th Ave.　34 St-Hudson Yards

High Line

4 W. 23rd St.　**5 W. 25th St.**　**6 W. 30th St.**

P.34 ハドソン・ヤーズ

ガラス張りの展望スペース

3 W. 17th St. 周辺

階段状に造られた広場からは、ガラス越しに道路を行き交う車や人が眺められる。16th St. からチェルシー・マーケットにアクセスできる。

🚇M A・C・E線 14 St駅から徒歩9分
👁眼下に道路を見下ろす

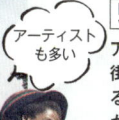

⬆ウォールアートも楽しめる

アーティストも多い

ストリート・アートにも出会える

5 W. 25th St. 周辺

アートの街チェルシーが近いので、街なかの壁面アートも鑑賞できる。エンパイア・ステート・ビルが眺められるのもこのあたり。

🚇M A・C・E線 23 St駅から徒歩7分

レイルヤードの風景が独特

6 W. 30th St. 周辺

30th St. から34th St. のあたりは車両基地を囲むように遊歩道が設けられ、古い線路もそのまま保存されている。

🚇M 7線 34 St-Hudson Yards駅から徒歩7分

➡線路の上を歩くこともできる
👁遊歩道の脇に古いレールが見える

49

気楽でおいしいランチ＆ディナー

07 スタイリッシュな進化系フードコート

アルザス地方の影響を受けた料理が揃うティー・ブラッセリー

早くて安いだけではないのがイマドキのフードコート。味のレベルが高いのはもちろん、洗練された空間や居心地のよさといった付加価値が評判になっている。

いまどきのニューヨークスタイル

📍 フードコートの魅力

さまざまな種類の店舗が並び、チョイスの幅が広いので、グループで食事するときなど、各々の好みで選べるのが魅力。早くて料金も手ごろなので、気楽に利用できるのがうれしい。複数店舗の料理を一緒に食べられるのもメリット。

注文の仕方

各店舗のカウンターで注文して料理を受け取り、共通のイートイン・コーナーに運んでいただくのが、スタンダードなスタイル。

ティータイムにもおすすめ！

一流シェフのこだわりがあふれる

ティンビルディング・バイ・ジャンジョルジュ

Tin Building by Jean-Georges

ロウアー・マンハッタン **MAP** 付録P.13 D-3

世界的に有名なシェフ・ジャンジョルジュ氏によって手掛けられたザ・シーポートのピア17にあるフードコート。店内にはおしゃれなレストラン、バー、高級食材店など12個の店舗が集まる。

☎ 646-868-6000
🚇 線Fulton St 駅から徒歩8分
🏠 96 South St.
🕐 10:00〜22:00(金・土曜は〜22:30)
T.Café8:00〜22:00 休無休 ▭

🔼 イースト川沿いに建てられた建物

▶ ティー・カフェ
T.Café
クロワッサンなど、焼きたてのペストリーや・ラ・コロンブ・コーヒーロースターズのエスプレッソやラテを楽しめる

▶ ティー・ブラッセリー
T Brasserie
226.796gの肉をじっくり焼き上げたグリルド・プライム・フランク・ステーキ（ポムフリット付き）

$36

BLUE RIBBON SUSHI

広大な空間のフードコート
ハドソン・イーツ
Hudson Eats
ロウアー・マンハッタン **MAP** 付録P.23 A-3

高級ブランドショップが並ぶブルック・フィールド・プレイスの2階にあるフードコート。眺めも良く、選ぶのに困るほどグローバルなグルメフードがリラックスして楽しめる。

☎212-978-1673 ⊗Ⓜ
E線 World Trade
Center駅から徒歩10分
🅿230 Vesey St. 🕐店舗
によって異なる 休無休 💳

➡1階にはル・ディストリクトがある

フードコートとは思えない質の良さが評判のブルー・リボン寿司

餃子や麺類専門の中国料理、ノーザン・タイガー

▶**マイティ・クインズ**
Mighty Quinn's Barbeque
バーベキュー専門店のブリスケット
$10.95

$26

▶**ブルー・リボン寿司**
Blue Ribbon Sushi Bar
レギュラー6pc+1ロール

女性や家族連れに人気のスプリンクルズ・カップケーキ

ニューヨークでフランスを味わう
ル・ディストリクト
Le District
ロウアー・マンハッタン **MAP** 付録P.23 A-3

フレンチ・フードコートとマーケット。カフェ、ベーカリーなどのほか、ワイン・バー、屋外バー、そしてビストロ・レストランと選択肢は多彩だ。

☎212-981-8588 ⊗
Ⓜ E線 World Trade
Center駅から徒歩10
分 🅿225 Liberty St.
🕐7:30〜22:00 休無
休 💳

⬆ウインター・ガーデンの横にある

入るとすぐ右にカフェ、向かい側にベーカリーとパティスリーが並ぶ

ラ・バーには屋外の席もある

▶**ローテイセリエ**
Rotisserie
彩り豊かなエビとトマト、ブロッコリーのパスタ
$8.95

▶**カフェ・ディストリクト**
Cafe District
好みのトッピングでカスタマイズしたい
©LeDistrict

$6.95

$1

▶**バー・ラ・ヴァン**
Bar A Vin
ハッピーアワーならオイスターがなんと1個$1とお得！

落ち着いた大人の空間

※料理はイメージです

ハドソン川沿いのフードホール
マーケット57

Market 57
ミート・パッキング・ディストリクト
MAP 付録P.10 A-3

ピア57にあるフードホールで眺めが良く広々として、観光客が多くて活気があり、気持ちのよいフードホール。キオスクも韓国、中国、タイ、インド、メキシコ、地中海など国際色豊かなのが魅力。

☎なし ⊗Ⓜ A・C・E線14 St駅から徒歩15分 ⊛ 25 11th Ave ⊗ 11:00～20:00 ※店舗により異なる Ⓗ無休 ⏍

⤴1907年に貨物船用の桟橋として建設され、歴史的建造物の指定も受けている

▶アミイ $12
Ammi
酸味のあるクレープに、風味豊かなスパイスの効いたカレー味のポテトが入ったマサラドーサ

$4～

▶マザーシャッカーズ
Mother Shuckers
アメリカ東海岸産(1個$4)と西海岸産(1個$5)から選べるオイスター

▶ザーブザーブ $19
Zaab Zaab
麺はやわらかく、カニがふんだんに入ったクラブカレーヌードル

ヘルズキッチンの新名所
ゴッサム・ウエスト・マーケット

Gotham West Market
ミッドタウン・ウエスト **MAP** 付録P8 A-3

閑散としたエリアにできたおしゃれで手軽なグルメスポット。ラーメン、パスタ、バーガーなどニューヨークの人気店の支店が揃っていてテイクアウトもできる。支払いはカードのみ(現金不可)。

☎ 212-582-7940 ⊗Ⓜ A・C・E線42 St-Port Authority Bus Terminal駅から徒歩12分 ⊛ 600 11th Ave. ⊗ 11:00～21:00 Ⓗ無休 ⏍

毎日メニューが変わるパスタの店、デラニマ

$24

▶シーモアズ
Seamore's
ロブスターロール。チップとコールスロー付き

$14

▶アイバン・ラーメン
Ivan Ramen
日本で有名になったアイバン・ラーメンの塩ラーメン

▶デラニマ
Dellanima
ピリッと辛いアラビアータ・スパゲティ

$18

買い物帰りに寄りたい
ガンズヴォート・リバティ・マーケット
Gansevoort Liberty Market
ファイナンシャルディストリクト
`MAP` 付録P.23 B-3

ウェストフィールド・ワールドトレードセンター内にあるフードホール。約10店舗の飲食店やカフェ、キオスクが集まる。
☎315-715-6369 Ⓜ1線
Cortlandt St駅から徒歩1分 🏠101 Liberty St.(C1コンコース)
🕐7:00(土曜10:00)～19:00 日曜11:00～18:00 休無休 📋

> エリア内でペルー料理や韓国料理など豊富な種類を楽しめる

Kポップハウス $24.95
K-Pop Haus
キムチも付き、玄米か白米を選べる甘辛い骨付きの牛カルビの煮込み

$18.95
セビチェルシー
Cebichelsea
じっくり煮込んだビーフに、コリアンダーソースの豆の煮込み、ほのかに塩気のあるスパニッシュライスが味わえるビーフライス

朝・昼・晩と利用できる
アーバンスペース・ヴァンダービルト
Urbanspace Vanderbilt
ミッドタウン・イースト `MAP` 付録P.15 E-3

朝7時からオープンしていて、朝食にも利用できる。人気のドーナツ店ドウなど約15店が入っており、ランチタイムはビジネスパーソンで賑わう。支払いはカードのみ(現金不可)。
☎646-747-0810 Ⓜ4・5・6・7・S線 Grand Central-42 St駅から徒歩1分 🏠230 Park Ave. 🕐7:00～21:00(土曜は～18:00) ※店舗により異なる 休日曜 📋

> カジュアルな店内は朝からニューヨーカーで賑わう

> ⤴入口は45th St.とヴァンダービルト Ave.の角にある

$11～14

ミアン・キッチン
Mian Kitchen
台湾料理のヌードルとバオの店

中華街の最新アジア料理の店
キャナル・ストリート・マーケット
Canal Street Market
ウィリアムズバーグ `MAP` 付録P.21 D-4

日本の寿司、ラーメンから中華のライスロール、フィリピンやタイなどバラエティ豊か。NYをイメージしたピンバッジやトートバッグなどを販売するリテールストアのポップアップストアと内側でつながっている。食後のおみやげ探しができる。
☎646-694-1655 Ⓜ L線 Canal St駅から徒歩1分 🏠265 Canal St. 🕐11:00～20:00 ショップ11:00～19:00 休無休(ショップは月～水曜) 📋

> 屋台の街並みをイメージしたような異国情緒漂う店内

ベトング
Betong
やわらかいチキンと温泉卵がついたピリ辛ヌードル。サラダとチキンバンが付くと $17.95

$15.95

カビセラ
Kabisera
漬物とドリンクが付き、ご飯はアドボライス、スティームライス、ライスヌードルから選べる春巻き定食。ポークルンピアミール

$15

> ⤴グルメもおみやげも品揃えが豊富

食みやげも買える!
街のフードマーケットへ

食品にこだわるチェルシー・マーケットや、イタリア食材に特化したイータリーは、ニューヨークの食トレンドを発信している。一度はチェックしたい。

工場跡地にできた屋内型マーケット
チェルシー・マーケット
Chelsea Market
チェルシー `MAP` 付録P.10 B-3
☎212-652-2121 Ⓜ A・C・E・L線 14 St駅から徒歩5分 🏠75 9th Ave. 🕐店舗により異なる 休無休 📋

高品質のイタリア食材ならここ
イータリー
Eataly
ロウアー・マンハッタン `MAP` 付録P.23 B-3
☎212-897-2895 Ⓜ1線WTC Cortlandt駅からすぐ 🏠101 Liberty St. 🕐7:00～11:00 休無休 📋

> ⤴質の良いイタリアの食材が手に入る

ニューヨークでぜったいしたい12のコト

07 スタイリッシュな進化系フードコート

ナチュラルアイテムの宝庫でいいものを見つけたい

08 グリーン・マーケットで
ローカルフード探し

エココンシャスな
地元ライフを体感

のびのびとした空間に多くのベンダーが並ぶニューヨークの青空マーケット。
お祭りのような雰囲気のなか、フレッシュな野菜やフルーツ、お菓子などご当地の味を楽しんで。

Green Market

生産者が直接売り場に立つ
ニューヨーカーの台所

　近郊農家がニューヨーカーに最も新鮮な食材を提供したいと1976年に始まったグリーン・マーケット。野菜やフルーツをはじめ、肉や魚、手作りのお菓子などバラエティに富んだ新鮮な食材が並ぶ。市内各地で開催されており、食いしん坊な人は必見のスポットだ。

⤵天気の良い日は散歩をしながら好みのベンダー探し

⤴ベンダーのスタッフはみな親切で安心

青空マーケットの旗艦的存在
ユニオン・スクエア
グリーン・マーケット
Union Square Green Market
ユニオン・スクエア **MAP** 付録P.19 D-2

わずか数軒の近郊農家による産地直送販売から始まった市場。生鮮野菜や加工品、ワインやビールまで140近いベンダーが軒を並べる。試食や試飲も気軽にできるので、生産者とおしゃべりしながら手作り食品をじっくり選べるのも楽しい。

☎212-788-7900 Ⓜ4・5・6・L・N・Q・R・W線14 St-Union Sq駅からすぐ 駅Union Sq. 🕐月・水・金・土曜 8:00〜18:00 休火・木・日曜 🈔
※一部ベンダーでカード利用可

温かいコーヒーはいかがですか？

野菜 Vegetable

農家が大切に育てた野菜がたくさん！ 素材のまま、自然のままの色鮮やかでカラフルな食材は見ているだけで楽しい

コーヒー Coffee

焙煎したばかりのコーヒー豆を使った一杯。すっきりとした酸味のコロンビア産など、日替わりで異なる豆を使用

⤴添加物不使用、リンゴをそのまま加工したアップルビネガー

地元レストランの
シェフも素材の味を
求めて訪れることも

ベンダーの屋台
もかわいらしい

素材の質の高さはもちろん
パッケージデザインにも
注目してくださいね！

ピクルス Pickles
バーガーなどお肉料理の付
け合わせの定番として人気
のピクルス。自家製でひとつ
ずつていねいに作られている

ジャム Jam
ストロベリー、ハス
カップ、ブルーベリー
など甘酸っぱいベリー
系のジャムが人気

石鹸 Soap
チェリーやマンゴー、
紅茶などの天然素材を
使用した石鹸はおみや
げに喜ばれそう

ハチミツ Honey
ニューヨーク市内や近郊農村のミツ
バチが作ったワン＆オンリーのハチ
ミツ。商品には街の名前がつけられ
ておりエリアによって味が異なる

フルーツ Fruits
フレッシュなフルーツをホ
テルや公園で食べるのもい
い。歩きながらリンゴをか
じるニューヨーカーもまだ
まだ健在

プレッツェル Pretzel
ホームメイドのプレッツェ
ルは、小ぶりなサイズで歯
ごたえ抜群。大粒の天然塩
と素朴な味わいが特徴

朝のできたてが
いちばんおいしいよ！

55

新たなニューヨークの
進化とパワーを感じる

ニューヨーク再生の象徴を訪ねて

09 ワールド・トレード・センターで
平和を誓う *World Trade Center*

世界を震撼させた事件から時が経ち、生まれ変わったワールド・トレード・センター。
アメリカで一番の高さを誇る展望台や大型ショッピングセンター、
最新鋭の技術とデザインを結集した駅舎など、進化する施設を散策したい。

悲劇の跡地に再建された
希望と不屈の精神のシンボル

　グラウンドゼロと呼ばれるワールド・ト
レード・センター跡地には、慰霊碑となっ
ているメモリアル・プラザ、ワン・ワール
ド・トレード・センターなど6つの高層ビル、
9/11メモリアル・ミュージアム、芸術交流
センター、リバティ・パーク、そしてトラ
ンスポーテーション・ハブと呼ばれる駅な
どが再建されている。なかでも2014年に
完成した「1ワールド・トレード・センター」
は、アメリカ独立の年にちなみ1776フィー
ト(約541m)と現在全米一の高さを誇る。
104階建て、地上約400mの展望台からは、
倒れても壊れても再生し、常に進化を続け
る生命体のような街並みを見渡せる。

2018年に3ワールド・トレード・センターが完成

ワールド・トレード・センター
World Trade Center
ロワー・マンハッタン **MAP** 付録P23 B-3
🚇なし 交 M・R・W線 Cortlandt St駅／1線WTC
Cortlandt駅からすぐ、E線 World Trade
Center駅から徒歩1分、4・5・A・C線 Fulton St駅
から徒歩5分 所285 Fulton St.(1ワールド・トレー
ド・センター) 時8:00〜20:00(メモリアル・プラザ
の見学時間) 🅗 www.wtc.com/🇺🇸

9.11の記憶

それはあまりにも衝撃的な映像と記憶を残した同時多発テロ事件だった。さまざまな想いを背負った人々の痛みは少しずつ、苦しい体験からけっして忘れてはいけない歴史に変わろうとしている。犠牲者一人一人の名前が刻まれた慰霊碑「9/11メモリアル」をはじめ、あの日の消防士たちが描かれた壁画などが並び、今もなおこの地を訪れる大勢の人々の足が途絶えることはない。

9/11 メモリアル・ミュージアム
9/11 Memorial Museum

⬇ 遺品や関連アートの展示もある

2001年の同時多発テロと1993年のWTC爆破事件の事実と影響を伝えるための博物館。
🕘 9:00〜19:00 最終入場は各2時間前 🈺 火曜 💲 $33

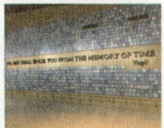

サウス・プール／ノース・プール
South Pool／North Pool

旧ツインタワー跡地にある2つの慰霊碑。合計2983人の犠牲者の名前が刻まれている。
➔ 犠牲者達を追悼する慰霊碑

サバイバー・ツリー
Survivor Tree

同時多発テロの1カ月後にグラウンドゼロで発見。根は引き裂かれ枝は焼け落ちたが強く生き返った。
➔ 「生存者の木」と呼ばれる梨の木

今もプールには献花が絶えない

かつてのツインタワーの跡地のプールは9mの滝が流れる

World Trade Center

アメリカで一番高い展望台
ワン・ワールド・オブザーバトリーの絶景へ

マンハッタン、ブルックリン、自由の女神などを一望できる展望台。2015年にオープンしてからロウアー・マンハッタンの象徴としてたたずみ、最新技術で進化するニューヨークを演出する。

時代の先端を進む米国最大の展望台
ワン・ワールド・オブザーバトリー
One World Observatory
ロウアー・マンハッタン **MAP** 付録P23 B-3

高さ541m、104階建てのアメリカ最高の高さを誇る展望台。100〜102階の3フロアからはマンハッタンを一望でき、ブルックリンや自由の女神も見られる360度の大パノラマが魅力。

☎ 212-602-4000 ㊐ 285 Fulton St.(1ワールド・トレード・センター内) ㉘ 9:00〜21:00 ※季節により変動あり ㊡ 無休 🚇

▶ 観光アドバイス ◀
チケットは空きがあれば当日購入も可能だが、公式HPからの事前予約がおすすめ。入場のタイミングは時間指定されているので確認したい。

View Point
東側にはブルックリンに架かる複数の橋や街並みが見られる

展望台へのアクセス
入場してから展望台到着まで、最新技術を駆使した展示を見ることができる

100階
4 展望台 **P59**
One World Observatory

102階
3 フォーエバーシアター
Forever Theater
到着するとフロアのスクリーンで約2分の映像鑑賞。映像終了後は心揺さぶられるサプライスも。

地下
2 セキュリティ・チェック
Security Check
エスカレーターで向かう。X線検査機を使った、空港レベルの厳密なチェックを受けてから入場。

1階
1 エントランス
Entrance
入場するとチケットカウンターがある。入場は15分ごとの時間指定があるので、少し前に到着していたい。

View Point
南側には自由の女神を発見！ニュージャージー州も見渡せる

View Point
摩天楼の夜景が広がりロマンティックな雰囲気が楽しめる

展望台のメインフロアはお楽しみがいっぱい！

⬇️見る方向によって異なる風景が広がるのも魅力

展望台
One World Observatory
展望台の見どころはほかにもたくさん！絶景にプラスして楽しめるスタッフのガイドや体験スポットにも注目。

シティ・パルス
City Pulse
円形に並んだパネルで街の紹介を

スカイ・ポータル
Sky Portal
直径約4.3mの透明の床はスリル満点！

ワールド・トレード・センターのショッピングスポット

観光の途中で立ち寄りたいレストランやショップがある施設。最旬のトレンドが大集合している。

⬆️➡️オキュラスから移動する途中にあり最新鋭のデザインも美しい

トレンドショップが集結
ウエストフィールド・ワールド・トレード・センター
Westfield World Trade Center
MAP 付録P.23 B-3
高級ブランドや話題のカフェ、レストランなど100店以上が集まるショッピングセンター。休日は観光客だけでなく多くの地元客も訪れる。
☎212-284-9982 🕘9:00～19:00 土曜10:00～20:00 休無休 💳

こちらに立ち寄り
アイ・ラブ・ニューヨーク・ストア
I LOVE NY Store
「I ♥ NY」のロゴが付いたアイテムのおみやげ専門店。
P.144

最新鋭のデザインを誇る駅舎
オキュラス
Oculus
MAP 付録P.23 B-3
ラテン語で「丸い」を意味する「オキュラス」。鳥の翼を表現した外観で2016年に完成した交通拠点で、10の地下鉄路線とバス・トレインが乗り入れているハブステーション。ウエストフィールド・ワールド・トレード・センターに直結。

こちらに立ち寄り
スモーガスバーグ
Smorgasburg
ブルックリンで人気のスモーガスバーグが、ワールド・トレード・センターで営業を開始。
🕘11:00～18:00（4～10月金曜のみ）
⬇️手軽なベンダーフードが並ぶ

⬇️建築家サンティアゴ・カラトラバ氏による斬新な外観

ニューヨークを代表するランドマーク

10 自由の女神に会いに行く!

ニューヨークといえば誰もが思い浮かべる自由の女神。
市内観光に欠かせない巨大な女神像や、
関連する展示を見ることができるミュージアムなど、
見どころが盛りだくさん!

Statue of Liberty

女神は
世界遺産です

自由の国アメリカを象徴する
フランス寄贈の女神像

　自由の女神がフランスからニューヨークに来たのは約140年前の1886年。アメリカ合衆国独立100年を記念し、奴隷制を廃止、自由と民主主義を打ち立てようとしていたアメリカへフランスが贈ったモニュメントであった。自由の女神像が立つリバティ島は、大西洋からマンハッタンへ向かうニューヨーク港の玄関口に位置する。フランシス・F・コッポラ監督の『ゴッドファーザーpart Ⅱ』で、シチリア生まれの主人公が移民船の上から自由の女神を見上げる冒頭シーンがある。自由の女神は、アメリカにやってくる世界中の人々が最初に目にする希望のシンボルとして君臨するのだ。1984年にはユネスコ世界遺産に登録され、今も自由の光を掲げ続けている。

アメリカの自由の象徴だ!

自由の女神
Statue of Liberty
リバティ島 MAP 付録P2 B-4
🚇 フェリー乗り場があるバッテリー・パークへは Ⓜ 1線
South Ferry 駅からすぐ HP www.nps.gov/stli 🚻

午後になると乗客が
多くフェリーは満員
になることも

ハドソン・リバー
Hudson River

自由の女神
ミュージアム

フラッグ・
ポール・プラザ

スカラプチャー・
ガーデン

スタチュー・
クルーズ
発着所

クラウン・カフェ

自由の女神ギフト・ショップ

スタチュー・
クルーズ
発着所

自由の女神

N

0　　100m

移動におすすめ　スタチュー・クルーズ
Statue Cruises
MAP 付録P.12 B-4

フェリーからの景色を楽しみながら島へ移動

自由の女神があるリバティ島には、「スタチュー・クルーズ」の専用フェリーでのみ上陸が可能。マンハッタンではバッテリー・パークが発着地となっており、チケットは事前購入がおすすめ。季節により運航本数や間隔が異なるので、訪れる際は最新情報の確認を。

☎877-523-9849 圉$25.8（往復フェリー乗船代、リバティ島入場料、日本語オーディオガイドを含む）圏 www.cityexperiences.com

所要 15分

ツアーに参加　リバティ・ヘリコプター
Liberty Helicopters
MAP 付録P.12 C-4

自由の女神の周りを旋回する空の旅

リバティ島に上陸はできないが、自由の女神や、近隣のエリス島などを眺めるヘリコプター・ツアーが開催されている。ほか、ハドソン・リバーを運航するクルーズ船など、リバティ島の外からでも自由の女神を見ることができる。自分の旅程に合わせて検討したい。

☎212-786-5751（ビッグ・アップル・ツアー）圉$249〜※別途保証金$40などが必要 圏www.libertyhelicopter.com

所要 15分

観光アドバイス

島内のまわり方

リバティ島に着いたら、まずは自由の女神に近づいてみたい。真下で見学するのもよし、撮影ポイントから写すのもよし。好みの場所を探しながら島内を見てまわろう。

オーディオガイドを活用

島の入口となるフェリーの発着所の近くでオーディオガイドを借りることができる。自由の女神の解説や、歴史的背景やエピソードなどを解説した日本語版があるので活用したい。

展望台は予約必須

自由の女神の頭頂部にある王冠の展望台は、一度に見学できるのは10名程度と少ない。チケットは現地で購入ができないため、見学チケットの申込は半年前から売り切れになることも。

無料で入れるミュージアムへ

自由の女神ミュージアムでは、台座部分で保管していた資料を移動して公開展示している。リバティ島へのクルーズチケットがあれば無料、予約なしで入場できるのがうれしい。

自由の女神を間近に見られる
リバティ島必訪スポット

自由の女神に最接近できるおすすめの場所をご提案! 鑑賞場所や特別な展望台、最新スポットとして話題のミュージアムなどを訪れて、島内を満喫したい。

 もっと知りたい! 豆知識

どれくらい大きいの?
27.1mの台座に立つ女神の身長は46.1m。右手に掲げる松明だけでも6.4mあり、台座の下から松明までの全長は93.4mに及ぶ。

どうして女神と呼ばれるの?
正式名称は "Liberty Enlighting the World" で「世界を照らす自由」だが、1886年(明治19年)に、像の完成を報じた日本の報道機関が「自由の女神」と訳したのが始まり。

誰が造ったの?
設計はフランス人の彫刻家、フレデリク・バルトルディ。エッフェル塔設計者として知られるギュスターヴ・エッフェルも参加している。

女神のモデルは誰?
デザインはウジェーヌ・ドラクロワの絵『民衆を導く自由の女神』と、顔はバルトルディの母親をモデルにしたといわれている。

女神の視線の先は?
かつては灯台として使われたこともあり、その視線はニューヨーク港に入ってくる世界各地からの移住者を慈悲深く迎え入れている。

どうして緑色なの?
外装には銅板が使用されており建設当初は茶色だったが、年月が経つにつれて潮風や酸性雨の影響で錆が進み、今の緑色になった。

おすすめの撮影スポットは?
リバティ島に上陸する時間のない人にはクルーズやフェリーからの海上撮影が人気。発着所のあるバッテリー・パークから見る夕刻の女神像もおすすめ。

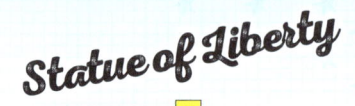
Statue of Liberty

必訪スポット 1
女神の像を真下で鑑賞

遠くから見る自由の女神も絵になるが、その大きさを実感できるのは上陸して間近に姿を見ること。さらに頭からつま先まで細部それぞれに意味が込められた銅像であることにも驚いてしまうかもしれない。

松明
アメリカを表すトウモロコシやタバコの葉をデザインした金箔の松明は、移民たちの希望と自由を表す象徴。

王冠
7つの角は7つの大陸、7つの海に自由が広がることを願って造られた。王冠内は展望台になっている。

左手
縦7.19m、幅4.14mの独立宣言書を持つ。表紙には独立宣言が行われた「1776年7月4日」の日付が刻まれている。

右足(後部)
サンダルを履いた右足のかかとが少し浮いている。建設時に像の内部への出入口として利用されていた。

左足
足元に引きちぎられた鎖と足かせがあり、これを踏みつけることで奴隷制や専制政治からの解放を表現。

台座
上部に展望台があり、自由の女神のクローズアップに加えて、マンハッタン・スカイラインの眺めを楽しめる。

必訪スポット 2

展望台からマンハッタンを一望する

台座から162段の細くて狭いらせん階段を上りつめたところにあるのが王冠内の展望台。25ある窓からは松明を持つ右手や、左手に持っている銘板などが間近に見え、マッハッタンの摩天楼、スタテン島なども一望できる。

展望台がこんなところに!
王冠部分が展望台になっている。絶景や松明を目の前にできる

展望台への上り方

1 チケット予約
展望台の入場に当日券はないので、クラウンリザーブチケットを公式HPから事前購入。人気なので半年待ちの時期もあるほど

2 到着後、リストバンドと交換
フェリーで島に到着後、展望台に上るための専用リストバンドを受け取る。入場できる印になるので紛失しないよう腕に巻く

3 荷物を預ける
厳重なセキュリティチェックがあるので、荷物はコンパクトにまとめて残りはロッカーに預ける。貴重品は必ず携帯しよう

4 階段を上る
台座に入ると銅像の中心を貫くように伸びるらせん階段が登場。細くて狭い354段の階段を上るので体調には十分気をつけて

➡展望台にはパネルなどで歴史を振り返る資料が展示されている

必訪スポット 3

歴史が学べるミュージアムへ

自由の女神の歴史や文化的背景を紹介する。展示の目玉は1886年から約100年間使われていた初代トーチ。女神の顔と足の実物大模型も展示。屋上からは自由の女神やマンハッタン南部、ニューヨーク・ハーバー全景が望める。

⬅自由の女神の顔(左)や足(下)の原寸は巨大だ

自由の女神ミュージアム
Statue of Liberty Museum
MAP 付録P2 B-4
☎212-561-4588 〇無料(リバティ島へのフェリー券が必要)

トーチの実物は保管状態が良くとても美しく見える

カフェ&ショップに立ち寄り

フェリー乗り場近くにあるカフェやショップ。リバティ島での足休めに利用したい。

おみやげ選びを楽しむ

自由の女神ギフト・ショップ
Statue of Liberty Gift Shop
MAP 付録P2 B-4

フェリーを降りてすぐの1階建ての建物。自由の女神をモチーフにしたグッズ、ニューヨークとアメリカの国立公園のグッズも販売。
☎212-363-3180 〇最終フェリー時刻まで 休フェリー運休に準ずる

⬆関連書籍も購入できる

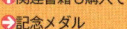

➡記念メダル $25

散策後はゆっくり休憩

クラウン・カフェ
Crown Cafe
MAP 付録P2 B-4

セルフサービスのカフェテリア。サラダやサンドイッチ、ハンバーガー、巻き寿司などもある。
☎212-363-3180 〇最終フェリー時刻まで 休フェリー運休に準ずる

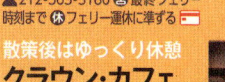

⬆カジュアルなカフェ

⬆店内席とテラスがある

ニューヨーカーが
集まるトレンドスペース

きらめく夜景に包まれて *Rooftop Bar*

11 ルーフトップ・バーで カクテルを一杯

ニューヨークのナイトライフはルーフトップ・バーが大流行！
美しい摩天楼の景色に包まれて、カクテルグラスを
傾けながらスペシャルな旅の余韻に浸りたい。

VIP度の高い絶景ビューにうっとり
ハリエッツ・ルーフトップ＆ ラウンジ
Harriet's Rooftop & Lounge

ダンボ **MAP** 付録P.26 A-3

屋上にある大人気のルーフトップ・バー。入場料＄20が必要だが、最上階にあるラウンジは同じ眺めでも入場料なしで深夜2時まで営業。ドリンクの選択肢も多くて大満足。

☎347-696-2554 Ⓢ Ⓥ ⒶⒸ線High St駅から徒歩10分 🚇60 Furman St Ⓗ 1ホテル・ブルックリン・ブリッジ内 🕐15:00～24:00(金曜は→翌2:00) 休不定期休業あり 🅿＄20 🍴💳

●オリジナルカクテルも用意

🔼ハンサムなバーテンダーたちがアテンドするバー

夕暮れどきから夜景に移り変わる景色はムード満点

マンハッタンの輝く摩天楼とブルックリン・ブリッジに感動

落ち着いた雰囲気のテラスでブランチを楽しむのも◎

↑ホテル・エンパイアのサイン

↓ザ・エンパイア・サンセット $18

人工芝のあるルーフトップはきらびやかな都会のオアシス

華やかなリンカーン・センターを一望
エンパイア・ルーフトップ
The Empire Rooftop
アッパー・ウエスト・サイド **MAP** 付録P.8 B-1

有名な「ホテル・エンパイア」にあるルーフトップ・バー。テーブルは要予約で、バーのあるペントハウスまたは屋上を指定できる。外の階段を上がると屋上エリアにつながっている。食事メニューが充実しているのもうれしい。

☎212-265-2600 Ⓜ1・2・A・B・C・D線59 St-Columbus Circle駅から徒歩3分 🏠44 W. 63rd St. 🏨ホテル・エンパイア内 🕐11:00～24:00（水～土曜は～翌1:00）🈺無休 💳

テラスのほどよい照明が夜の美景を引き立てる

←マティーニなどのニューヨーク発祥ものからオリジナルまでさまざま

→ルーフトップ・バーはホテル宿泊客も多く利用する

ゆったりした大人の空間
キャステル・ルーフトップ・ラウンジ
Castell Rooftop Lounge
ミッドタウン・ウエスト **MAP** 付録P.16 B-2

ACホテル21階にある極上のルーフトップ・バー。エレベーターを出てすぐの場所にバーエリアがあり、雰囲気のあるシックな空間。マティーニを飲みながら、目の前に広がる夜の摩天楼を楽しめる。南窓からのエンパイア・ステート・ビルも格別。

☎929-284-3761 Ⓜ A・C・E線42 St-Port Authority Bus Terminal駅から徒歩1分 🏠260 W. 40th St. 🏨ACホテル内 🕐16:00～23:00（金・土曜は～24:00、日曜は～22:00）🈺無休 💳

65

ニューヨークを代表するランドマーク

12 摩天楼の夜景に息をのむ

マンハッタンの高層ビル群を一望する展望スポット。ニューヨークらしいきらびやかな夜景が広がり、旅の夜を素敵に演出してくれる。

Night View

宝石の輝きを超える圧巻の街並みとランドマーク

　マンハッタンには高さ150m以上の高層ビルが300棟以上も林立するという。日々演出されるイルミネーションに彩られるビルやネオンまたたく街並みに、高層ビルにある展望スポットから眼下に望むゴージャスな夜景も楽しんで。

季節のライトアップに注目！

クリスマス Christmas

アメリカ独立記念日 Independence Day

セント・パトリックス・デー Saint Patrick's Day

高層タワーは街のシンボル

NY屈指の夜景スポット
エンパイア・ステート・ビル
Empire State Building

ミッドタウン・ウエスト **MAP** 付録P.17 D-3

高さ443m、地上102階建ての超高層ビル。1931年に完成してからしばらく世界一の高さを誇り、映画のキングコングがよじ登るビルとして登場するなどNYのランドマークだ。86階と102階の展望室は360度の大パノラマで見応えがある。

☎なし 交 Ⓜ B・D・F・M・N・Q・R・W線 34 St-Herald Sq駅から徒歩3分 所 350 5th Ave. 開 9:00～24:00（最終入場23:15）※時期により変動あり 休 無休 料 入場＄44（102階展望台は別途＄35）※入場料金に日本語オーディオガイド含む
🅷🅟 www.esbnyc.com 🔗🇯🇵

普段は白いライトアップがされており貫禄あるたたずまい

エンパイア・ステート・ビルからはこんな絶景が！

エンパイア・ステート・ビル
展望台までのアクセス

エントランスがリニューアルされ、絶景はもちろん、展示やショップも楽しめる。

1階 ロビーの自動販売機でチケットを購入

ロビーエントランスがリニューアル。撮影スポットやジオラマ展示もある。

2階 歴史を学べるビジター・インフォメーション

新しい体験型展示でビルの歴史や構造を知ることができる。

86階 メイン展望台から大パノラマの景色を

ニューヨークで最も高い場所にあるオープンエアの展望台。ビルの尖塔を囲むように設置。

102階 街並みを眼下に見るトップ展望台へ

碁盤の目の街の様子やセントラル・パークの全体像を眺められるのもこの場所。

80階 オリジナルみやげを選べるショップフロア

帰る前にみやげ店に立ち寄り。80階にあり店内はゴールドで統一された贅沢な内装。限定グッズも充実。

Night View

ニューヨークで2番目に高い建築「432パーク・アベニュー」

観光アドバイス

オレンジ色の夜景が気品あふれる雰囲気の5番街周辺や、セントラル・パークを一望できる立地。ニューヨークで2番目に高い建築、「432パーク・アベニュー」も目の前。ロックフェラー・センターにはレストランやショップが数多くあり、食事や買い物が楽しめる。季節のイベントも見どころ。

エンパイア・ステート・ビルを望む絶景
トップ・オブ・ザ・ロック
Top of the Rock

ミッドタウン・ウエスト **MAP** 付録P.14 C-2

ロックフェラー・センターの高さ260mのコムキャストビルの最上階。ガラス張りの69階と手すりだけの70階が展望台で、目の前に迫るエンパイア・ステート・ビルとマンハッタンの摩天楼が魅力。

☎212-698-2000 交 Ⓜ B・D・F・M線47-50 Sts-Rockefeller Center駅からすぐ 所 30 Rockefeller Plaza 開 9:00～24:00(最終入場23:00) 休 無休 料 $40

↑冬の名物であるスケートリンクとクリスマスツリーはビル前に

↓ロックフェラー・センターでは春になると季節の花が咲く

24時間眠らない街

NYらしいフォトジェニックな交差点
タイムズ・スクエア
Times Square

ミッドタウン・ウエスト **MAP** 付録P.14 B-4

夜遅くまで多くの人が集まるエンタメ広場。華やかなミュージカルの看板や無数のLEDディスプレイが名物。 Ⓜ1・2・3・7・N・Q・R・W・S線 Times Sq-42 St駅からすぐ

ネオンが輝き世界各国の観光客が集まる交差点

最新アトラクションに注目!

上空から摩天楼を見渡せる
スカイリフト
Skylift

MAP 付録P.14 C-2

オープンエアの円形プラットフォーム。約4分間、ゆっくり回転しながら3階分の高さまで上がり、宙に浮いた感覚を楽しめる。 料$35

↑プロポーズの聖地としても知られ、カップルが多く訪れる

緊張感抜群の空中浮遊
ザ・ビーム
The Beam

MAP 付録P.14 C-2

シートベルトをつけて座り12フィート上にゆっくり上がり180度回転して絶景を楽しめるビーム。 料$25

↑スタッフに頂上で記念撮影してもらえる

WELCOME TO THE CITY OF ART

アート

名画や現代美術を鑑賞

Contents

鑑賞前に知っておきたい！ 美術館の基礎知識

ゴッホやフェルメールなどの名画やアメリカンポップアートなど、世界から注目される作品が
一堂に集結するニューヨークの美術館。一日を通して楽しめる規模と展示作品の多さは圧巻。

チケットを買う

公式HPから事前予約が安心

ニューヨークの美術館は、入場料が決められている施設と、「ドネーション（Donation）」と呼ばれる寄付制で任意の金額を支払う施設に分けられる。入場料が決められている美術館は、ほとんどが公式HPから事前購入ができる。チケット枚数を入力し、有料ガイドツアーや音声ガイドの申込が必要なら同時に入力。メールアドレスや名前、クレジット情報などを入力すればOK。

当日は自動券売機を利用

人気美術館のチケット売り場は長蛇の列で時間がかかる。そのため自動券売機での購入がおすすめ。クレジットカードも利用できる。

お役立ちポイント

入館時のセキュリティチェック

ほとんどの美術館で入館時に手荷物検査がある。公共の場での安全を確保するための検査なので指示に従って行動を。持ち込める手荷物の大きさに制限のある美術館も多い。館内では手荷物はひとつにするのが安心。大きな荷物やスーツケース、みやげなど飲食物の入った紙袋などはクロークに預けるよう指示されることが多い。

訪れるおすすめ時間帯は？

人気の美術館にすいている時間帯はないので、朝一番に訪れたい。美術館の規模が大きく豊富なため、閉館間際に行くとゆっくり鑑賞できないことも。時間にゆとりをもって計画を。

館内は撮影できる？

カメラの持ち込みを禁止される美術館がある一方で写真撮影がOKな場所も。ただし作品保護のためにフラッシュは絶対にNG。スマホなどで撮影の際はオートフラッシュ（自動モード）に注意して。

●メトロポリタン美術館分館も魅力的

フランス・スペインの中世の作品や調度品が集まるクロイスターズなど、芸術性の高い分館を訪れるのもおすすめ。メトロポリタン美術館の入場券があれば当日は無料で見学できるのがうれしい。

美術館内の楽しみ方

ニューヨークの美術館はとにかく規模が大きく、広々とした館内と作品の多さが魅力。訪れたい美術館や鑑賞のポイントをしっかり押さえよう。

見学したい場所を事前に予習

メトロポリタン美術館やニューヨーク近代美術館、アメリカ自然史博物館は、一日で巡るのが難しいほど規模が大きく展示作品も多い。訪れる前にあらかじめ見学したいフロアや展示物を決めておきたい。企画により展示物が館内を移動する場合や、アメリカ国外の企画により展示がない場合もあるので、最新情報は公式HPで必ず確認して出かけよう。

豪華な企画展に注目

各美術館では多様な企画展が開催されている。貴重な展示物が限定公開されることもあり見逃せない。

オーディオガイドを活用

携帯電話用アプリで多言語オーディオガイドを対応している美術館も多い。解説はもちろん、数ある作品のなかから必見ポイントを絞って紹介してくれるので、その順路に従って見学できるのが便利。

ツアーやイベントに参加しよう

美術館では各種ガイドツアーを開催。メトロポリタン美術館（→ P.76）では有料の日本語ガイドツアーがあり、見どころをプロがていねいに紹介してくれる。アメリカ自然史博物館（→ P.81）では、「スリープ・オーバー」と呼ばれる有料宿泊イベントを年に数回開催。子どもはもちろん、大人のみの参加日もあり、館内見学やディナー、特別ショーも見ることができ、そのまま館内に宿泊できる。解説は英語のみ。

館内のカフェやショップへ

大型美術館には、館内にデザイン性の高いカフェやおしゃれなバー、作品をモチーフにしたオリジナルグッズが購入できるショップがある。休憩で利用したり、おみやげ探しにも活用できる。

芸術性の高い建物も見どころ

有名建築家が設計したグッゲンハイム美術館（→ P.80）やホイットニー美術館（→ P.158）、有名な映画やドラマの舞台にもなったメトロポリタン美術館の入口階段など、展示物以外の見学ポイントも。写真撮影をする観光客で連日混み合う。

お得情報

入館無料の時間帯に訪れる

入場無料で見学できる曜日や時間帯が決められている美術館も。年により変更することもあるので、公式HPで調べてからお得な日にちを選びたい。

●無料入館ができる美術館の一例
ニューヨーク近代美術館
毎月第1金曜16:00〜20:00
イサムノグチ美術館
第1金曜
ブルックリン美術館
第1土曜17:00〜23:00

ドネーション日程を利用する

「ドネーション(Donation)」と呼ばれる入場料が寄付制の美術館もある。アメリカ自然史博物館やグッゲンハイム美術館は特定の曜日や時間帯にドネーションを実施。任意の金額で入場可。

観光に大活躍の「シティパス」

ニューヨークの観光名所の入場券がセッ

トになったお得な「シティパス」。大人$146で対象の5つの施設に入場でき使用開始した日から9日間有効。5つの施設は自身で選択でき、自由の女神やトップ・オブ・ザ・ロックなど複数の有名施設が含まれている。美術館では9.11メモリアル・ミュージアム、アメリカ自然史博物館、グッゲンハイム美術館が対象施設となるのでお得に観光が楽しめる。購入は公式HPで確認。
🆑 www.citypass.com/

知っておきたい 美術館での鑑賞マナー

美術館では大声を出さない、走らないといった基本的常識はもちろん、芸術作品を保護するためのマナーを守って鑑賞したい。フラッシュ撮影不可や、作品に触れてはいけないものも多い。作品の至近での長時間の鑑賞や大きな荷物の持ち込みも、ほかの来館者の鑑賞の妨げとなるので注意しよう。

ミュージアムマイル

美術館が集まる通りを散策

アッパー・イースト・サイドの82th St.から110th St.周辺は、多くの美術館が立ち並ぶことからミュージアム・マイルと呼ばれている。メトロポリタン美術館をはじめ、グッゲンハイム美術館、フリック・コレクション(→P.82)、ノイエ・ギャラリー(→P.82)などが集まり、アート好き必訪の散歩道として有名。

ニューヨーク 芸術の祭典

アート・エキスポ・ニューヨーク

1978年に始まったアートと文化の最先端を発信するアートの祭典。世界各国のアーティストが作品を出品しており、現代の勢いのあるアーティストや日本のアーティスト作品にも出会える。
🆑 redwoodartgroup.com/artexpo-new-york/

ミュージアム・マイル・フェスティバル

ミュージアム・マイルで、さまざまなイベントやダンスショーなどが行われるフェスティバル。飲食ブースなども出店する。当日は、ミュージアム・マイルにある美術館が18〜21時の間無料で入場できるのもうれしい。

ニューヨーク・ファッション・ウィーク

パリ、ミラノ、ロンドンと並ぶ4大コレクションのひとつ。年2回開催され、参加するブランド数が世界で最も多い。見学不可だが、ハイセンスなブランドで着飾ったセレブが来場するのも話題。

街全体が美術館！ パブリック・アートを巡る

ニューヨークの街なかは、有名アーティストの作品であふれている。歩道や広場の巨大なオブジェや建物に描かれたポップな壁画など、思わず撮影したくなる場所が点在する。

MoMAの愛称で知られる美術館がリニューアルオープン

モダンアートの聖地 ニューヨーク近代美術館

近現代美術史の担い手とも称される、世界に名高い現代アートが集結する美術館。2019年のリニューアル工事を経て、展示される作品もより充実。フロアが拡張し、注目が高まっている。

ニューヨーク近代美術館

The Museum of Modern Art, New York

ミッドタウン・ウエスト **MAP** 付録P.15 D-2

1880年代から現在までの世界各国の約15万点に及ぶ作品を収蔵する近代美術館。2019年、4億ドルの資金と4カ月間をかけて隣接するアメリカン・フォーク・アート美術館ビルへの拡張工事でリニューアルを遂げた。既存の有名画家の絵画や作品はそのままに、拡張部分では美術史で語られることが少なかった女性、ラテン系、アジア系、そして黒人の芸術家たちの作品に焦点を当てる展示を行う。また、ワークショップベースなどもさらに充実させ、アートにふれる機会を提供する場としても期待されている。

☎ 212-708-9400 ⊗ Ⓜ E・M線5 Av/53 St駅から徒歩4分 ㊟ 11 W. 53rd St. ㊟ 10:30～17:30(土曜は～19:00、第1金曜は～20:00) ㊟ 無休 ㊟ $30、シニア$22(事前ネット購入では$28、シニア$20、毎月第1金曜の16:00～20:00は無料) ㊟ www.moma.org/ 🖥

▶ MoMAの巡り方

いちばんの見どころは4階と5階の絵画フロア。入館したら上層階を目指したい。その後、3階の写真展示、2階のコンテンポラリー・ギャラリーなどを見てまわろう。

4th floor

4階

世界的に有名な現代アート作品が一堂に集まる貴重なフロアを見学

アンディ・ウォーホルやロイ・リキテンスタインなど現代アーティストの作品がずらりと並ぶ。ニューヨークらしい明るくポップな色使いの作品の多さは、MoMAならではの魅力。

4階
鑑賞時間
約1～
2時間

🔶 必見作品はこれ！

マリリン・モンロー
キャンベル・スープ缶

鑑賞の ポイント

アンディのスクリーン印刷の手法は、大量生産、大量消費を豊かさの象徴としたアメリカへの皮肉を表現しているともいわれた

※現在展示なし、再開時期未明

鑑賞の ポイント

マリリン・モンローの死がきっかけで制作を始めたといわれる

Ⓐ **マリリン・モンロー** 必見！
Marilyn Monroe

1967年制作。作者の名を知らしめ確固たる地位を得るきっかけとなった作品。
●アンディ・ウォーホル

Ⓑ **キャンベル・スープ缶** 必見！
Campbell's Soup

1968年制作。当時は芸術とはみなされなかった、何枚も同じモノをキャンバスに刷るスクリーン印刷という手法を用いた代表作。
●アンディ・ウォーホル

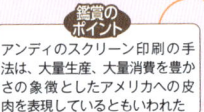

information

● **チケットは公式HPから予約**
公式HPの「Visit → Tickets」から日付と枚数を選びクレジットで支払い。何度も訪れるならメンバー会員になるのがおすすめ。入場料割引、ショップでの買い物が20%オフになるなどお得。

● **無料アプリをダウンロード**
携帯電話にアプリをダウンロードすると、館内マップやセルフガイド案内が楽しめる。約40の言語に対応しており、日本語も選べる。公式HPからQRコードで読み取り可。

● **写真撮影はマナーを守って**
基本的にはOKだがフラッシュ撮影は禁止。ギャラリーやシアターでの携帯電話の使用は禁止。ニューヨークの劇場などは公共イベント会場での携帯電話使用を禁止する条例が適用される。

● **複数のショップで買い物が楽しめる**
ミュージアムショップは館内を合わせて3カ所ある。時間や混雑状況を見ながらショップを選ぶのもよい。

↑大きなキャンバスに描かれたジョアン・ミロ作『壁画』

➡洗練された雰囲気の階段。入口を進むと目の前にある

※現在展示なし、再開時期未明

🎵 THE MELODY HAUNTS MY REVERIE...

C ポップ・アーティスト
11 Pop Artists, Volume II
1965〜66年制作。アメリカンポップを表現するにふさわしい名作。
● ロイ・リキテンスタイン

鑑賞のポイント
トーンに使用されたドット、はっきりとした黒のアウトライン、大胆な原色の色使いなど、ロイ・リキテンスタインの特徴が顕著

D ボールを持つ少女
Girl with Ball
1961年制作。ペンシルヴェニア州のホテル広告の写真からヒントを得て描いた作品。
● ロイ・リキテンスタイン

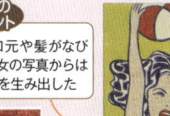

鑑賞のポイント
人形のような丸い口元や髪がなびく姿は、リアルな少女の写真からは想像できない新しさを生み出した

E 旗
Flag
1954〜55年制作。アメリカ国旗を描くことを夢で見たといい、心の奥にあるものとして作品化に意欲をみせたという。
● ジャスパー・ジョーンズ

鑑賞のポイント
ストライプや48個の星には材料に新聞が使用されており、当時のスクラップ記事が見られる

ニューヨーク近代美術館 内の
レストラン＆ショップ
休憩で立ち寄りたいカフェテラスやショップにも注目。

カフェ2
Cafe 2 `2階`
2階にあるイタリアンをベースにしたカフェ。パスタ、サラダ、サンドイッチなど軽いランチにおすすめ。
ドリンク $4〜
フード $10〜

🕐11:00〜17:00

MoMAデザイン・アンド・ブック・ストアズ
MoMA Design and Book Stores `1・2階`
1階入口横のストアは、商品の数が多くアート関係の書籍も並ぶ。2階のストアは、MoMAオリジナル商品が並びおみやげに◎。

🕐9:30〜18:30(金曜は〜20:00)

館外のショップも充実
美術館を訪れなくても、おしゃれなアイテムが入手できる。

MoMAデザイン・ストア
MoMA Design Store
ミッドタウン・ウエスト `MAP` 付録P.15 D-2
美術館の向かいにあり、インテリア小物やアクセサリーなどが充実。

☎ 212-767-1050 Ⓜ E・M線5 Av-53 St駅から徒歩4分
🏠 44 W. 53rd St.
🕐 9:30(木曜14:00)〜18:30 Ⓗ無休

MoMAデザイン・ストア・ソーホー
MoMA Design Store Soho
ソーホー `MAP` 付録P.21 D-3
ショップのなかでいちばん広くて品揃えが豊富。散策途中に訪れたい。

☎ 646-613-1367 Ⓜ M 4・5・6線Spring St駅から徒歩2分
🏠 81 Spring St. 🕐 10:00(日曜11:00)〜19:00
Ⓗ無休

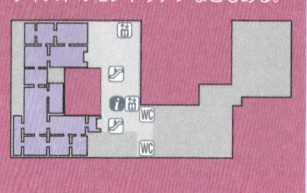

5th floor

5階

近代に活躍した美の巨匠が勢揃い 各国に負けない所蔵作品は見事

1880〜1940年代の絵画・彫刻を展示し、MoMAのメインフロアとも呼ばれる。ピカソやゴッホなど歴史に名を残す名作が並ぶなか、アメリカ人アーティストのモンドリアンなどもある。

5階
鑑賞時間
約1〜
2時間

鑑賞の ポイント
「バラ色の時代」のあとにキュビスムを確立した現代絵画の出発点として知られる傑作

F アヴィニヨンの娘たち 必見!
Les Demoiselles d'Avignon
1907年制作。スペインのバルセロナ、アヴィニヨン通りの娼婦を描いた作品。
●パブロ・ピカソ

 **必見作品はこれ!**

アヴィニヨンの娘たち
星月夜
ダンス(I)

© 2024 - Succession Pablo Picasso - BCF(JAPAN)

G 星月夜 必見!
The Starry Night
1889年制作。爆発する星、静けさを保つ村、死を連想させる木の苛立ちを表現している。
●フィンセント・ファン・ゴッホ

鑑賞の ポイント
ゴッホの晩年に描かれた作品。独特の渦を描くようなタッチが発揮されている

H コンポジション2
Composition No. II, with Red and Blue
1929年制作。アメリカに拠点を移した際、マンハッタンの碁盤の目の街からヒントを得たという。
●ピエト・モンドリアン

鑑賞の ポイント
グリッドと三原色で厳格に構成され、規律を感じさせる

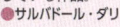

Ⓘ 記憶の固執
The Persistence of Memory
1931年制作。硬いものと
軟らかいもの、両極への
執着をみせるダリのアイ
デンティティをよく表現
している作品。
●サルバドール・ダリ

**鑑賞の
ポイント**
ぐにゃりと曲がった時計
は溶けていくカマンベー
ルチーズからインスピ
レーションを受けたとい
う。あり得ないモチーフ
を組み合わせて非現実的
な絵画を制作したシュル
レアリスムの代表作

**鑑賞の
ポイント**
自然光から影響
を受ける色が、
絶えず変化する
性質を捉えよう
とするモネの繊
細な作品

Ⓙ 睡蓮の池に映る雲の反映
Water Lilies
1914～26年制作。モネは、蓮池をテー
マにすることは「地平線や土のない水
の無限の幻想」を提供することだと述
べたという。
●クロード・モネ

**鑑賞の
ポイント**
究極に単純化され
た線と鮮やかな
ブルーの色彩にこだ
わっている

Ⓚ ダンス(Ⅰ) 必見!
Dance(Ⅰ)
1909年制作。マティスの代表
作で階段の踊り場に吊るすこ
とを目的として誕生した。
●アンリ・マティス

Ⓛ 私と村
I and the Village
1911年制作。シャ
ガールがパリに
移ってから描かれ
た油彩作品。
●マルク・シャガール

**鑑賞の
ポイント**
当たり前の農村風景
を都会的で夢のよう
な色調のキュビスム
で描き、都市とつな
がっているような感
覚にさせる

エンターテインメント

グルメ

スイーツ&カフェ

ショッピング

歩いて楽しむ

ホテル

1階

**巨大な展示物が目を引く
館内の必見美術作品が結集**

エジプト美術のデンドゥール神殿やロバート・レイマン・コレクションの絵画など、大規模な展示が数多く並び、圧巻のコレクションを目の前にできる。

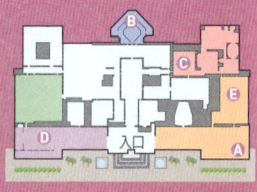

- 🟧 エジプト美術
- 🟥 アメリカン・ウィング
- 🟪 ロバート・レイマン・コレクション
- 🟩 アフリカ・オセアニア・南北アメリカ美術
- 🟫 ギリシャ・ローマ美術

**1階
鑑賞時間
約1〜
2時間**

🔲 MET の巡り方

広大な館内は1日ですべてを見学するのは難しい。テーマと時代によりエリアが分かれているので、見たい作品を絞ってまわりたい。入口の案内所でフロアマップを入手して計画を立てよう。各フロアは逆時計回りに巡回するとわかりやすい。

METの名を持つ世界最大級を誇るアートの殿堂

メトロポリタン美術館を訪れる

世界三大美術館といわれ、各国の文明や文化、芸術を結集させたニューヨークが誇る美術館。貴重な作品の数々に圧倒される。

メトロポリタン美術館
The Metropolitan Museum of Art
MAP 付録P.7 D-3

世界最大級の広さと最高級の収蔵作品を誇る美術館。200万平方フィート(18万5800㎡)の展示スペースに、古代から現代まで約300万点以上の作品を抱え、ゴッホ、モネ、ゴーギャン、セザンヌなどの名画家や、フェルメール作品を5枚所蔵していることでも名高い。MET(メット)という愛称で親しまれ、常設はもちろん特別展示も魅力ある企画が多く、毎週のように訪れても飽きないほど。作品は、ジャンルと時代ごとに展示されており、鑑賞したい作品をあらかじめ決めてから訪れたい。

☎212-535-7710 🚇4・5・6線86 St駅から徒歩10分 🏠1000 5th Ave. 🕙10:00〜17:00(金・土曜は〜21:00) 🈺水曜 💰$30、シニア$22、学生$17 🏠www.metmuseum.org/

📋 information

● **チケットは公式HPから予約**
公式HPの「Buy Ticket」から枚数を選びクレジットで支払いと簡単。当日でも入場券を購入できるが混み合うので予約がおすすめ。

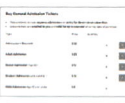

● **手荷物は少なくまとめて**
正面入口で荷物検査が行われる。ここで大きな荷物をクロークに預けるように指示される。作品や周囲の見学者にも配慮して軽装が◎。

● **撮影マナーを守って見学を**
館内の写真撮影は可能。ただし、フラッシュ撮影や動画撮影は禁止されている。特別展や撮影禁止表示のある場所もあるので注意。

● **日本語ガイド付きツアーに参加**
館内では多様な言語に対応したガイドツアーを開催しており、日本語対応もある。内容や時間は日により異なる。

● **携帯アプリをインストール**
METの無料アプリをダウンロードすれば、オーディオガイドとしても活用できる。日本語の選択も可能。

👆 必見作品はこれ!

受胎告知 ………… map **B**
デンドゥール神殿 … map **E**

※企画展開催により、展示作品が移動している場合があります。最新情報は公式HPをご確認ください。

A ハトシェプスト女王の像
Seated Statue of Hatshepsut

BC1473〜1458年頃制作。ハトシェプスト女王の等身大の彫像。/エジプト美術/ギャラリー115

**鑑賞の
ポイント**
儀式用に男性用の衣服を着用し、正装した姿を表現している

B 受胎告知
The Annunciation

1445 〜 1510年制作。ボッティチェリの代表作といわれる壮大な絵画。／ロバート・レイマン・コレクション／ギャラリー952

●サンドロ・ボッティチェリ

鑑賞のポイント

遠近法により幻想的な空間をつくり上げている。左側の若い天使が醸し出す荘厳な雰囲気と右側の聖母マリアが持つやわらかな雰囲気の違いにも注目

C ステンドグラス
Stained Glass Window from the Mrs. George T. Bliss House, New York

1908〜09年ジョン・ラ・ファージ制作。彼の作品のなかで、繊細かつ複雑で技術の高さがうかがえる。／アメリカン・ウィング／ギャラリー700

鑑賞のポイント

女性が着用しているガウンは細かいガラス片をつなぎ合わせて繊細に作られている。動きや折り目を出す技術が素晴らしい

鑑賞のポイント

美術館に献上された初代の展示物。オークの葉の花輪が鮮明に描かれている

D 大理石の棺
Marble sarcophagus with garlands

3世紀頃制作。大理石でできた棺にはていねいな模様がはっきり残る。／ギリシャ・ローマ美術／ギャラリー169

E デンドゥール神殿 必見！
The Temple of Dendur

BC15年頃制作。ローマ皇帝アウグストゥスがエジプトを支配していた時代から残されている神殿。／エジプト美術／ギャラリー131

鑑賞のポイント

アウグストゥスがエジプトの神々に供物を捧げる様子が描かれている

➡次ページ 2階

2nd floor

2階

2階
鑑賞時間
約1〜
2時間

世界に名高い巨匠の絵画を一堂に集めた芸術の宝庫

最大の見どころは19-20世紀初頭ヨーロッパ絵画・彫刻のエリア。ゴッホ、フェルメール、クリムト、ゴーギャンなどの有名作品が数多く展示され、各派の崇高な美術を堪能できる。

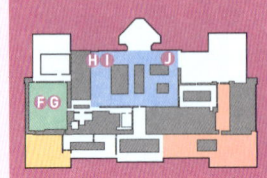

■ 19-20世紀初頭ヨーロッパ絵画・彫刻
■ ヨーロッパ絵画
■ 日本美術
■ 古代中近東美術

必見作品はこれ！

糸杉 .... map**G**
少女 .... map**I**
水差しを持つ女 ... map**H**

※企画展開催により、展示作品が移動している場合があります。最新情報は公式HPをご確認ください。

H 水差しを持つ女
Young Woman with a Water Pitcher

1660年代初頭制作。青とグレーの銀色を帯びた色調が、やさしい室内の雰囲気を描き出している。／ヨーロッパ絵画／ギャラリー614
●ヨハネス・フェルメール

必見！

鑑賞のポイント
ラピスラズリ（瑠璃）の天然石を使用して描かれたブルーの色合いはフェルメール・ブルーと呼ばれる

F 自画像
Self-Portrait with a Straw Hat

1887年制作。ゴッホはパリ滞在中に自身をモデルとし20以上の自画像を制作しておりそのうちの1枚。／19-20世紀初頭ヨーロッパ絵画・彫刻／ギャラリー825
●フィンセント・ファン・ゴッホ

鑑賞のポイント
ゴッホ本人の姿を知る上での貴重な自画像。穏やかな表情が特徴

G 糸杉
必見！
Wheat Field with Cypresses

1889年制作。ゴッホにとって糸杉は、自然の構造物のなかで最も完成されたものだったという。自然物、特に緑色の表現が難しいことを語っていたという。／19-20世紀初頭ヨーロッパ絵画・彫刻／ギャラリー822
●フィンセント・ファン・ゴッホ

鑑賞のポイント
ゴッホ独特の力強い筆圧が存分に表現され、渦巻くようなフォルムも見られる

I 少女
必見！
Study of a Young Woman

1665〜67年制作。少女は、トローニーと言われており、想像で描いたものであると考えられる。／ヨーロッパ絵画／ギャラリー614
●ヨハネス・フェルメール

鑑賞のポイント
作品の大きさ、雰囲気、構成などが、フェルメールの作品『真珠の耳飾りの少女』と類似しており、関連性やストーリーがあると考えられているが、真相は明らかではない

J トレド風景
View of Toledo

1597年制作。前景は木々
や川が流れる反面、遠景
は不毛の地が描かれてお
り、私的な心象が凝縮さ
れた作品といわれる。／
ヨーロッパ絵画／ギャラ
リー619
●エル・グレコ

> **鑑賞の
> ポイント**
> エル・グレコが唯一
> 描いた純粋な風景
> 画として名高い

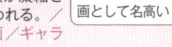

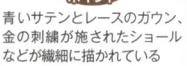

> **鑑賞の
> ポイント**
> 青いサテンとレースのガウン、
> 金の刺繍が施されたショール
> などが繊細に描かれている

K ド・ブロリ公爵夫人の肖像
Princesse de Broglie

1851〜53年制作。当時のフランス貴族
の肖像画家としての晩年の作品。／
19-20世紀初頭ヨーロッパ絵画・彫刻／
ギャラリー957
●ジャン・オーギュスト・ドミニク・アングル

メトロポリタン美術館 内の
レストラン＆ショップ
アート作品に包まれた聖地で
くつろぎの時間が過ごせる。

カンター・ルーフトップ・ガーデン・バー
Cantor Rooftop Garden Bar

館内最上階にある
バー。おいしいカ
クテルを飲みなが
らセントラル・パー
クやイーストサイド
の景色が眺められ
るとあり、大人気。
🕐11:00〜16:00
（金・土曜は〜20:
00）

5階

⬆ドリンクを買
えるバーは2カ所
設置されている

グレート・ホール・バルコニー・カフェ
The Great Hall Balcony Cafe

クラシックの演奏
を聴きながら、軽
食とドリンクが楽
しめる。アジア系
の軽食をはじめ、
デザート、アルコー
ルも充実している。
🕐11:00〜16:15
（金・土曜は〜20:
15）

2階

⬆グレートホー
ルの真上のバル
コニーにある

ベトリー・コート・カフェ
Petrie Court Café

セントラル・パー
クを背景にカジュ
アルな食事ができ
るセルフカフェ。
サンドイッチやサ
ラダなどの軽食は、
すべてパックされ
ており、中庭で食
べることもできる。
スイーツも用意。
🕐11:00〜16:00（金・
土曜は〜20:00）

1階

⬆ヨーロッパ彫
刻・装飾美術のエ
リアの奥にある

ミュージアム・ショップ
Museum Shop

館内の1階と2階に
あるショップ。美
術館オリジナル
グッズやアーティ
ストモチーフの
グッズ、スケッチ
や絵画用品など、
幅広いアイテムが
揃う。
🕐メトロポリタン美
術館に準ずる

1階

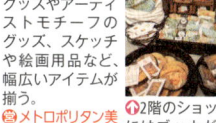

⬆2階のショップ
にはゴッホがモ
チーフの商品も

カタツムリのような個性的な外観に注目!

芸術的建築が魅力の グッゲンハイム美術館

独特な外観や、らせん状の建物の中をスロープを下りながら作品を鑑賞するという展示が、
訪れる人に驚きと感動をもたらす美術館。斬新な企画展を行うことでも有名。

グッゲンハイム美術館
Solomon R. Guggenheim Museum
アッパー・イースト・サイド
MAP付録P.7 D-2

1943年、フランク・ロイド・ライトにより完成した渦巻き状の外観が特徴の美術館。国定歴史建造物に指定された20世紀を代表する建築物のひとつで、外観自体が作品といえる。館内では、著名な近代芸術家の展示だけでなく、ロシア出身の抽象画家、ワシリー・カンディンスキーの作品を多く所蔵することでも知られる。

212-423-3500 M 4・5・6線86St駅から徒歩8分 1071 5th Ave. 10:30～17:30 無休 $30、シニア・学生$19。月・土曜16:00～17:30は寄付制

↑フランク・ロイド・ライトに建築設計が委託され完成した

→らせん構造の展示スペースは、アーティストに利点と課題を与え続けているといわれる

黄色いセーターのジャンヌ・エビュテルヌ
Jeanne Hebuterne with Yellow Sweater
1918～19年制作。アメデオ・モディリアーニの最愛の女性といわれるジャンヌを描いている。
●アメデオ・モディリアーニ

 必見!

印と前兆
Signs and Portents
スペインの抽象表現主義の絵画の巨匠といわれる。鮮やかな色合いがリードするダイナミックな作風が特徴。
●ホセ・グレーロ

鑑賞のポイント
大気中のできごとを示唆するかのような躍動感のある一枚

鑑賞のポイント
『コンポジション』は全部で10点制作されているが、この作品はリズミカルな動きのある描写が特徴

コンポジション 8
Composition 8
1923年制作。絵画の中に音楽的な要素を積極的に取り入れ、モノの形を再現するのではなく、感情を表現した。
●ワシリー・カンディンスキー

鑑賞のポイント
特定の美術運動や派閥に属さず、独自の絵画を追い求めた作者。独特のやわらかい曲線が美しい

壮大な宇宙と太古の自然を感じる世界最大規模のミュージアム

アメリカ自然史博物館で地球の歴史に迫る

一度見たら忘れられない、大迫力の恐竜の骨格標本や大型哺乳類の展示に加え、さまざまな企画展示やイベントを開催するミュージアム。生命の起源をたどる神秘の旅に出かけよう。

アメリカ自然史博物館
American Museum of Natural History

アッパー・ウエスト・サイド MAP 付録P.6 C-4

1869年に誕生した、世界最大級を誇る自然史博物館。約3200万点を超える貴重な資料が展示されており、太陽系の歴史、地球、人類の進化の研究施設としても活躍している。特に恐竜の展示、IMAXやプラネタリウムの壮大な宇宙ショーは必見。テーマごとの趣向を凝らした展示のほか、映画『ナイト・ミュージアム』の世界を体感できる宿泊イベントなども開催。

☎ 212-769-5100 Ⓜ B・C線81St-Museum of Natural History駅から徒歩2分 ● Central Park W. & 79th St. ⊙ 10:00〜17:30 ● 無休 ● $28、シニア・学生$22（プラスワン$34、シニア・学生のプラスワン$27、プラスオール$39、シニア・学生のプラスオール$31） 🖥

⤶ 歴史が漂う正面入口。厳かな雰囲気だが、開場すると多くの客で賑わう

⤴ 正面入口を抜けると世界最大の高さといわれる巨大な恐竜バロサウルスが迎えてくれる

➡ 海洋動物ホールの巨大なクジラは迫力満点。クジラの下で多様な海洋生物の展示を見ることができる

information

● チケットは公式HPで予約
ほかの大型美術館同様、チケットは事前購入がおすすめ。 公式HPの「Buy Tickets」で3種類のチケットから希望のものを選び枚数を入力。種類は、一般の常設展のみのチケットのほか、常設展＋特別展、IMAX、3D、プラネタリウムから1つを選べるプラスワン、どの展示も見ることができるプラスオールがある。その後、クレジット情報を入力して予約する。

● 英語のガイドツアーを開催
博物館内では英語のガイドツアー（約75分）を無料開催。予約不要で1階北米哺乳動物展示前に集合する。日本語でのツアーは行っていない。

● 宿泊イベントで夜の博物館を満喫
子ども向けの宿泊イベントはもちろん、大人限定のイベントも開催。年に一度、映画『ナイト・ミュージアム』の世界を体感できる夜の展示のほか、ライブやディナー、お酒の提供もあり、特別感も味わえる。寝袋持参、その他条件はあるが、大好評のイベントなのでチェックしたい。（開催日は年により異なる）

特別展

⤴ 自身が恐竜の世界に入り込んだようなバーチャルリアリティ体験ができる。ほかにも、化石の骨を組み合わせて恐竜を作る体験もある

特別展

⤵ ティラノサウルスのモデル展示。目の前で見るとゴツゴツした肌や小さな目、頭部の毛並みなどがよくわかる

特別展

⤴ ティラノサウルスのプロジェクション。躍動しながら目の前に迫るティラノサウルスは大迫力で驚くばかりだ！

街に点在する貴重な美術品やアートを見落とさないで!

名画・名作を訪ねて美術館&博物館巡り

アッパー・イースト・サイド周辺には「ミュージアム・マイル」と呼ばれる美術館通りがあるほど、街なかには数多くの美術館や博物館が建つ。自分好みの場所を選んで効率よく見学したい。

ノイエ・ギャラリー
Neue Galerie

ドイツやオーストリアの有名美術作品を所蔵する

アッパー・イースト・サイド
MAP 付録P.7 D-3

ヨーロッパ風の建物で、クリムトやシーレなどのオーストリアとドイツの近代絵画、調度品、工芸品を鑑賞できるギャラリー。カフェ「サバスキー」が併設されており、くつろぎの時間を過ごせる。

☎212-628-6200 ⊗Ⓜ4・5・6線 86 St駅から徒歩6分 ⊛1048 5th Ave. ⊕11:00～18:00(第一金曜は～20:00) ㊡火曜 ㊛$28、シニア$18、学生$15、第1金曜17:00～20:00は無料 ※12歳以下は入場禁止 🈁

→5番街と86th St.の角にある上品な建物

←工芸品と家具の展示室では貴重なアイテムを保存

鑑賞のポイント

キャンバスの上に油彩と金彩を施しており、2006年6月、当時史上最高の156億円の値がついたことも

アデーレ・ブロッホ=バウアーの肖像I
Portrait of Adele Bloch-Bauer I

1907年制作。絵の完成に約3年をかけた大作で、ウィーンの実業家、フェルディナント・ブロッホ=バウアーの妻、アデーレをモデルに描いた。
●グスタフ・クリムト

フリック・コレクション
Frick Collection

絵画や調度品の数々に圧倒 ゴージャスな豪邸美術館で

アッパー・イースト・サイド MAP 付録P.7 D-4

鉄鋼で財をなした実業家ヘンリー・フリック氏の豪邸がそのままミュージアムに。フェルメール、レンブラントなどの名画や、豪華な家具と暮らしぶりを肌に感じられる。中庭も美しい。

☎212-288-0700 ⊗Ⓜ6線68 St駅から徒歩5分 ⊛1 E. 70th St. ⊕10:00～18:00 日曜11:00～17:00 ㊡月曜 ㊛$22、シニア$17、学生$12、水曜14:00～17:00は寄付制、第1金曜(1・9月以外)18:00～21:00は無料 🈁

↑個人宅とは思えない豪邸の静かな中庭

←豪華なダイニングルーム にはゲインズボローの絵画が飾られている

エンターテインメント

グルメ

スイーツ&カフェ

ショッピング

歩いて楽しむ

ホテル

ノグチ美術館
The Noguchi Museum
クイーンズ MAP 付録P.3 D-2

1985年、美しい場はそこに住む人の心を変化させ、地域全体が向上するというイサム・ノグチの信念により自身のアトリエを美術館に。イサム・ノグチの代表的な作品が集まり、家具や照明・光の彫刻などを展示。

☎718-204-7088 ✆N・W線 Broadway駅から徒歩15分 ⌂9-01 33rd Rd. ⏰11:00～18:00(第1金曜は～20:00) ✕月・火曜 ￥$16、シニア・学生$6、第1金曜は無料 □

イサム・ノグチが残した多彩な作品の美学を感じる

↑イサム・ノグチの特徴的な庭園美を見ることができる

→おしゃれなミュージアムショップの一角。ショップ内の家具やインテリアは購入もできる

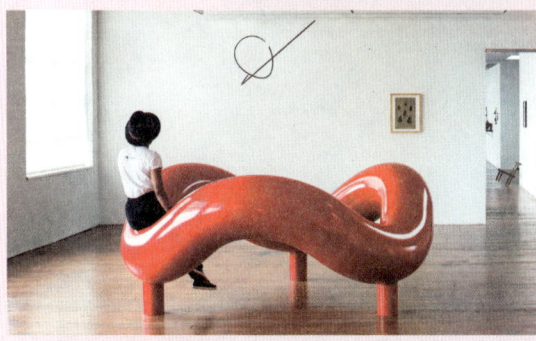

↰アメリカの振付師マーサ・グレアムのバレエ『アパラチアン・スプリング』のために制作されたロッキングチェア

All Photos:
Nicholas Knight.

作家プロフィール

イサム・ノグチ
Isamu Noguchi

1904年、ロサンゼルスでアメリカ人の母親と日本人の父の間に生まれる。景観のなかに調和する作品や遊び場、自由を象徴する大規模な彫刻などを手がける。晩年は香川県高松市牟礼町を制作の本拠地としており、ニューヨークだけではなく日本国内にも作品が点在している。

ニューヨーク市立博物館
Museum of the City of New York
アッパー・イースト・サイド MAP 付録P.7 D-1

ニューヨークらしさあふれる個性的なテーマの展示が定期的に行われ、建物はランドマークになっている市立博物館。展示室では時代の変遷を追うように展開し、ニューヨークの活力の源である人種の多様性や奥深さを学べる。

☎917-492-3331 ✆⑥線103 St駅から徒歩7分 ⌂1220 5th Ave. ⏰10:00～17:00(土・日曜は～18:00) ✕無休 ￥$20、シニア・学生$14 □

ポップな企画や展示に注目
街の多様性や歴史を学ぶ

↑入口すぐにホールが広がる博物館

↑ニューヨークの労働者についての展示

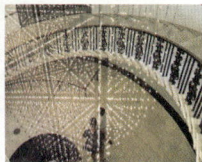

↑らせん階段には星条旗の星のように輝く照明が特徴的

↑ギフトショップには素敵なニューヨークのグッズが豊富

ストリートで発見! パブリック・アート

ニューヨークの街に現れる巨大なパブリック・アート。交差点の角に立つオブジェや壁画など、
目を引く個性的なデザインが地元になじんでいて素敵。街歩きの途中で探してみたい。

アラモ
Alamo
イースト・ビレッジ **MAP**付録P.19 E-4
トニー・ローゼンタール作。1967
年に設置された、一辺約2.5m、重
さ約816kgの鉄のキューブ。
Ⓜ6線Astor Pl駅から徒歩1分

グループ・オブ・
フォー・ツリーズ
Group of Four Trees
ロウアー・マンハッタン **MAP**付録P.23 C-4
1969年に、デイヴィッド・ロック
フェラーがジャン・デュビュッ
フェに依頼した40フィートの高さ
の "4本の木"。当時ニューヨーク
で最大の屋外パブリックアート
だった。
ⓂJ・Z線Broad St駅から徒歩1分

ホープ
HOPE
ミッドタウン・ウエスト **MAP**付録P.14 B-2
ロバート・インディアナ作。7th Ave.と53rd St.の交差点付
近にある超有名な彫刻。HOPEデザインは世界中でさまざ
まなフォーマットで再現されてきた。
Ⓜ F線57 St駅から徒歩2分

レッド・キューブ
Red Cube
ロウアー・マンハッタン
MAP付録P.23 C-4
イサム・ノグチ作。1968年
に設置され金融市場のギャ
ンブル性を示唆している。
ⓂR・W線Cortlandt St駅から
徒歩1分

チャージング・ブル
Charging Bull
ロウアー・マンハッタン
MAP付録P.12 C-4
アーチュロ・ディ・モディ
カ作のブロンズ像。体にさ
わると幸運と繁栄をもたら
すと信じられている。
Ⓜ4・5線Bowling Green駅
から徒歩2分

ENJOY A GLORIOUS NEW YORK NIGHT

エンターテインメント

感動と興奮が押し寄せる!

Contents

躍動感あふれる演者ののパフォーマンスや、歌と踊りの完成度の高さに感動！

©Deen van Meer

大迫力のパフォーマンスに感動！

ブロードウェイで**ミュージカル**を鑑賞

大がかりな舞台演出、大迫力の音響、華やかなミュージカルの舞台を一度は本場で鑑賞したい。ロングランの名作も、話題の新作も、見どころ満載！

魔法の絨毯が空を飛ぶ
マジカルなディズニーの世界

アラジン

Aladdin

アラビアの架空の都市アグラバーを舞台に、魔法のランプを手に入れた青年アラジンが愛する王女ジャスミンのために、魔神ジーニーと冒険を繰り広げる物語。2014年トニー賞では5部門にノミネート。最優秀助演男優賞をジーニー役が獲得した。

↑魔法のランプからジーニーが登場
©Matthew Murphy

↑色鮮やかな衣装も見どころのひとつ
©Cylla von Tiedemann

↓アラジンが王となりジャスミンを迎えにいく ©Matthew Murphy

ニュー・アムステルダム劇場

New Amsterdam Theatre

ミッドタウン・ウエスト **MAP** 付録P.14 B-4

☎なし Ⓜ1・2・3・7・N・Q・R・W・S線 Times Sq-42 St駅から徒歩2分 ⚑214 W. 42nd St. ⌚日曜15:00、火・木曜19:00、水曜13:00・19:00、金曜20:00、土曜14:00・20:00 休月曜 $99.50～199.50 💳

鑑賞のポイント

『ホール・ニュー・ワールド』を歌うアラジンとジャスミンを乗せる空飛ぶ絨毯が見もの

↑自然の力強さがにじみ出るシーン ©Joan Marcus
↑ムファサとサラビの間に次期王となる息子のシンバが誕生 ©Brinkhoff-Mogenburg
↑静叔の表現も豊かで圧倒される ©Joan Marcus

大人も子どもも感動する
野生王国の壮大な世界

ライオン・キング

The Lion King

トニー賞6部門を受賞し、2024年に27年目を迎えたロングラン演目。アフリカの雄大な自然を背景にライオンの王子シンバの成長と命の連鎖を描いたディズニーの名作。作曲担当はエルトン・ジョン。動物のメイクやパペットを使った演出も秀逸。

父親を失いながらもたくましく成長するシンバ。叔父のスカーに立ち向かう

ミンスコフ劇場
Minskoff Theatre

ミッドタウン・ウエスト **MAP** 付録P.14 B-3
☎866-870-2717 Ⓜ1・2・3・7・N・Q・R・W・S線 Times Sq-42 St駅から徒歩3分 ⒶⒽ 200 W. 45th St. ⓈⒽ 日曜15:00、火・木曜19:00、水曜14:00・19:00、金曜19:00、土曜14:00・20:00 ⒽⒽ月曜 ⓈⒽ$138.50～280

鑑賞のポイント
オープニング曲の「サークル・オブ・ライフ」の歌声で魅了される。動物の動きもリアル！

↑ミュージカルの始まりを告げる迫力のある歌声

©Joan Marcus ©Joan Marcus

©Matthew Murphy

マイケル・ジャクソンのライブが再現されたかのような臨場感

MJ・ザ・ミュージカル

MJ the Musical

「キング・オブ・ポップ」の名で世界に知られるスター、マイケル・ジャクソンの半生を描いたミュージカル。幼少期からスターになるまでの様子が数々のヒット曲と共に場面展開していく。トニー賞4冠を受賞。

ニール・サイモン劇場
Neil Simon Theatre

ミッドタウン・ウエスト **MAP** 付録P.14 B-2
☎877-250-2929 ⒶⓂC・E線 50 St駅から徒歩3分 ⒶⒽ 250 W. 52nd St. ⓈⒽ日曜15:00、火・木・金曜19:00、水曜13:00・19:00、土曜14:00・20:00 ⒽⒽ月曜 ⒽⒽ $89.75～

↑幼少期からスターになるまでの苦悩も描かれる
©Matthew Murphy

完璧にマイケルを再現したダンスと歌で観客を魅了する

鑑賞のポイント
歌とダンスはもちろん、声や喋り方までマイケル本人が再現されている

➡代表曲が流れる度に歓声と共にリズムを刻む観客も多い
©Matthew Murphy

アート
エンターテインメント
グルメ
スイーツ&カフェ
ショッピング
歩いて楽しむ
ホテル

モルモン宣教師の布教活動を描く
2000年代を代表するミュージカル

ザ・ブック・オブ・モルモン
The Book of Mormon

新たな信者を集めるために外国に派遣された2人のモルモン教宣教師のストーリー。ところどころ過激な表現で社会風刺を描き、観客を笑いの渦に巻き込む。トニー賞9部門受賞。

↑モルモン教を忠実かつコミカルに紹介
©Julieta Cervantes

©Julieta Cervantes

鑑賞のポイント
楽曲提供はアナと雪の女王の代表曲「Let it go」を手掛けたロバート・ロペス氏

リリック劇場
Lyric Theatre
ミッドタウン・ウエスト **MAP** 付録P.14 B-4
☎877-250-2929 ❿1・2・3・7・N・Q・R・W・S線 Times Sq 42 St駅から徒歩3分 ❑214 W. 43rd St. ❑日曜14:00、火・木・金曜19:00、水曜11:00・19:00、土曜13:00・19:00 ❑月曜 ❑$59～ ❑

セクシーな衣装とダンスに
ジャズの名曲が楽しめる

シカゴ
Chicago

↑一糸乱れぬ圧巻のダンス。名曲の数々も楽しめる
©Jeremy Daniel

トニー賞リバイバル・ミュージカル作品賞に輝くロングラン作品。1920年代のシカゴで、ロキシーとヴェルマの2人の女性が、スキャンダルを利用して名声を手にしていく物語。女優の米倉涼子がロキシー役で出演したことでも知られる。

鑑賞のポイント
鑑賞する時期によって変わるロキシー・ハートの配役にも注目

アンバサダー劇場
Ambassador Theatre
ミッドタウン・ウエスト **MAP** 付録P.14 B-3
☎212-239-6200 ❿N・Q・R・W線 49 St駅から徒歩2分 ❑219 W. 49th St. ❑日曜14:00・19:00、月・火・木・金曜20:00、土曜14:30・19:00 ❑水曜 ❑$104～288 ❑

華やかなキャバレーの舞台裏で
繰り広げられる愛の物語

ムーラン・ルージュ！
Moulin Rouge!

パリに実在する華やかなキャバレー「ムーラン・ルージュ」で繰り広げられるNo.1の踊り子・サティーンとシンガーソングライター・クリスチャンのロマンスを描く。2020年にトニー賞最優秀作品賞受賞。

アル・ハーシェルド劇場
Al Hirschfeld Theatre
ミッドタウン・ウエスト
MAP 付録P.14 A-4
☎877-250-2929 ❿A・C・E線 42 St／Port Authority Bus Terminal駅から徒歩2分 ❑302 W.45th St. ❑日曜13:30・15:00・19:30、月・火・木曜19:00、水曜14:00・19:00・20:00、金曜19:00・20:00、土曜14:00・20:00 ❑演目がない日 ❑$121～ ❑

鑑賞のポイント
舞台演出に加え、多くの馴染みのポップス音楽で会場が沸く

↓真っ赤な装飾の劇場内は『ムーラン・ルージュ』の世界観そのもの
©Evan Zimmerman

ハリポタファンならずとも必見の
見事な演出で魔法の世界を再現

ハリーポッターと呪いの子
Harry Potter and the Cursed Child

鑑賞のポイント
魔法の世界を見事に舞台上で再現する演出に注目

本と映画で世界中に名を馳せたハリー・ポッターシリーズ最終作「ハリーポッターと死の秘宝」から19年後のロンドンを舞台に描く続編。ストーリーの鍵となる呪いの子とは!?
リリック劇場▶P.88

↑魔法を使うシーンはまるで手品を見ているかのよう
©Matthew Murphy

←劇場では、大人になったハーマイオニーとロンが登場
©Matthew Murphy

色鮮やかな衣装と舞台で描く
「オズの魔法使い」の裏話

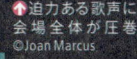
⬆迫力ある歌声に
会場全体が圧巻
©Joan Marcus

ウィキッド
Wicked

2003年の初演から20年以上続くロングラン作品。オズの魔法使いの裏話として、西の悪い魔女・エルファバと南の良い魔女・グリンダの知られざる友情を描く。トニー賞3部門受賞。

アンバサダー劇場 ▶P88

**鑑賞の
ポイント**
大掛かりな舞台装置や、舞台を彩る美術、豪華な衣装や照明、音響にも注目

⬆車椅子での生活を送るエルファバの妹、ネッサローズ
©Joan Marcus

⬅映画版公開を控え、今後さらに注目が集まる!?©Joan Marcus

アンバサダー劇場 ▶P88

本格的な演劇を気軽に楽しむ

オフブロードウェイ

小さな劇場で上演される演劇をオフブロードウェイと呼び、演目は多岐にわたる。

言葉の壁も心配なし
コミカルな音楽パフォーマンス

ブルーマン・グループ
Blue Man Group

3人の青いペイントをしたスキンヘッドのパフォーマーが繰り広げるイノセント・コメディ。オリジナル楽器やテクノロジーに合わせて披露する高い音楽性に、くすりと笑わせてくれるユーモラスなパントマイムが絶妙。

⬆スモッグやライトの効果など楽しい演出が満載
©Lindsey Best

⬇音楽、アート、コメディが融合した最高の舞台が繰り広げられる©Lindsey Best

アスター・プレイス劇場
Astor Place Theatre

イースト・ビレッジ **MAP**付録P.19 D-4

☎800-258-3626 交Ⓜ6線Astor Pl駅から徒歩1分 所434 Lafayette St. 営月〜木曜19:00、金曜17:00・20:00、土・日曜14:00・20:00 休無休 料$49〜102

ブロードウェイで鑑賞!

現地で手配するほうが安く入手できるが、観たい演目が決まっているなら日本で予約するのが確実。

チケットを買う

●**日本で予約する**
日本のチケット会社なら、日本語で予約するので最も確実。ただし料金は割高。
ワールドチケットガイド
☎03-5775-4500 営休無休
HP www.world-ticket.jp
現地の手配会社のHPからチケットを購入することもできる。支払いはクレジットカード。手数料は約$15〜。

あっとニューヨーク
☎212-489-9070
HP www.at-newyork.com

NEWYORKing ☎646-684-4848
HP hinewyorking.com/home
●**現地で入手する**
ボックスオフィスで買う
フリーペーパーなどで演目の最新情報を入手。チケットは各劇場の入口にあるチケット売り場で購入できる。正規料金での販売なので割引はなし。オープン時間は各劇場により異なるが、一般的には10:00〜18:00。
tkts(チケッツ)で買う
tktsに行けば、当日券を安く購入することができる。割引率などは演目により異なるが、

正規料金の半額程度で買うことができる。
チケッツ(tkts)
MAP付録P.14 B-3 交Ⓜ N・R・W線49 St駅から徒歩3分 所W. 47th St. on Broadway 営11:00(月・火・金曜15:00)〜20:00(日曜は〜19:00) 休無休

観劇のマナー

劇場内での飲食は禁止。撮影、録音も禁止されている。携帯電話の電源は切っておくのがマナー。チケットの半券は、再入場の際に必要になるので、しっかり保管しておくこと。服装については、特にドレスコードはなく、カジュアルな服装で問題ないが、多少ドレスアップをして雰囲気を楽しむのもおすすめ。

アート
エンターテインメント
グルメ
スイーツ&カフェ
ショッピング
歩いて楽しむ
ホテル

世界最高峰と呼ばれる総合芸術施設で過ごす

優雅な気分で**クラシック**を堪能

アメリカでもトップを誇る演目が常時開催されるリンカーン・センター。
ニューヨークを本拠地とする有名楽団や、実力派の団体の公演が開催されている。

➡️アリス・タリー・ホール内にあるプレリュード・カフェ(左)、ジュリアード音楽院では多くの学生が学ぶ(右)

総合芸術の聖地として異才を放つ
リンカーン・センター
Lincoln Center

アッパー・ウエスト・サイド **MAP** 付録P8 B-1

アメリカが誇る大型劇場、コンサートホール、芸術学校、図書館などが集まる世界最大級の総合芸術施設。ワールド公演が行われる人気のバレエやオペラの劇団演目を上演。すぐに売り切れるほどのコンサートや話題作が多いのでチケットは早めに購入したい。

☎212-875-5456 🚇M1線 66 St-Lincoln Center駅から徒歩2分 🚌Lincoln Center Plaza 🕐10:00(日曜12:00)〜18:00 ※ボックスオフィスの営業時間 ⚫無休

⬆️アリス・タリー・ホールの特徴的な外観

リンカーン・センターで鑑賞

鑑賞のマナー

●**服装は正装が基本**
鑑賞する際はフォーマルを基本とした服装で訪れたい。男性はジャケット着用は必須。ネクタイやスラックス、革靴などを意識して。女性はワンピースやつま先の見えない靴など、ドレスアップした服装にしたい。スニーカーやジーンズ、サンダルはNG。

●**携帯電話の使用は禁止**
演奏や公演中は携帯電話の使用は禁止されている。ニューヨーク市条例で定められており、コンサート、映画、演劇、講演、舞踊公演、博物館、図書館、画廊などに適用。携帯電話の着信音が鳴る、撮影や録画を行う、電話で話し続けるなどの迷惑行為は＄50の罰金だ。

チケットを買う

●**日本で予約する**
事前予約をするなら日本のチケットガイドを利用するのが便利。手数料がかかり演目が限られるが、事前購入しておけば確実で安心。また、現地の手配会社のHPからチケットを購入することもできる。各団体の公式HPからもオンライン予約ができるので確認しておきたい。
ワールドチケットガイド(→P.89)
あっとニューヨーク(→P.89)

●**現地で購入する**
現地購入なら各劇場のボックスオフィスへ。日本語案内がないので、不安な場合は事前に下調べを忘れずに。

中庭にある噴水のライトアップシーンは幻想的で美しい

アート

エンターテインメント

グルメ

スイーツ&カフェ

ショッピング

歩いて楽しむ

ホテル

♪🎵

アメリカ5大オーケストラのひとつの本拠地

ニューヨーク・フィルハーモニック

New York Philharmonic

1842年創立、クラシックの名門楽団。マーラーやバーンスタイン、トスカニーニといった名指揮者が所属した。日本人では、小澤征爾も副指揮者として活躍したなじみのある楽団で、ホールは常に満席に。

デイヴィッド・ゲフィン・ホール

David Geffen Hall

アッパー・ウエスト・サイド MAP付録P.8 B-1

☎212-875-5656 🗓9月下旬〜6月上旬 💰$94〜255
※公演により異なる 🏠nyphil.org 📇

⬆素晴らしい演奏を支えるホールの音響と舞台演出も見事

アメリカが誇る有名バレエ団体

ニューヨーク・シティ・バレエ

New York City Ballet

ニューヨークが本拠地のバレエ団。ロシアの振付師ジョージ・バランシンを迎えて1948年に創設。『白鳥の湖』『ロミオとジュリエット』『ジゼル』などの人気の名作公演は完売が続いている。

デイヴィッド・H.コーク劇場

David H Koch Theater

アッパー・ウエスト・サイド
MAP付録P.8 B-1

☎212-496-0600 🗓1〜3・5・9・10月 💰$70〜240※公演により異なる 🏠www.nycballet.com 📇

⬆人気の演目はもちろんバレエ・ガラも注目
Photo by Paul Kolnik

🎵🎵

豪華な舞台がオペラファンを夢中にさせる

メトロポリタン・オペラ

Metropolitan Opera

1833年創設のオペラ楽団。歴史ある名楽団で、年間200回以上も公演を行うほどの実力を兼ね備える。世界的な演出家が手がける舞台や楽曲も多く、見どころが満載。

メトロポリタン・オペラ・ハウス

Metropolitan Opera House

アッパー・ウエスト・サイド
MAP付録P8 B-1

☎212-362-6000 🗓10月上旬〜5月中旬 💰$92.50〜355※公演により異なる 🏠www.metopera.org 📇

⬆国連事務局のビルなどの建築家ウォレス・ハリソンが手がけた豪華な建物

本場の音楽に耳を傾けて

ジャズの聖地で生演奏を楽しむ

ムードある曲から手拍子したくなる曲まで雰囲気を楽しんで

ニューヨークで開花したといわれるジャズは、街のクラブで気軽に聴くことができる。素敵な音楽と一杯のお酒で気分はご機嫌。大人の楽しいナイトライフを満喫しよう。

バー席のチケットはテーブル席よりリーズナブル

一流ミュージシャンが出演する老舗

ブルー・ノート

Blue Note

グリニッチ・ビレッジ MAP 付録P20 B-1

1981年にオープンした有名ジャズアーティストの演奏が間近に見られる名門クラブ。ピアノの形をしたひさしが特徴的な入口を進むと、豪華なステージと目の前に並ぶ客席が印象的。演奏前に食事もできるので、先にドリンクや料理を注文して音楽と一緒に味わいたい。

☎212-475-8592 🚇 M・A・B・C・D・E・F・M 線West 4 St-Washington Sq駅から徒歩1分 🏠131 W. 3rd St. 🕐20:00〜、22:30〜 🈵無休 💴$40〜 ※アーティストにより異なる 💳

ピアノの形をしたひさしが目印の入口

➡照り焼きバーベキュー・チキンウイング $14

➡ニューヨーク発祥のマティーニも用意している

⬅カクテル$16〜も種類が豊富なので、演奏を聴きながら楽しみたい

ジャズの巨匠が演奏した聖地
ヴィレッジ・ヴァンガード
Village Vanguard

グリニッチ・ビレッジ **MAP** 付録P.18 A-3

1935年にオープン。セロニアス・モンク、ジョン・コルトレーン、マイルス・デイヴィス、チャールズ・ミンガスなどのモダン・ジャズの巨匠が演奏した老舗ジャズクラブ。趣のある室内ではステージと客席が一体となり、生演奏を体感できる。

☎212-255-4037 Ⓜ1・2・3線14 St駅から徒歩5分 圃178 7th Ave. S. 働20:00〜、22:00〜 働無休 働$40

サックスの音色が響く店内。真剣に聴き入る客が多い

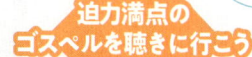
↑ジャズクラブらしくムードがある店内

店内撮影はOKだが演奏中は撮影NGなのでマナーを守りたい

↑赤いひさしが目印のレトロな外観

↑カウンター席とテーブル席がある

アットホームな有名ライブハウス
スモールズ・ライブ
Smalls Live

グリニッチ・ビレッジ **MAP** 付録P.18 A-4

バーカウンターが数席と椅子を並べただけのシンプルなジャズクラブ。目の前に立つアーティストは、地元の演奏者が多いが、その分フレンドリーで親しみやすく、ノリもいい。ステージと席の距離が近く、ときにはアドリブやリクエストに応じてくれることもあり、店内は一体感に包まれる。

☎なし Ⓜ1線 Christopher St-Sheridan Sq駅から徒歩1分 圃183 W. 10th St. 働19:30、21:00、22:30、24:00 働無休 働$35

ミュージシャンがハートを揺さぶるソウルを毎日届けている

←バーがないので簡単なドリンクのみ

無名のミュージシャンも多いが親しみやすく雰囲気は最高！

迫力満点の
ゴスペルを聴きに行こう

神聖な黒人霊歌がルーツのゴスペル。祈りを捧げる場で歌声に聴き惚れたい。

豪華絢爛なホールで礼拝体験を
タイムズ・スクエア教会
Times Square Church

ミッドタウン・ウエスト **MAP** 付録P.14 B-2

多様な人種の参加者がいる中心街の教会。華やかなロビーが広がり、ステージの歌声には感動する。

☎212-541-6300 Ⓜ1・C・E線50 St駅から徒歩2分 圃237 W. 51st St. 働日曜10:00、13:00 働無休 働寄付制

↑美しい歌声が響く教会内

本物のゴスペルを体験
メモリアル・バプティスト教会
Memorial Baptist Church

ハーレム **MAP** 付録P.4 C-3

1935年に設立されたアール・デコ調の教会。牧師とメンバーが心を込めてゴスペルを歌う。

☎212-663-8830 Ⓜ2・3線116 St駅から徒歩3分 圃141 W. 115th St. 働日曜11:00〜※礼拝時刻になると観光客は退席 働無休 働寄付金$15

↑神聖な場所という意識を

アート
エンターテインメント
グルメ
スイーツ&カフェ
ショッピング
歩いて楽しむ
ホテル

スター選手のプレーに大興奮！

地元のMLBを観戦

有名選手が熱戦を繰り広げる球場に大歓声が響く
メジャーリーグの試合。ニューヨーカーと一緒に
ご当地のチームを応援しよう！

ヤンキー・スタジアム
のフィールドはいつも
熱気に包まれている

MLBを代表する名門チーム

ニューヨーク・ヤンキース
New York Yankees

ベースボールの本場アメリカで野球観
戦をするなら、憧れのニューヨーク・ヤ
ンキース戦へ。ワールドシリーズのチャ
ンピオンに27回も輝く格式高い名チー
ムで、ピンストライプのユニフォームが
アイコン。野球の神様ベーブ・ルースを
はじめ、松井秀喜、黒田博樹、イチ
ロー、田中将大選手たちが所属した。
本拠地はヤンキー・スタジアム。

↑2009年に新オープンしたスタジアム

$27.99

←人気のロゴ入り
キャップ

ヤンキースとメッツの
対戦はサブウェイ・シ
リーズと呼ばれている

日本人選手が大勢所属した

ニューヨーク・メッツ
New York Mets

1880年代に存在したニューヨーク・メ
トロポリタンズの愛称が現在のチーム
名の由来。ヤンキースとの対戦は注
目のカードのひとつ。これまでに野茂
英雄、新庄剛志、松井稼頭央、高橋
尚成、高津臣吾、五十嵐亮太、松坂
大輔など多くの日本人選手が活躍。
現在は千賀滉大、藤浪晋太郎選手
が所属。本拠地はシティ・フィールド。

スタジアムで観戦！

チケットを買う

●オンラインで　チームの公式HPで購入で
きる。試合スケジュールから希望日、座席の
種類を選択し、人数を入力。そのあとクレ
ジットで決済。「My billing address」はOther
Countryを選択すること。

●窓口で　球場のボックスオフィスで前売り
券と当日券を購入できる。当日券は対戦カード
によっては売り切れの場合も多い。

球団の本拠地はこちら

●ヤンキー・スタジアム Yankee Stadium
ブロンクス MAP付録P3 D-1
☎212-926-5337 Ⓢ B・D・4線161st-Yankee
Stadium駅から徒歩すぐ 🏠1 E. 161st St. The
Bronx 🌐 www.mlb.com/yankees 🎫

●シティ・フィールド Citi Field
クイーンズ MAP付録P3 E-3
☎718-507-8499 Ⓢ 7線Mets-Willets
Point駅から徒歩すぐ 🏠123-01 Roosevelt
Ave. Queens 🌐 www.mlb.com/mets 🎫

スタジアム・ツアーに参加する

各球場ではスタジアム・ツアーを開催。ダ
グアウトや選手のロッカールーム、フィー
ルドやベンチを見学できる（内容は球団に
より異なる）。

●ヤンキー・スタジアム・ツアー
📅日によって異なる、所要約90分 💲$38 HP
www.mlb.com/yankees/ballpark/tours

●シティ・フィールド・ツアー
📅日によって異なる、所要約90分 💲$25 HP
www.mlb.com/mets/ballpark/tours

YOUR UNFORGETTABLE LUNCH AND DINNER

グルメ

話題の名物料理が満載!

Contents

ニューヨークの食事で気をつけたい 食べたいものを食べる！

**世界から注目される最新のレストランや流行のフードアイテムが集まるニューヨークの食文化。
ダイナーやステーキハウスなどのアメリカらしい食事や豊富なジャンルのメニューを味わおう。**

出かける前に

どんな店を選ぶ？

ニューヨークのレストランでは、世界各国から集結するトップレベルの美食が堪能できる。華やかな仕上がりのフランス料理やイタリア料理、アジア料理、エスニック、和食にいたるまで選択肢はさまざま。アメリカならではのパンケーキやバーガーが味わえるダイナーや、極上の熟成肉が味わえるステーキハウスも見逃せない。写真映えするカフェやティールームは、味わいだけでなく内装や独自の世界観が楽しめる。ドーナツやカップケーキなどのスイーツは、ヘルスコンシャスなニューヨーカーが満足できる厳選したオーガニック食材を使用する店が増えている。値段設定は高めだが、朝と昼はカフェやフードコートでカジュアルに、夜はレストランでセレブな気分を楽しむなど、旅の予算やシーンに合わせて店を選びたい。

● 上質なレストランを選ぶなら
高級レストランがひしめくニューヨーク。毎年発表される「World's 50 Best Restaurants」にランクインするレストランは世界が認める味と空間が保証されている。また、レストランのガイドブック『ザガット・サーベイ』掲載店はニューヨーク市内でも評価が高い。

予約は必要？

話題の高級レストランやステーキハウス、バー、アメリカンダイナーは予約をしてから訪れたい。ほとんどの飲食店は公式HPで簡単に予約ができる。「Reservation」ページで日時、人数、名前などの情報を入力するだけなので日本からでも可能。

ドレスコードはある？

ほとんどの店はカジュアルな服装で入店できる。高級レストランではドレスコードを設定している店もあるので、訪れる店に合うように用意しておこう。詳細はP.188を参照。

レストラン ─── Restaurant P.108〜

スターシェフが腕をふるう高級店や、各国料理を提供するカジュアルレストランがある。

ステーキハウス ─── Steakhouse P.106

最上級の品質を誇る熟成肉を楽しめる。ボリューム満点のステーキは必食。

アメリカンダイナー ─── American Diner P.98

エッグベネディクトやパンケーキなど人気メニューをカジュアルに味わえる。

バー ─── Bar P.64・114

ご当地のカクテルとニューヨークの摩天楼を眺められるルーフトップ・バーが大人気。

カフェ ─── Cafe P.117〜

サードウェーブコーヒーや紅茶など、世界で流行するドリンクを個性が光る店内で。

フードコート ─── Food Court P.50

スターシェフのプロデュースなど、ハイレベルな進化系フードコートが中心。

スイーツ ─── Sweets P.117〜

ヘルスコンシャスで素材にこだわったドーナツやアイスクリームなどは見た目も華やか。

デリ ─── Deli P.116

好きな料理をボックスに詰める量り売り。コスパが高く、分量も調節できるので便利。

入店から会計まで

入店して席に着く

入店の際に予約名を確認されるので、名前を伝える。レストランでは担当店員が席までエスコートしてくれる。

料理を注文する

レストランではテーブルごとに決められた担当店員がおり、注文から会計まですべて同じ店員が行う。着席すると担当店員が声をかけてくれるので顔を覚えておこう。オーダーはアイコンタクトをすれば取りにきてくれる。大きな声で店員を呼ぶのはマナー違反なので注意。

ドリンクを注文する

料理と同じく担当店員にオーダーする。お酒を注文する場合、パスポートの提示を求められることがあるので持参を。レストランによっては水が有料の場合もあるので確認したい。

追加注文する

一度注文するとメニューを下げられてしまうので、必要なときは担当店員を呼んでメニューをもらう。

会計する

レストランやバーは、基本的にテーブル会計なので、担当店員に「Check please」と声をかけて伝票を受け取る。伝票のバインダーに現金、またはクレジットカードを挟んで支払う。チップも併せて渡そう。

チップの支払い

チップの目安は?

ニューヨークでは「チップは労働賃金の一部」であり、支払うのが当たり前とされる。レストランで食事をする場合、チップの相場は18〜25%が目安。サービスに応じて自分で金額を決定できるので、チップの額が伝票にあらかじめ記載されている場合もあるが書き換え可能。店員への感謝の気持ちとして支払おう。

提示額	+18%	+20%
$20	$23.6	$24
$40	$47.2	$48
$60	$70.8	$72
$80	$94.4	$96
$100	$118	$120

現金で支払う

伝票を受け取ったら、テーブルにチップを含めた現金を置いて退店するのみ。チップはコインではなく紙幣を置くのがスマート。

クレジットカードで支払う

伝票を受け取ったら、伝票とクレジットカードを渡す際に、支払いたいチップの金額を店員に伝え精算してもらう。店によっては、伝票のチップ欄に自分でチップの金額を記入し、精算してもらう場合もある。

チップ額をアプリで計算

チップ額の計算をしてくれる無料のアプリをインストールしておくと簡単で便利。支払う金額を入力すると、レストランは18〜25%のレートでチップ額を算出してくれる。

アメリカ		
支払い		30
チップ		4.5
レート 15%		

レシートをよく見て支払いを

会計時、伝票にすでにチップ料金が加算されている場合がある。レシートに「Tip」や「Gratuity」という項目があればチップ料金が加算されているので支払う前に確認したい。

食の祭典を楽しむ

NYCレストラン・ウィーク

一流レストランや新オープン店の料理をお得な価格で味わえるグルメイベント。年2回開催され、約300店舗のレストランが参加。コース料理のテイスティングメニューや熟成肉、大皿の中国料理、スターシェフの高級レストランなどで、気軽に食事を楽しめるのが魅力。

●開催情報
日程 年2回。開催日程は年により異なる
料金 ランチ$35(2コース)、ディナー$60(3コース)
予約 参加レストランはニューヨーク市の開設する専用HP、もしくはOpentableというWebサイトから予約が可能。人気のレストランは事前に予約をしておきたい
参加店 開催ごとに異なる。開催前に公式HPを確認するのが望ましい
公式HP www.nyctourism.com/restaurant-week

スモーガスバーグ

ウィリアムズバーグで誕生した食のマーケット。毎年4月〜11月中旬の週末限定で行われ、約100の個性豊かな屋台で地元の食材やオーガニック野菜などを使用した料理を味わえる。多彩な料理を食卓に並べて食べるという意味のSmorgasbord(スモーガスボード)が由来。近年は、マンハッタンでも開催される人気急上昇のイベントだ。

●開催情報
ウィリアムズバーグ
ウィリアムズバーグ MAP 付録 P.28 A-1
🏠 90 Kent Ave. ⏰ 土曜の11:00〜18:00
プロスペクト・パーク
ブルックリン郊外 MAP 付録 P.2 C-4
🏠 Breeze Hill, Prospect Park ⏰ 日曜の11:00〜18:00
ワールド・トレード・センター
ロウアー・マンハッタン MAP 付録 P.23 B-3
🏠 Westfield World Trade Center, Oculus Plaza ⏰ 金曜の11:00〜18:00

お役立ちポイント

飲酒・喫煙のルール

飲酒および喫煙は21歳から。外食でお酒を飲むときはパスポートチェックをするレストランもあるので、パスポートを持参しよう。たばこは、ホテルやレストラン、バーなどは禁煙。

注文のしすぎに気をつけて

料理のサイズや量はボリュームがあるので、注意してオーダーを。事前に量を確認する、シェアして食べるなど工夫したい。

残った料理は持ち帰りできる

高級レストランやビュッフェ以外の飲食店なら、残った食事を持ち帰ることができる。店員に「To go box, please」と声をかけて箱をもらい、自分で詰めよう。

トイレがない飲食店も多い!?

観光名所やデパートでは、施設内でトイレをほかの店と共有している場合が多い。店員にトイレのカギを借りて利用する店もある。繁華街のファストフード店やカフェはトイレのない店もあるので、近隣のトイレの場所を確認しておきたい。

知っておきたいテーブルマナー

日本の作法とは異なるルールや文化の違いを事前に押さえたい。

基本のテーブルマナー

食べるときは、食器を持ち上げず、音を立てないようにするのがマナー。ナイフ、フォークを使ってお肉を食べるときは、ナイフで切ったあとにナイフを置き、右手にフォークを持ち替えて食べるのがニューヨーク流。使わない手は膝の上に置いておく。

レディファーストを忘れずに

レストランでテーブルに着席するときは必ず女性が先、入口では手でドアを押さえ「After you」と女性を先に通すなどの配慮を。

アート
エンターテインメント
グルメ
スイーツ&カフェ
ショッピング
歩いて楽しむ
ホテル

ニューヨーカー気分で味わう朝食⑤店

アクティブに過ごしたい旅の朝は、地元で人気のアメリカンな朝ごはん。パンケーキや
エッグベネディクトなどを味わいながら、今日の予定を立ててみるのはいかが？

地元で愛されるとっておきの名店
スミス
The Smith

チェルシー **MAP** 付録P10 C-1

ミレニアル世代に大人気のアメリカン・ビストロ。
ファッション、広告、アートなどハイセンスな
人々でいつも賑わう。食事、サービスの質は一流
で、朝食は隠れたベストセラーに。

☎ 212-685-4500　Ⓜ N・R・W線 28 St駅からすぐ
1150 Broadway　🕐 8:00(日曜9:00)～23:00(金曜は～
24:00) 土曜9:00～24:00　無休

ボリューム満点の
豪快な5段重ねに驚き

パンケーキ
Salted Caramel Pancake　$19

ボリューム満点で、
濃厚な甘さを感じら
れるメニューが揃う
※写真は一例

↑再開発が進むノマド
地区にある店舗

↑タイル張りのモ
ダンな内装

↱早朝から深夜ま
で長時間営業して
いるのがうれしい

フレンチトースト $18と
パンケーキ $18は人気の
朝食メニュー

ほのかに感じるベリーの酸味と
軽やかな歯ごたえが美味

「行列のできる店」ナンバーワンの人気店
クリントン・ストリート・ベイキング・カンパニー
Clinton St. Baking Company

ロウアー・イースト・サイド
MAP 付録P.11 F-4

↱コーヒー
とセットに

週末のブランチは1時間以上待つこともある
という評判の良質な食材を使ったパンケー
キや卵料理が名物。ワッフル＆チキンなど
ディナーのメニューも見逃せない。

☎ 646-602-6263　Ⓜ F線 Delancey St駅から徒
歩7分　4 Clinton St.　🕐 9:00～16:00(水～土曜ディ
ナーあり17:30～22:00)　無休

↱平日の朝と開店直後な
ら並ばずに座れるので時
間帯を選びたい

とろとろのポーチドエッグとオランデーズ・ソースが絶妙

NY朝ごはんの大定番
サラベス
Sarabeth's

グラマシー **MAP** 付録P.11 D-1

1981年、サラベスとビルの夫妻が自宅アパートで手作りジャムとパン工房を始めたのがルーツ。有名なエッグベネディクトなどの卵料理に定評があり、ナチュラルテイストで鮮度の高い料理を提供している。

☎212-335-0093 Ⓜ6線28 St駅から徒歩2分 🏠381 Park Ave. S. ⏰8:00～22:00(日曜は～21:00) 休無休 💳

販売 ↩持ち帰り用のジャムも

毎日ていねいに作っています。ぜひ食べにきてね！

←天井が高く広々とした店内で優雅にブランチしたい

クラシック・エッグベネディクト $26
Classic Eggs Benedict
そっとナイフを入れると、とろけるポーチドエッグが絶品

キオスクスタイプのお店で健康的なファストフードを

気軽にヘルシーな朝ごはん
ハッチ＆ウォルド
Hutch & Waldo

アッパー・イースト・サイド **MAP** 付録P7 E-3

サーモントーストやブリトーなど一日中オーダー可能な朝食とランチスポットの人気店。グルテンフリーで乳製品不使用のメニューなど四季折々のおいしくて栄養のある健康的なファストカジュアルが自慢。市内に3店舗展開中。

☎なし Ⓜ B・C線86 St駅から徒歩4分 🏠247 E 81st St. ⏰7:00～16:00 休無休 💳

朝食ブリトー $14.5
breakfast burrito
スクランブルエッグなどの中身に、ハッチトマトサルサ・ソースがアクセントに

↑健康に良さそうな各種フレッシュジュース($8～)やスムージー($9)も人気

生産者が見える厳選素材を使った朝ごはん
グッド・イナフ・トゥ・イート
Good Enough to Eat

アッパー・ウエスト・サイド **MAP** 付録P6 B-3

自然派レストランの先駆けとして1981年にオープン。エリアのランドマーク的存在で、週末は行列ができる。スープやソースはすべて自家製で体にやさしく、パンや菓子なども毎日店内で焼くというこだわりを持つ。

☎212-496-0163 Ⓜ B・C線86 St駅から徒歩4分 🏠520 Columbus Ave. ⏰8:00～22:00 休無休 💳

↓アンティークで飾られた店内

プロバンス風オムレツ $17
Provencal Omelette
ピーマン、パプリカ、オニオンにゴートチーズを合わせて

契約農家から毎朝届く新鮮な卵を使用

ふわふわの卵料理は朝の定番ですね！

アート
エンターテインメント
グルメ
スイーツ&カフェ
ショッピング
歩いて楽しむ
ホテル

ジューシー＆エココンシャスが今のトレンド

グルメバーガーの王道ならこの⑤店

肉汁あふれるパティと、オーガニックなど厳選素材を使用した絶品バーガー。
行列が絶えない人気店の個性あふれる味わいを試してみたい。

世界一高額なハンバーガーが登場
セレンディピティ3
Serendipity3

アッパー・イースト・サイド **MAP** 付録P9 E-2

多くのハリウッドスターやセレブを
虜にするハイエンドなカフェ。ス
イーツはもちろん「高級バーガー」
で一躍有名に。白トリュフのスプ
レッドを塗り、金箔をのせ、生ク
リームとキャビアをトッピングした
贅を極めたバーガーに大興奮！

☎ 212-838-3531　🚇 Ⓜ N・R・W線
Lexington Av/59 St駅から徒歩2分 🕐
225 E. 60th St. 🕐 11:00(土・日曜10:
00)～23:00 休無休 📷

上質な素材のみを使用した
これぞセレブの高級バーガー

エクストラヴァガント
Le Burger Extravagant

キャビアやトリュフを使用し
た高級バーガー。ダイ
ヤモンド付きの爪楊枝は
持ち帰り可。要事前注文

$295

→ 濃厚なチョコレート
とスモアのサンデー $10

↑店内の装飾が上品(左)。スイーツが絶品なのでカフェ利用も(右)

エミリー・バーガー
Emily Burger Double Stack

熟成パティを2枚重ねて
炒め新鮮野菜とともに
特製プレッツェル・バン
ズで挟んで提供

$27

熟成肉のパティ
は大満足間違い
なしです！

↑付け合わせ
のポテトフラ
イはサクサク
とした食感

バンズからはみ出るパティは
熟成肉の旨みを最大限生かす

ブルックリンで誕生したダイナー
エミリー
Emily

ソーホー **MAP** 付録P20 B-2

エミリーとマットのハイランド夫妻が作る
創作ピザ屋のバーガー。2014年にブルッ
クリンでデビューして以来大好評で、こだ
わりバーガーでも有名。熟成パティを2枚
使い、野菜やバンズにいたるまで贅沢な食
事体験を提供する。

☎ 917-935-6434　🚇 Ⓜ 1線Houston St駅から徒歩3
分 🕐 35 Downing St. 🕐 12:00(日曜11:00)～22:00
(金曜は～24:00) 土曜11:00～24:00 休無休 📷

→ 市内随一の精肉問屋
パット・ラフリーダ製の
熟成パティを使用(左)。
グリニッチ・ビレッジの
四つ角に立つ(右)

素材の味をしっかり感じるシンプルさがクセになる

➡付け合わせにクリンクル・カットのフレンチフライは必食

クオリティ・バーガーの専門店
シェイク・シャック
Shake Shack

ミッドタウン・イースト **MAP** 付録P.23 A-2

2004年、ニューヨークで産声を上げたバーガー店。食材や味に妥協せず、圧倒的なおいしさでたちまち大評判に。グリーンのロゴと木目調の店内は落ち着きがあり、カフェ利用にもおすすめ。バーガーを注文するなら名物クリンクル・カットのフレンチフライは必食。

☎646-545-4600 🚇Ⓜ E線World Trade Center駅から徒歩4分 🏠215 Murray St. 🕐10:30～22:00 ❌無休 🍴

シャック・バーガー
Shack Burger
高級レストランと同じアンガス種の牛肉を100%使用している

$7.99

バーガー店とは思えない高級感
5ナプキン・バーガー
5 Napkin Burger

ミッドタウン・ウエスト **MAP** 付録P.14 A-4

クロスの掛かったテーブルで、上品にお皿に盛られたバーガーをゆったりと食べたい人のためのレストラン。洗練された店内と、コロラド州アスペン産のオールナチュラル極上ビーフをバーガーにして味わえる。

☎212-757-2277 🚇Ⓜ A・C・E線42 St/Port Authority Bus Terminal駅から徒歩5分 🏠630 9th Ave. 🕐10:00～23:30(日～火曜は～22:30) ❌無休 🍴

ナプキンが5枚必要になるほど肉汁がじゅわっとあふれだす

⬆農家の納屋をイメージしたナチュラルな内装(左)。レストラン街にある店舗(右)

5ナプキン・バーガー
5 Napkin Burger
とろけるグリュイエールチーズとボリューム満点のパティは食べごたえ抜群！

$21.50

⬅繁華街なので観光客も多く来店する(左)。タイムズ・スクエアにほど近い立地(右)

有機栽培を守り素材本来の味を堪能

⬆バーガー $10.95～

ヘルシーバーガーの代表格と名高い
ベアバーガー
Bareburger

ミッドタウン・ウエスト **MAP** 付録P.14 A-3

「体にやさしくておいしい」を追求する店。ビーフは放牧牛や有機飼育牛のみ使用し、バンズや野菜に無添加、無農薬のものしか使わない徹底ぶり。ヴィーガンメニューも旨みがしっかり感じられ、ヘルシー志向のニューヨーカーに人気。

☎212-673-2273 🚇Ⓜ A・C・E線50 St駅から徒歩5分 🏠366 W.46th St. 🕐12:00～22:00(金・土曜は～24:00) ❌無休 🍴

※料理はイメージです

アート
エンターテインメント
グルメ
スイーツ&カフェ
ショッピング
歩いて楽しむ
ホテル

もっちり食感のできたてをいただきます!

個性が光るベーグル専門店6店

ユダヤ系移民がもたらしたベーグルは、今や街の名物フードのひとつ。オリジナリティあるフィリングやカラフルな生地などが楽しめる。

店内は注文を待つ客で混み合う

親しみのあるスタッフも素敵

スライスされた芳醇なローストビーフがぎっしり

ローストビーフ
Roast Beef
$11.25
朝からガッツリ食べたい人におすすめ。圧倒的なボリューム感!

濃厚なチーズや大満足のお肉などが選べる

1976年創業の老舗店
エッサ・ベーグル
Ess-a-Bagel
ミッドタウン・イースト
MAP 付録P.15 F-2

朝早くから出勤前のニューヨーカーや観光客であふれる人気店。店内でベーグルを作っているのでいつでもふっくらやわらかなできたてを食べられる。クリームチーズや具材の種類も豊富で選ぶのも楽しい。

☎212-980-1010 交Ⓜ6線51 St駅から徒歩2分 所831 3rd Ave. 営6:00～17:00 休無休 💳

メンバー・オブ・ザ・トライブ
Member of the Tribe
$16.99
スモークサーモンやクリームチーズなどの王道フィリングを堪能

多くの利用客に愛されるメニューが豊富に揃う

王道から変わり種までお気に入りをチョイス

モチモチで風味が凝縮
シェルスカイズ・ブルックリン・ベーグルズ
Shelsky's Brooklyn Bagels
ブルックリン郊外 MAP 付録P.24 C-4

ユダヤ系デリが手がけるベーグル店。やや小ぶりのベーグルは密度が濃く、しっかり噛みごたえのある食感。

☎718-855-8817 交ⓂF・G線4 Av - 9 St駅から徒歩1分 所453 4th Ave. 営6:30(土・日曜7:00)～14:00 休無休 💳

地元客に愛される人気店
ミュレイズ・ベーグル
Murray's Bagels
グリニッチ・ビレッジ
MAP 付録P.18 B-3

元金融マンが夢を叶えるべくベーグルの卸売り業者で修業し、1996年に夢を叶えるべく創業。店名は父親の名前に由来したもの。以来、いつも地元の人々で店内が混み合う手作りベーグル専門店。ベーグルを使ったサンドイッチ類も種類豊富で人気。

☎212-462-2830 交ⓂL線14 St駅から徒歩2分 所500 6th Ave. 営6:00～17:00 土・日曜7:00～16:00 休無休 💳

もっちりしてずっしり

種類豊富なカスタマイズが魅力的

バンガローコロニー
Bungalow Colony
$13.25
ホームメイドのローストビーフやミュンスターチーズが入り、食べごたえ抜群!

店内でパンの種類や挟む具材を選んで決めることができる

今日のイチオシは新鮮なサーモンとタラだよ！

↑昔からユダヤ人が多く住むエリアにある

クリームチーズと好みの魚をチョイス

1907年に総菜店から始まる
ラス＆ドーターズ
Russ & Daughters

イースト・ビレッジ
MAP 付録P21 F-2

ポーランド系ユダヤ人移民ジョエル・ラス氏が開店したベーグルショップ。酢漬けのニシンや世界各地から入荷するサーモンなど、燻製魚の品揃えはトップレベル。外皮が香ばしい小ぶりのベーグルはサイズもほどよく楽しめる。

☎212-475-4880 ❖Ⓜ F線2 Av駅から徒歩2分 🏠179 E. Houston St. 🕗8:00〜16:00 休無休 💳

シュテトル
Shtetl
$20
銀ダラの燻製とゴートチーズが具材。あっさり風味のベーグル

流行に敏感な革新的ショップ
バズ・ベーグル＆レストラン
Baz Bagel & Restaurant

ノリータ **MAP** 付録P21 E-4

ユダヤ系のソッキーノ家がファミリーで経営するベーグルと惣菜の専門店。手作りと素材のよさが際立つベーグルは、伝統を継承しながら新しいフィリングなどモダンな要素も取り入れている。

☎212-335-0609 ❖Ⓜ J・Z線Canal St駅から徒歩3分 🏠181 Grand St. 🕗7:30〜14:00（土・日曜は〜15:00）休無休 💳

バズ
Baz
$18
ゴマなどをまぶしたパンパーニッケル・ベーグルにはみ出すほど大量のスモークサーモンを挟んだ贅沢な味

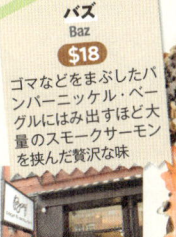

↑リトル・イタリーで評判が良い店

鮮やかなサーモンをふんだんにサンド

→ソーダファウンテンのあるレトロな店内

もっちりとした生地が小腹を満たしてくれる

パイク・ストリート
Pike Street
$10.25
フライドベーコン、トマト、レタスなどシンプルな素材をまとめてサンド

→店内奥には工房があり、製造工程が見学できる

↓赤いファサードの下にはテラスもある

ベーグル＆ビアリ販売店
コサーズ・ベーグル＆ビアリーズ
Kossar's Bagels & Bialys

ロウアー・イースト・サイド
MAP 付録P.13 D-1

1936年にポーランド出身のユダヤ系移民が創業。17世紀から東欧に伝わるシンプルな製法を守りつつ、手作りのベーグルを提供している。ニューヨークに「ビアリ」というポーランド発のパンを伝えた店でもある。原材料はすべてナチュラルな素材を使用している。

☎212-473-4810 ❖Ⓜ F線Delancey St駅から徒歩5分 🏠367 Grand St. 🕗6:00〜16:00（金〜日曜は〜17:00）休無休 💳

アート
エンターテインメント
グルメ
スイーツ＆カフェ
ショッピング
歩いて楽しむ
ホテル

ファッション関連のショップのようなインテリア

長く愛される老舗からエッジの効いた新店まで

毎日通いたくなる人気ベーカリー**5**店

香ばしい匂いに誘われて、ベーカリーに足を運んでみたい。
王道の老舗から、常識を塗り替えるフレーバーやメニューに出会える。

超アヴァンギャルドなベーカリー
スーパームーン・ベイクハウス
Supermoon Bakehouse

ロウアー・イースト・サイド **MAP** 付録P.13 D-1

オーストラリア出身の天才焼き菓子職人ライ・スティーブン氏がオープン。クロワッサンとマフィンのハイブリッド「クロフィン」など、前代未聞の斬新な味と形のパンが、洗練されたアパレルブランドのような店内に整然と並ぶ。

☎非公開 ✲⚥F線Delancey St駅から徒歩2分 🏠120 Rivington St. 🕙10:00〜18:00 休火・水曜 🈳

➡インスタ映えするブティックのような店内
⬇カウンター席が数席ある

➡厳選されたダークチョコレートを惜しげもなく使用

スーパームーン・チョコレート・クロワッサン
Supermoon Chocolate Croissant

$9

プライド・クロワッサン
Pride Croissant

$9

レモン&ポピーシード・クロフィン
Lemon & Poppy Seed Cruffin

$6.50

➡レモンカードとポピーシードのプチプチとした食感が◎

➡ヴィーガン用に作られたカラフルなクロワッサン

フェレーロ・ロシャー・クロフィン
Ferrero Rocher Cruffin

$6.50

➡クロワッサンとマフィンを掛け合わせたハイブリッド系スイーツ

アート

エンターテインメント

グルメ

スイーツ＆カフェ

ショッピング

歩いて楽しむ

ホテル

全粒粉とライ麦の自然の味
バルサザール・ベーカリー
Barthazar Bakery
ソーホー MAP 付録P.21 D-3

本格フランス料理店バルサザールに隣接する直営ベーカリー。フランスの田舎風パンや洋菓子を手本にした素朴なスタイルでファンが増加。

☎ 212-965-1414 🚇Ⓜ 4・6線 Spring St駅から徒歩1分 🏠 80 Spring St. ⏰8:00～15:30 ㊡無休

フルーツタルト
Fruit Tart
$9.5

⬇甘酸っぱいベリー系を盛り込んだタルト

➡昼間はベーカリーの外側まで行列ができるほど人気が集まる

⬅コンパクトな店はすぐ満員になる

⬅まるでパリの下町のパン屋のよう

バター・クロワッサン
Butter Croissant
$5

⬆市内でベストといわれるできたてのサクサク感は美味

スティッキー・バン
Sticky Bun
$6

⬆ペカンナッツをあしらったアメリカの伝統菓子

ブラックベリーのデニッシュ・ペイストリー
Danish Du Jour
$6.5

⬆ブラックベリーの甘酸っぱい味わいとデニッシュパンの相性が抜群！

➡レストラン席の一部で、購入してすぐ食べられる

チョコレートのシュプリームデニッシュ
Pain Au Chocolat Supreme
$9.5

おしゃれなビストロ＆ベーカリー
ラファイエット
Lafayette
ノーホー MAP 付録P.21 D-1

朝食からブランチ、ディナーまでフランスが薫るおしゃれな料理を提供するビストロ＆ベーカリー。天気の良い日は外のテラス席が気持ちいい。

☎ 212-533-3000 🚇Ⓜ B・D・F・M・6線 Broadway-Lafayette St駅／Astor Pl駅から徒歩3分 🏠 380 Lafayette St. ⏰ベーカリー8:00～21:00 朝食8:00～11:00(土・日曜は～10:00) ランチ11:30～15:30 ディナー17:00～22:00(日～火曜は～21:30) ㊡無休

➡チョコレートのクリームが入った人気のデニッシュパン

パンプキンチャイのシュプリームデニッシュ
Pumpkin Chai Suprem
$9.5

➡皮は甘くサクサクし、中はふんわりしっとりした味わい

ウォールナッツレーズンデニッシュ
Walnut Raisin Danish

⬆ウォールナッツとレーズンが入った甘い一品

ブルーベリーデニッシュ
Blueberry Danish

ボンボローニ
Bomboloni
$5.45

⬅イタリア式ドーナツ。フィリングはバニラやストロベリーなど

ドーニ
Doni
$6.25

➡大粒のレーズンが入った素朴なブレッド

サラート・カルナット
Salato Carnatto
$4.85

⬆ベーコンやオニオンが入ったおかずクロワッサン

チェルシーマーケットの休憩に
エイミーズ・ブレッド
Amy's Bread
ミート・パッキング・ディストリクト MAP 付録P.10 B-3

エイミー・シェルバーさんが創業したエイミーズ・ブレッドは、各種手作りパンほか、サンドイッチや朝食用ペストリー、クッキーなどが人気。市内には6店舗ある。

☎ 212-462-4338 🚇Ⓜ A・C・E・L線 14 St駅／8 Av駅から徒歩5分 🏠 75 9th Ave. ⏰8:00～18:00(金～日曜は～19:00) ㊡無休

ほうれん草とアジアーゴチーズのフリッタータ
Spinach & Asiago Frittata

⬅ほうれん草とアジアーゴチーズのオムレツを挟んだサンドイッチ

⬆ブルーベリーがたっぷりのったデニッシュ

⬆青色に統一された入口

アメリカのパン業界の革命児
サリバン・ストリート・ベーカリー
Sullivan Street Bakery
チェルシー MAP 付録P.22 C-4

元彫刻家のジム・レイヒー氏が創業したベーカリー。彼が採用した「こねりなし」製法は、イースト菌の使用量が少なくしっとりとした仕上がりが特徴で全米に広まった。

☎ 212-929-5900 🚇Ⓜ C・E線23 St駅から徒歩4分 🏠 236 9th Ave. ⏰8:00～19:00(日・月曜は～16:00) ㊡無休

⬆落ち着いた住宅街にある

やさしくて懐かしさを感じる味わいのパンです

GOURMET

やわらかくてジューシーな熟成肉に舌鼓

セレブも訪れる極上のステーキハウス **4**店

ニューヨークの旅で一度は食べたいステーキ。ポーターハウスがおいしい
街の代表格である老舗で、味もボリュームも大満足のディナータイム。

1885年創業、5種の王道熟成肉を揃える
キーンズ・ステーキハウス
Keens Steakhouse

ミッドタウン・ウエスト **MAP**付録P.17 D-3

最高級の熟成ステーキを提供する老舗。観光客に加え、地元客の利用も多い。重厚な雰囲気の店内では、口の中でとろけるやわらかさのステーキを楽しめる。

☎212-947-3636 ⊗Ⓜ B・D・F・M・N・Q・R・W線34 St - Herald Sq駅から徒歩2分 ㊠72 W. 36th St. ⊕11:45(土・日曜17:00)〜22:30(日曜は〜21:30) ㊡無休 ㊥$150〜 💳🈂

プライム・ポーターハウス
Prime Porterhouse
T字型の骨付き肉がダイナミックに盛り付けられた王道の一皿
$138(2人前)

1. ラム・チョップ2本 $59
2. 大広間のほか個室も完備
3. 重厚なバーカウンターもある

ステーキ
Steak
芳醇な香りが食欲をそそる。ミディアムレアがおすすめ。2人前だが3人で分けてちょうどの分量
$141.9(2人前)

ステーキハウスの原点ともいえる老舗
ピーター・ルーガー・ステーキ・ハウス
Peter Luger Steak House

ウィリアムズバーグ **MAP**付録P.28 B-4

熟成ステーキはUSDAプライムビーフを使用する高品質なステーキハウス。多くのステーキハウスのオーナーはここで修業したという、原点の店としてファンも多い。

☎718-387-7400 ⊗Ⓜ J・M・Z線Marcy Av駅から徒歩5分 ㊠178 Broadway ⊕11:45〜22:45 日曜12:45〜21:45 ㊡無休 ㊥$150〜 💳

1. カジュアルな広い店内 2. 入ってすぐ席がある

ニューヨーク最古のステーキハウス

オールド・ホームステッド・ステーキハウス

Old Homestead Steakhouse

チェルシー **MAP** 付録P.10 B-3

1868年創業でニューヨークで最も古いといわれるステーキハウス。伝統のメニューも多く、豪快な熟成肉の骨付きリブステーキはおすすめ。神戸バーガー（$51.7）や、日本から輸入された和牛ステーキ12oz$385も注文が多いとか。

☎212-242-9040 🚇 Ⓜ A・C・E・L線14 St駅から徒歩5分 🏠56 9th Ave. 🕐17:00～21:00 土曜16:00～22:00 休月曜 予算$150～
🔖💳

ポーターハウス・ステーキ
Porterhouse Steak
USDAの認証を受けた最高品質の熟成肉を堪能できる
$173.8(2人前)

毎日精肉工場で高品質のビーフを選んでいるよ

1.共同経営者のシェリー兄弟 2.入口の牛のフィギュアが店のアイコン 3.2階にあるライブラリー風の重厚なダイニングルーム 4.フィレミニョンとポテトケーキ（時価）

著名人御用達の極上肉を堪能

ギャラガーズ・ステーキ・ハウス

Gallaghers Steak House

ミッドタウン・ウエスト **MAP** 付録P.14 B-2

1927年創業の伝統的なステーキハウス。クリントン元大統領やシルベスター・スタローンなど多くの有名人に愛される香ばしい熟成肉は至福のディナーを演出してくれる。

☎212-586-5000 🚇 Ⓜ 1・C・E線50 St駅から徒歩2分 🏠228 W. 52nd St. 🕐11:45～16:00、16:00～22:00（金・土曜は～23:00）休無休 予算$150～ 🔖💳

ポーターハウス
Porterhouse
ミディアムレアに焼いた熟成肉。バーではビールやワイン類も注文できるのでお肉と合わせたい
$69(1人前)

ボリューム満点のステーキをお出ししますよ

1.十分に炙ってもおいしくいただける。好みの焼き加減を伝えたい 2.高級感があり特別なディナーに利用する地元客も多い 3.シェフが持つ大きな肉の塊は迫力がある

世界トップレベルの名店がマンハッタンに集まる

都会の洗練された**フレンチ④**店

極上の食材や調理法が集結し、最先端のムーブメントを生み出すニューヨーク。
ミシュラン受賞歴やベストレストランの称号を持つ実力店で、特別な旅の夜を過ごしたい。

おすすめメニュー

マグロとチコリーのタルタル添え
Asian Tuna and Belgian Endive
鮮度の高いマグロの赤身を細かく刻み繊細に盛り付けた前菜。ベルジアンチコリーが香りと味わいのアクセント

フレンチ・シーフードの老舗

ル・ベルナルダン

Le Bernardin

ミッドタウン・ウエスト **MAP** 付録P.14 B-2

1972年にパリで創業し、ニューヨークで30年以上の歴史を誇るシーフードの名店。開店直後にニューヨーク・タイムズ紙で4ツ星に輝き、2005年からミシュランガイドで3ツ星を取り続ける。「世界のベストレストラン50」にも入賞。
☎212-554-1515 🚇Ⓜ1線50St駅から徒歩3分 🏠155 W. 51st St. 🕐ランチ12:00〜14:30(月〜金曜のみ)、ディナー17:00〜22:30(金・土曜は〜23:00) 🈺日曜 [予約]
ランチ$150〜、ディナー$250〜 📱💳

1.シェフおすすめコースの一部。予算$250〜で季節の食材を華麗に昇華した渾身の一皿が味わえる 2.パーティ会場にもなるメインフロア 3.シェフおすすめコースの一部。クラブケーキはカニをドルチェのような装いに 4.ミッドタウンの喧騒を忘れさせるモダンな空間。テーブル席で最高のおもてなしを 5.夜のシーフードコースの一部。ロブスターやエビが入ったペースト

※料理はイメージです

アート

エンターテインメント

グルメ

スイーツ&カフェ

ショッピング

歩いて楽しむ

ホテル

おすすめメニュー

アンコウと薬膳草
Monkfish

冬の代表的な高級魚であるアンコウを使用。アジアで薬膳料理に添えられる葉で飾り付けしている

1. コースの予算は$350〜。予約が取りにくいので出国前にリザーブしたい **2.** ダニエル・ブリュー氏をはじめ、多くのシェフが繊細な一皿を作り上げていくキッチン **3.** 緑が鮮やかなキュウリとヴァシュラン・モン・ドールと呼ばれる高級チーズ **4.** 広いフロアとクラシカルなテーブル席

巨匠が織りなす正統派の料理
レストラン・ダニエル
Restaurant Daniel
アッパー・イースト・サイド **MAP** 付録P.9 D-1

フランス・リヨン出身で世界的に活躍するシェフ、ダニエル・ブリュー氏が1993年にオープン。最高級の素材を用いた料理は繊細で季節感にあふれ、毎年ミシュランガイドの星に輝く。クラシカルな内装やサービスも素晴らしい。

☎ 212-288-0033 ⊗ Ⓜ F・Q線 Lexington Av/63 St駅から徒歩4分 ⊞ 60 E. 65th St. ⊗ 17:00〜22:00 ⊕ 月曜（5・6月は営業）予約 ディナー$350〜
📞🍴

革新的なモダンフレンチ
ジャン・ジョルジュ
Jean-Georges
アッパー・ウエスト・サイド **MAP** 付録P.8 C-2

世界各地に店舗を持つシェフ、ジャン・ジョルジュ氏の旗艦店。アジアの食材やスパイスなどを取り入れた斬新な料理が人気を博す。2005年からミシュランガイドで毎年星を獲得し、ニューヨーク・タイムズ紙で4ツ星の評価を受ける。

☎ 212-299-3900 ⊗ Ⓜ 1・2・A・B・C・D線59 St - Columbus Circle駅から徒歩1分 ⊞ 1 Central Park W. ⊗ 16:45〜21:30 ⊕ 日・月曜 予約 ディナー$300〜 📞🍴

おすすめメニュー

ロブスターと
さやえんどうの前菜
Appetizer - Lobster and Green beans
ニューヨークで好まれる真っ赤なロブスターはプリプリの食感。コース料理の一部

1. 夜のコースは$300〜が目安。ホタテなどの海鮮をアートのように盛り付け **2.** 一皿目から芸術性の高さと荘厳な世界観に引き込まれる。鮮やかなロブスターが美味 **3.** 白を基調とした明るい店内で優雅に食事を楽しめる **4.** サワラを洋風にアレンジしたコースのメインが美味

おすすめメニュー

ドライエイジング・ビーフ・ステーキ
Côte de Boeuf

2人用 $136。75日間かけて熟成させ、芳醇な香りを閉じ込めたステーキ。赤ワインと合わせてマリアージュを楽しんで

1. ニューヨークの名物料理でもある熟成肉をフレンチベースで味わう **2.** 落ち着いた雰囲気の店はシックな装いが高級感を漂わせる **3.** ロブスターのカレーバター焼き **4.** 予約がなくてもバーで食事ができるのがうれしい

大人が納得する料理の店
フレンチェッテ
Frenchette
ソーホー MAP 付録P.20 C-4

元バルサザールの叩き上げのフレンチ・シェフ2人が作り上げた至極のメニューとラグジュアリー空間。常勤ソムリエの、オーガニックとバイオダイナミックワインのセレクトも高評価を受けており、おすすめのワインを頼んでみたい。

☎212-334-3883 Ⓜ 1線 Franklin Stから徒歩3分 99 241 W. Broadway 12:00(土・日曜11:00)~22:00(日曜は~21:00) 無休 ランチ$50~、ディナー$100~

ニューヨークで大ブームのカジュアルフレンチを楽しむ

今NYで流行のカジュアルフレンチ。女子会や仕事帰りに立ち寄れる、モダンな空間が急増中。常連に愛される老舗からスターシェフがプロデュースする新店まで、一大ブームを起こしている。

エスカルゴ、タコのグリルなどが並ぶ

1. グリーンアワーと呼ばれるハッピーアワーの小皿は各$15で豊富な種類から注文できる **2.** 劇場の名残で2階席も用意されている **3.** 予約が取れなくてもバーで食事ができる

最高にロマンティックな店
ブーシュリー
Boucherie
グリニッチ・ビレッジ MAP 付録P.18 A-4

元劇場のスペースを使った、伝統的なブラッスリー兼ステーキハウス。ドライエイジド・ステーキ、元バスティスのヘッドシェフが定番ビストロ料理を提供。

☎212-837-1616 Ⓜ 1線 Christopher St-Sheridan Sq駅から徒歩2分 99 7th Ave S. 11:00(土・日曜10:00)~24:00 無休 ランチ・ディナー$60~

アート

エンターテインメント

グルメ

スイーツ&カフェ

ショッピング

歩いて楽しむ

ホテル

クリエイティブな発想を一皿に描く

スターシェフのレストラン ❸ 店

「世界のベストレストラン50」の常連店のトップシェフが生み出す、季節や食材を最大に生かした華やかな食卓。メディアにも取り上げられる有名店で、美と食の共演を体感したい。

世界一に輝いた最高級レストラン

イレブン・マディソン・パーク
Eleven Madison Park
グラマシー **MAP** 付録P.11 D-2

ミシュランガイド3ツ星の常連で、2017年には「世界のベストレストラン50」で1位に選ばれた高級フレンチ。スイス出身のダニエル氏が、選び抜いた食材と卓越した技法を駆使して芸術的な料理を構築する。

Chef's Profile
ダニエル・フム
Daniel Humm
弱冠24歳で初の星を獲得。2003年からアメリカで活躍し、数々の権威ある賞を受賞。

☎212-889-0905 🚇Ⓜ6線23 St駅から徒歩3分
🏠11 Madison Ave. 🕐17:30～22:00、木～日曜17:00～23:00、土曜のランチ12:00～14:00
🈺無休 💰ディナー$300～ 🈂️💳

⬆️ホテルのサロンを思わせる極上のフロア

⬆️コース料理の一部。ヒマワリに見立てたキャビアが美しい

⬆️カニの風味を感じる前菜にヒマワリの花びらをのせて

おすすめコース
キャビア
オクラとコーンブレット添え
Caviar with okra and corn flatbread
アート作品を思わせる卓越した技術と料理の配置が独創的

⬆️記念日などの特別な日に利用したくなる

絶品料理をカジュアルに堪能

エステラ
Estela
ノリータ **MAP** 付録P.21 E-2

オーナーシェフのイグナシオ氏が2013年にオープン。趣向を凝らした料理はどれも完成度が高く、ワインのセレクトも秀逸。「世界のベストレストラン50」にもランクイン。予約なしでも利用できる。

☎212-219-7693 🚇Ⓜ6線Bleecker St駅から徒歩1分 🏠47 E. Houston St. 🕐17:00～22:30、金～日曜ランチ11:30～14:30 🈺無休 💰ランチ$50～、ディナー$80～ 🈂️💳

おすすめコース
オリーブ&オリーハム
Olives and Olli ham
トスカーナ風サラミとして知られるオリーハム。独特の香りが特色で、旨みが凝縮されている

⬆️素材にこだわったイタリアンを味わえる

Chef's Profile
イグナシオ・マットス
Ignacio Mattos
ウルグアイ出身。アリス・ウォータース氏やフランシス・モールマン氏などに師事。受賞歴多数。

日本で修業した寿司職人が熟練技を披露

シオン・アット・69レオナール・ストリート
Shion at 69 Leonard Street
トライベッカ **MAP** 付録P.23 C-1

東京の伝統的な寿司屋「鮨さいとう」で8年以上卸していた宇井野氏が本格的な江戸前寿司を提供。確かな目利きや丹念な仕込み、ていねいな接客など、すべてにおいて一流だ。ニューヨーク・タイムズ紙で3ツ星を獲得。

☎212-404-4600 🚇Ⓜ1線Franklin St駅から徒歩3分 🏠69 Leonard St. 🕐18:00～20:30～ 🈺日曜 💰ディナー$450～ 🈂️💳

⬆️和を研究し尽くした名店の味をニューヨークで

おすすめコース
桜鱒
Sakuramasu
日本海で獲れる本鱒（ホンマス）は桜鱒（サクラマス）と呼ばれる。幻の高級魚をシンプルに味わう

工場跡をリノベートして作ったタップルーム

ビールの注文はここで。さまざまな味わいを用意

ブルックリンの醸造所で過ごす大人の時間

ブルワリー❸店でクラフトビールを味比べ!

マイクロブルワリーと呼ばれる小規模なビール醸造所が増えているブルックリン。
ビールのテイスティングや製造過程の見学もでき、ご当地ビールの楽しみ方も多彩だ。

クラフトビールの先駆け的存在
ブルックリン・ブルワリー
Brooklyn Brewery
ウィリアムズバーグ **MAP**付録P28 B-1

1988年、ブルックリンで創業のブルワリー。ラガービールとエールビールの2種類を製造、販売しており、現在は日本をはじめ世界中で親しまれている。もとは製造工場だが、ビールを味わえるテイスティングルームや売店も併設。

 ⬆ブルワリーなので食事は用意されていないが、近くのピザケータリングなどで購入してビールと味わえる

☎718-486-7422 Ⓜ L線Bedford Av駅から徒歩7分 🏠79 N. 11th St. ⏰16:00(金曜14:00、土・日曜12:00)～21:00(火曜は～22:00)、金曜は～23:00、土曜は～24:00、日曜は～20:00) Ⓗ無休 ㊙工場見学45分$26～

⬆瓶入りのビールは6本入り$10。いろいろな種類を混ぜると$12で購入できる。ビール好きは必飲!

❶受付
入口左側にある売店が受付。リストバンドと見学中にかける透明のめがねを受け取る。ここで早速、缶ビール1本もらえるのがお得!

❷ツアー説明
できたてのビールを飲みながら説明を聞く。ここで参加者は簡単に自己紹介し、ガイドがブルワリーの歴史などについて話してくれる

❸発酵槽
次に発酵槽などがある工場内の見学へ。大きな発酵槽の中で麦芽、ホップ、水、酵母などを加えて発酵させる。7～8日かかるそう

❹ボトリング
さらに進んで、ボトル詰めのプロセスを見学。店舗に並んでいるビール瓶に次々と液体が流し込まれていく様子はスピーディー!

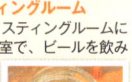

❺テイスティングルーム
ツアー用テイスティングルームに併設された個室で、ビールを飲みながらホップや麦芽などの実物を見ながら解説してくれる

❻タップルーム
ツアー終了後は各自テイスティングルームでのんびり過ごすもよし、飲み足りなければタップルームでもう1杯楽しむのもアリ!

❼ショップ
おみやげにぴったりの醸造所限定アイテムやビールを販売している。ポップなデザインのロゴTシャツなどおしゃれに着こなしたい

ブルワリーブームの先駆的存在

アザー・ハーフ・ブリューイング・ドミノパーク

Other Half Brewing Domino Park

ウィリアムズバーグ **MAP**付録P.28 A-3

小規模の醸造所にブルックリンらしい広めのタップルーム。外にはパティオ席もある。15種類ほどのクラフト生ビールほかワインやカクテル類もある。小腹がすいたら隣のピザレストラン、ロベルタスでピザやスナックの注文も可能。

☎718-362-6199 Ⓜ L線Bedford Av駅から徒歩16分 🚇34 River St. ⏰12:00(土・日曜11:00)〜22:00(土曜は〜23:00、日曜は〜21:00) 🈺無休 💳

↩ポエトリースナップス$9。ライスラガー4.5%が含まれている。クリーンな味でほのかに酸味があり飲みやすい(スモールサイズあり、$4, $7)

↩ドウグ $9。黒色系のエールビールで、カスケディアン・ダークエール7.2%が含まれている。濃いが飲みやすい(スモールサイズあり、$4, $7)

↩グリーンシティ $9。白濁した見た目だが、IPA7%で、苦みが強めでも飲みやすい。IPAやダブルIPA好きにおすすめ。

↑ドミノ・パークやグランド・フェリー・パークの近辺に位置する

入店してすぐに、ビールを作る醸造機が現れる

常時10種類前後のビールを提供している

↩ブルワリー外観(左)。入ってすぐがタップルームとカウンターバー。奥が製造工場になっている(右)

ビールを誰よりも愛するオーナーの工場

ストロング・ロープ・ブルワリー

Strong Rope Brewery

ゴワヌス **MAP**付録P.24 C-3

オーナーのジェイソン氏が一人でスタートしたマイクロブルワリー。麦芽などの原材料はニューヨーク州産にこだわる。オリジナルレシピは120種類以上あり、タップルームでは奥の工場でできた新鮮なビールが飲める。

☎929-337-8699 Ⓜ D・N・R線Union St駅から徒歩1分 🚇574A President St. ⏰15:00(金〜日曜12:00)〜22:00(金・土曜は〜23:00、日曜は〜21:00) 🈺無休 💳

↑IPAやスタウトなど一部の缶のデザインが一新した

ブルックリンのワイン醸造所

アーバン・ワイナリーを訪れる **Urban Winery**

都会の街なかにあるアーバン・ワイナリーというスタイルがブルックリンで発展。近郊のブドウ栽培農家からブドウを購入し、街の醸造所でワインを造り販売する。併設されたテイスティングルームもお楽しみのひとつ。

地域に根差したワインを製造

ブルックリン・ワイナリー

Brooklyn Winery

ウィリアムズバーグ **MAP**付録P.25 B-2

アメリカ国内にある自社ワイナリーで造ったワインを提供するバー。ワインの70%はニューヨーク州産で30%はカリフォルニア州産。グラスワインはハッピーアワー$7がお得。

☎347-763-1506 Ⓜ G線Nassau Av駅から徒歩5分 🚇61 Guernsey St. ⏰17:00(土・日曜13:00)〜22:00(日曜は〜18:00) 🈺月曜 💳

↑チーズやカボチャの種の盛り合わせ$17

↑ウエディングパーティにも利用される

↓購入できるワインは1本$19〜

アート

エンターテインメント

グルメ

スイーツ&カフェ

ショッピング

歩いて楽しむ

ホテル

長き歴史を物語る老舗バー❷店

時代を超えて受け継がれるカクテルレシピ

名門一族が開業したバーや、著名人、作家が好んで通ったバーなど、
創業100年を超えて格式と伝統を守り続ける異世界のような空間を訪ねて。

マックスフィールド・パリッシュ氏の巨大な絵画が飾られている

ブラッディ・メアリー発祥の聖地

キング・コール・バー

King Cole Bar

ミッドタウン・イースト **MAP** 付録P.15 D-1

ニューヨークの名門であるアスター家が1904年に開業したセント・レジス・ホテル内のバー。レストランの奥に位置し、重厚感のあるカウンターは10名ほどの席が用意されている。ニューヨーク発祥のカクテル「ブラッディ・メアリー」誕生のバーで、本場の味を求めて訪れる客が絶えない。

☎212-753-4500 ⊗Ⓜ E・M線5 Av/53 St 駅から徒歩3分 ⌂2 E. 55th St. Ⓗ セント・レジス・ニューヨーク内 ⊕11:30(日曜12:00)〜24:00 ⊛無休 📞📧

➡ホテルレストランの奥にひっそりと設けられているバー。ジャケット着用でドレスコードを意識して

➡格式を守り伝統を受け継ぐバーテンダーの特別な一杯を

⬆ブラッディ・メアリーは1934年当時のバーテンダーにより生まれた

中心街から離れ100年以上の時を刻む
ホワイト・ホース・タヴァーン
White Horse Tavern
トライベッカ **MAP**付録P.10 B-3

1880年創業、ニューヨークで2番目に歴史のあるダイナー。もとは、ハドソン・リバーの橋の周辺で仕事をする男性たちのバーで、1950年代には、ウェールズの詩人であるディラン・トマス、アメリカの作家ジャック・ケルアックなどが通った。当時のままのバーカウンターや柱、天井などが残る、趣ある店内で過ごしたい。

☎ 212-989-3956 🚇Ⓜ1線Christopher St-Sheridan Sq駅から徒歩6分 📍567 Hudson St.
🕐16:00(金曜14:00、土・日曜11:00)〜翌4:00(日曜翌2:00) 🈳無休

深夜も営業しておりテラス席は満席になることが多い。帰宅時はタクシーで

↩週末の昼は地元客がブランチに利用できるカジュアルダイナー

↩オレンジとライムの香りで爽快感を味わえるシップ・オブ・プライド・パンチ・カクテル$18〜

カクテルのルーツを知る

起源やバーテンダーの逸話など、カクテル発祥のストーリーはさまざま。街の代表的なカクテルを知り、大人のナイトライフを豊かに過ごしたい。

ニューヨークにゆかりのあるカクテルはこちら

ヨーロッパで嗜まれていたミックスドリンクが起源

　カクテルの歴史は古く諸説あるが、ヨーロッパでは古代ローマや古代ギリシャの時代から作られていたとされる。ビールやワイン、馬乳などをベースに多様な材料を加えた、オリジナルのミックスドリンクだった。

　中世になると、常温で飲まれていたドリンクは寒い時期になると温めて飲むようになり、ドイツのグリューヴァインやフランスのヴァン・ショーなどのホットカクテルが誕生した。ヨーロッパのカクテルは常温に加えて温かいものが主流となり、この時代の人々はホットワインも嗜んでいたとされる。

　1876年、ドイツ人技術者カール・フォン・リンデにより冷凍機が開発され、やがてアメリカにも伝わることに。冷凍機の登場により、材料を冷やすことや製氷が可能となり、食文化が一変。カクテルも常温のものから冷たいものが作られるようになり、総じて「コールドカクテル」と呼ばれた。

ニューヨークで確立されたコールドカクテルの文化

　コールドカクテルの誕生は、カクテルの飲み方や種類にも変化をもたらした。ニューヨークでは、カクテルグラスやミキシンググラスに氷を入れて冷やす方法や、氷をグラスに先入れしてからカクテルを注ぐロングタイプのカクテルなどが提供され始める。

　また、新しいものに積極的なニューヨークでは、今までにない斬新なカクテルが次々と誕生。ジンをベースにドライ・ベルモットを加えた「ドライ・マティーニ」や、ウイスキーとスイートベルモットをミックスした「マンハッタン」は、ニューヨークのバーテンダーが生み出したとされる。映画の主人公がマティーニのグラスを傾けるシーンが流れるとブームを生んだ。また、ウォッカをベースにトマトジュースを加えた「ブラッディ・メアリー」が、キング・コール・バー(→P114)で誕生。格式高い一杯を味わうため、聖地のバーを訪ねる人も多い。

ブラッディ・メアリー
Bloody Mary
↩ウォッカをベースにトマトジュースを加える。「カクテルの女王」と呼ばれ、16世紀のイングランド女王、メアリー1世の隠れた呼び名が由来

マンハッタン
Manhattan
➡第19代アメリカ大統領選のときチャーチル首相の母親がニューヨークのマンハッタン・クラブでパーティを催した際に提供したレシピ

ニューヨーク
New York
↩ウイスキーにライムジュースを加える。都市の名前を冠しており、ニューヨークの日の出を連想させる鮮明なオレンジ色が特徴

マティーニ
Martini
↩ジンと香りの強いワインのベルモットをシェイク。「カクテルの帝王」と称され、『007』『7年目の浮気』など多数の映画に登場する

コスモポリタン
Cosmopolitan
↩ウォッカベースのカクテルにライムの酸味が楽しめる。ドラマ『Sex and the City』で主人公のキャリーが好んで飲んでいる

お手軽なのにとびきりおいしいメニューを選べる

素材にこだわる**デリカテッセン**❷店

自分好みの惣菜やサラダなどを好きな分量だけ選んで購入できるデリカテッセン。
日によって変化するメニューやヘルシーフードが充実しており、どれにしようか迷うのも楽しい。

本格的なイタリアンスタイル
マンジア
Mangia
ミッドタウン・イースト
MAP 付録P.15 E-3

1981年の創業時に「ファーム・トゥー・テーブル」を提唱したイタリアンデリ。量り売りで自由にパスタやサラダなどの惣菜を選び、店内スペースで食べられるのも◎。

☎212-644-0422 ✇Ⓜ6線51 St駅から徒歩5分 🚇422 Madison Ave. 🕐7:00～18:00 🚫土・日曜

➡好きなものを選べるサラダバーはニューヨーカーのグルメスポット

➡ソプレサッタ・パニーニ $9.50～。サラミ、モッツァレラチーズなどがぎっしり

➡きれいに仕上げられた洋梨のタルト $7.50～

↪さわやかな自家製レモネード $5.50

➡ローストしたナス、トマト、ピーマンが入ったロラティーニ $11.50

NYのアイコン的なデリ
カッツ・デリカテッセン
Katz's Delicatessen
ロウアー・イースト・サイド
MAP 付録P.11 E-4

1888年創業、有名人も多く訪れる古き良きデリカテッセン。メニューはボリューム満点で、昼間は長蛇の列ができていることが多い。朝か深夜に行くのがおすすめ。

☎212-254-2246 ✇Ⓜ F線2 Av駅から徒歩3分 🚇205 E Houston St. 🕐8:00～23:00(金曜、土・日曜は24時間営業) 🚫無休 💳

↪レトロなアメリカンの内装が魅力的

➡キュウリのピクルスが付き、2種類の味を一緒に楽しめるコンボズアズアルーベン $31.95。おすすめはパストラミとコーンビーフ

↑とろけるアメリカンチーズが入ったホットサンドイッチ、フィリーチーズステーキオンクラブ $22.95

➡グレービーソースでゆっくりローストしたブリスケットサンドイッチ、カッツブリスケットオブビーフ $27.95

忙しいニューヨーカーの味方
具だくさんの**スープ・スタンド**

街に点在する温かなスープ・スタンド。食材がたっぷり入っているので小腹がすいたときに活躍しそう。

行列ができるスープ専門店
オリジナル・スープ・キッチン
Original Soup Kitchen
ミッドタウン・ウエスト **MAP** 付録P.14 B-1

時間をかけて作るスープの味は安定しており常に高評価。チェーン店だが、どのショップにも行列ができるほどで、ランチタイムなどは覚悟して並ぼう。

☎212-956-0900 ✇Ⓜ N・Q・R・W線57 St-7 Av駅から徒歩3分 🚇259A W. 55th St. 🕐11:00～20:00(日曜は～19:00) 🚫無休 💳

➡コンパクトなスタンドにアツアツのスープが並ぶ

クラムチャウダー(上)
$7
クリーミーな海鮮スープは定番の人気スープ

ロブスター・ビスク(下) $10
メイン州産の最上級ロブスターを惜しげなく投入した濃厚なスープ

SWEET ENCOUNTER LIKE A JEWEL

スイーツ&カフェ

一度は食べたい! 至福のご褒美

Contents

豪華なティーサロンで優雅に過ごす午後のひととき

ホテルで楽しむアフタヌーンティー **2**店

高級感あふれるフロアと、贅を尽くした食器やインテリアに包まれながらのティータイム。
優雅な空間に香る紅茶と、ていねいに作られたスイーツは特別な旅を演出してくれる。

豪華絢爛な空間でティータイム

グランド・サロン

Grand Salon

ミッドタウン・ウエスト **MAP** 付録P.15 D-2

フランスのバカラ社がプロデュースする、ゴージャスなホテルの2階にある優雅なティーサロン。フランスの老舗紅茶ブランド、マリアージュフレール社と提携し、香り高い紅茶が楽しめるアフタヌーンティーは毎日12〜17時に提供される。

☎212-790-8867 Ⓜ E・M線5 Av/53 St駅から徒歩2分 🏠28 W. 53rd St. Ⓗバカラ・ホテル内 🕐7:00〜23:00(日曜は〜22:00) 🚫無休 💳

↑洗練された店内。紳士が集うバーも併設されている

↑インテリアはバカラグラスやシャンデリアで彩られている

季節により異なるケーキやフルーツなどが美しく盛り付けられている

アフタヌーンティー

$85(1名)

小さくてかわいらしいケーキやお菓子が3段トレーに並べられた華やかなセット。バカラ社特製のブレンドティーが含まれる

$14

スコーン

➡サクサクとした食感のプレーンスコーンは紅茶と相性抜群

アート

エンターテインメント

グルメ

スイーツ＆カフェ

ショッピング

歩いて楽しむ

ホテル

ホテルの専属パティシエが作るケーキは風味はもちろんデザインもおしゃれ

⬆ひときわ目立つ豪華なシャンデリアがお出迎え

賛を尽くしたサロンの内装は圧巻
パーム・コート
The Palm Court
ミッドタウン・ウエスト **MAP** 付録P.9 D-2

プラザ合意の会場にもなった豪華なプラザホテルにあるティーサロン。アフタヌーンティーは、毎日10時30分〜16時の間に提供している。アップタウンに近く、休日のブランチをリラックスして過ごすセレブなニューヨーカーが多く利用している。

☎212-759-3000 ❌Ⓜ N・R・W線5 Av/59 St駅から徒歩5分 🏠768 5th Ave. Ⓗプラザホテル隣接 🕐6:30〜23:00 休無休 📠

アフタヌーンティー
$120（1名）
サンドイッチ、スコーン、セイボリー系、ケーキ類の大満足のセット。ブランチにはシャンパンに変更も可能（料金別途）

⬇写真映えするかわいらしいティーカップ

ベルガモット・ティー
⬆セットの紅茶は数種類から選べる。気品と落ち着きのある香りのベルガモットが人気

シナモン・スピン
⬆セットのセイボリーとして味わえるシナモン・スピン（季節により異なる）

紅茶みやげが購入できる街の専門店

新しいお茶の文化を世界へ発信
ベロック・ティー・アトリエ
Bellocq Tea Atelier
グリーンポイント **MAP** 付録P.25 A-2

3人のクリエイター集団によるティーブランド。オーガニック茶葉やスパイスを使ったブレンドティーが人気。

☎800-495-5416 ❌Ⓜ G線Greenpoint Av駅から徒歩5分 🏠104 West St. 🕐12:00〜18:00（金・土曜は〜19:00）休無休 📠 エロー缶

⬆厳選した茶葉を使用したアールグレイ $15

⬆店内の雰囲気に気に調和するイ

⬆店内では紅茶の飲み比べもできる

地元生まれの高級紅茶ブランド
ハーニー＆サンズ
Harney&Sons
ソーホー **MAP** 付録P.21 D-3

世界中から取り寄せた最高級の茶葉を使い、斬新な創作茶を発表。店内で試飲ができ、奥にはカフェも併設。

☎212-933-4853 ❌Ⓜ4・6線Spring St駅から徒歩3分 🏠433 Broome St. 🕐11:30（土曜10:30）〜18:30 休無休 📠

カラフル&キュートな**カップケーキ**が人気

ドラマのヒロイン気分でいただきます!

ドラマ『Sex and the City』で、主人公がカップケーキを食べるシーンが話題となり、街を代表するスイーツに。アイシングは店ごとに個性あふれるデザインで迷ってしまうほど!

グラデュエーション
チョコレートのバタークリームとスプリンクルでデコレーション。$5.15

ドラマで一躍有名になった人気店
マグノリア・ベーカリー
Magnolia Bakery

アッパー・ウエスト・サイド MAP 付録P8 B-1

ドラマ『Sex and the City』に登場するニューヨーク生まれの店。豊富な種類の色とりどりのカップケーキが揃い、甘くて濃厚なトラディショナルな味わい。

☎212-724-8101 Ⓜ1線66 St-Lincoln Center駅から徒歩4分 🏠200 Columbus Ave. 🕐8:00～22:00(金・土曜は～23:00) 休無休

キャロット
ニンジン入りのカップケーキに、クリームチーズとウォールナッツをトッピング。$5.15

↪奥には広めのテーブルエリアを設けている

アメリカの各メディアが賞賛
モリーズ・カップケーキ
Molly's Cupcakes
ソーホー MAP 付録P.20 B-1

シカゴ、アイオワ、シンシナティなど全米に広がるカップケーキ店。さまざまなメディアで「最高のカップケーキ」と絶賛されてきた。オレオ好きにはたまらないオレオカップケーキが看板メニューで人気。

☎212-414-2253 ⓂA・B・C・D・E・F・M線West 4 St-Washington Sq駅から徒歩2分 🏠228 Bleecker St. 🕐10:00～21:00 休無休

↑本棚には自由に読むことができる書籍も充実

クレームブリュレ
クリームがバニラスポンジに包まれたクラシックタイプのクレームブリュレ $3.90

サモア
バニラのスポンジにチョコレートガナッシュ、キャラメルバタークリームをのせて。$3.90

カウンターの椅子はブランコになっており独創的なデザイン

↑茶色の外観が目印のシンプルな装いとなっている

ソルティキャラメル
ザラザラとした甘いバタークリームがたっぷりトッピング。$5.10

キャロット
生地に千切りのキャロットが練り込まれ、少しざらっとした舌ざわりのクリームが中に入っている。$5.10

レモンブルーベリー
ブルーベリー入りのふんわりとやわらかく焼き上げられた甘さ控えめのカップケーキ。$5.35

西海岸発のカップケーキ専門店

スプリンクルズ
Sprinkles

アッパーイーストサイド **MAP** 付録P.9 E-2
ビバリーヒルズ生まれの、カラフルなカップケーキ専門店。ソルティキャラメルやバニラ、ストロベリー味などが人気。ヴィーガン向けやグルテンフリー、ミニサイズなど、健康志向の女性が喜ぶカップケーキもある。

☎ 212-207-8375 Ⓜ N・R・W線 Lexington Av／59 st駅から徒歩1分 ⑪780 Lexington Ave. ⏰10:00～20:00(木～土曜は～21:00) ⑭無休 🍴

↑店内にイートインスペースはないが、ターミナル駅の近くにあるので人が絶えない

繊細な口当たりが上品

リトル・カップケーキ・ベイクショップ
Little Cupcake Bakeshop

ソーホー **MAP** 付録P.21 E-2
『Food＆Wine』マガジンで、全米ナンバーワンのカップケーキとチョコレートケーキに、それぞれ選ばれた店。カップケーキのケーキは、キメが細かくしっとり。

☎ 212-941-9100 Ⓜ R・W線 Prince St駅から徒歩3分 ⑪30 Prince St. ⏰8:00～23:00 ⑭無休 🍴

↑地元の女性に大好評。常に賑わっている店内

レッドベルベット
鮮やかなカラーとしっとりとした生地が◎。$4.75

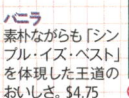

バニラ
素朴ながらも「シンプル・イズ・ベスト」を体現した王道のおいしさ。$4.75

↑なめらかなチーズケーキも注文してみたい

かわいいデザインと素材にこだわる王道スイーツ

甘くてふわふわ！ドーナツにひとめぼれ

ふんわり軽くてやわらかなイーストタイプや、ずっしりとしたケーキタイプなど、
ドーナツ専門店の趣向を凝らした味を楽しんで。

ふわっとカラフルなドーナツが揃う
ザ・ドーナツ・パブ
The Donut Pub
ウェスト・ビレッジ **MAP** 付録P.18 A-2

1964年創業。名物はしっとりとやわらかくふわふわの口当たりのクロワッサンドーナツ。バラエティ豊かな味が多く、アメリカの甘さを体験したければこの店のドーナツがおすすめ。ドーナツはすべてナッツフリーで、ナッツアレルギーのある人にも最適。
☎646-398-7007 ⊗Ⓜ1・2・3・F・M線14 St駅から徒歩1分 ㊞203 W 14th St. ㉔時間営業 ㊡無休 🍴

ストロベリー クロワッサンドーナツ
Strawberry Croissant Donut
トッピングされているざらっとした舌ざわりのストロベリークリームが絶妙。$5

スモアズ クロワッサンドーナツ
S'mores Croissant Donut
焼いたマシュマロをチョコレートと一緒にクラッカーやビスケットで挟んだお菓子、スモアズをモデルに作られている。$5

🔼創業以来変わらぬスタイルで続けている

🔼ソーダファウンテンのような古き良き店内

カプチーノ クロワッサンドーナツ
Cappuccino Croissant Donut
カプチーノクリームがたっぷりのったガツンとした甘さが特徴的。$5

トリプルチョコレート
Triple Chocolate
チョコレート好きには最強のドーナツ。$3.5

ココナッツキャラメルクッキー
Coconut Caramel Cookie
ココナッツとキャラメル味の甘くてふわふわやわらかいドーナツ。$3.5

🔽おやつの時間には店内で行列ができることも

植物由来の原料で作られたドーナツ
ダンウェル・ドーナツ
Dun-Well Doughnuts
ブルックリン **MAP** 付録P.25 C-3

2011年創業、ブルックリン発の手作りドーナツの店。原料はすべて植物由来で、毎日手作りで作られている。Brooklyn Roasting Companyと提携しコーヒーもおいしい。
☎347-294-0871 ⊗ⓂL線Montrose Av駅から徒歩1分 ㊞222 Montrose Ave ⊗8:00〜18:00 ㊡無休

🔽閑静な住宅街にたたずむおしゃれな外観

クラシックPB&J
Classic PB&J
イチゴジャムがたっぷり入った甘くてふわふわやわらかい食感を楽しめる。$4

60年以上愛される老舗ドーナツ店

ピーターパン・ドーナツ&ペストリー・ショップ

Peter Pan Donut & Pastry Shop
グリーンポイント **MAP** 付録P.25 B-2

創業当時から変わらないレシピで地元客に愛されるアットホームな店。昔ながらの手作りドーナツは、シンプルな定番から派手なデコレーションを施したものまで種類豊富。古き良きアメリカを感じさせる雰囲気も心地よい。

☎718-389-3676 🚇 Ｇ線 Nassau Av 駅から徒歩4分 🏠727 Manhattan Ave. ⏰4:30(土曜5:00、日曜 5:30)〜18:00(木〜土曜 19:00) 🈺無休

↑明るい店内にはいつも行列ができるほどの人気。見た目はシンプルだが味わいは絶品と地元で話題に

シュガー・ジェリー
Sugar Jelly
やわらかなドーナツ生地にストロベリージャムを入れて。$1.95

ハニー・ディップ
HoneyDip
王道のシュガーアイシング。ふわふわの食感がたまらない！$1.95

ツイスト
Twist
シュガーがかかった定番の味。モチモチの生地が◎。$1.95

↑入口のかわいらしいお店のロゴが目印

ふわふわやわらか系の先駆者

ドウ・ドーナツ

Dough Doughnuts
ミッドタウン・ウエスト **MAP** 付録P.14 C-3

2010年にブルックリン店からスタートし、近年のニューヨークのドーナツブームを先取りした大きくて甘いドーナツが特徴。マンハッタンに3店舗があるほか、フードコートやフリーマーケットにも出店している。

☎212-597-4536 🚇 Ｂ・Ｄ・Ｆ・Ｍ線 47-51 Sts Rockfeller Center 駅から徒歩3分 🏠10 Rockfeller Center ⏰8:00(土・日曜9:00)〜19:00(日曜は〜18:00) ※売り切れ次第閉店 🈺無休 💳

↑シティ・キッチン内にある定番スイーツ店

チョコレート・ピーナツバター
Chocolate Peanut Butter
ポップコーンとチョコレートのコラボレーション。$5.65

チーズケーキ
Cheese Cake
チーズケーキ好きはマストアイテムの濃厚な味わい。$5.65

ドーナツ専門店の王道

ドーナツ・プラント

Doughnut Plant
ロウアー・イースト・サイド
MAP 付録P.13 D-1

1994年創業のドーナツ店。バラの形をしたドーナツや、プライド月間限定のレインボー色のドーナツなど、いつも斬新な発想で驚かせてくれる。ドーナツの絵が施されたチェアもかわいくてインスタ映えしそう！

☎212-505-3700 🚇 Ｆ線 Delancey St 駅から徒歩5分 🏠379 Grand St. ⏰7:00〜21:00 🈺無休 💳

クレームブリュレ
Creme brulee
外側はキャラメライズしてカリッと、中はやわらか。$4.75

プライド・ドーナツ
Pride Doughnut
6月のプライド月間を記念した期間限定ドーナツ。$5.25

↑マンハッタンの中心にある

アート
エンターテインメント
グルメ
スイーツ&カフェ
ショッピング
歩いて楽しむ
ホテル

個性豊かなフレーバーを選べば写真映え間違いなし!

みんな大好き! ひんやりアイスクリーム⑤店

新感覚フレーバーが味わえる店や厳選素材を使用した店など話題のアイスクリーム専門店。
インスタ映えするポップなビジュアルは、見ているだけで楽しくなっちゃう!

↑アース・グリーンは
抹茶風味のシェイク
(上)。香りのよいアール
グレイのアイスク
リームをカップで(下)

プラネット・アース
Planet Earth
ヴィーガンのプラネット・アースは本物の地球のようなデザイン
$10.90

自然素材を使ったヘルシーな味
ヴァン・ルーヴェン・
アーティザン・アイス・クリーム
Van Leeuwen Artisan Ice Cream
ウィリアムズバーグ **MAP** 付録P.28 A-2
アイスクリームトラックから始まり、現在は
多数の店舗を構える人気店に成長。厳選した
天然素材と伝統の技にこだわった手作りアイ
スクリームは、上品でやさしい味わい。動物
性の原料を使わないヴィーガン・アイスもあ
り、健康志向のニューヨーカーに好評。
☎929-337-6907 ❻Ⓜ L線Bedford Av駅から徒歩6
分 ➔204 Wythe Ave. 🕙11:00〜24:00(金・土曜は〜
翌1:00) 🅱無休

↑雑貨店のようなかわいい店内

バターピーカン **$8**
Butter Pecan
あっさりとした味わい
のアイスクリームを1
スクープでたくさんの
せてくれる

ダンボ散歩の休憩で寄りたい人気アイス
ブルックリン・
アイス・クリーム・ファクトリー
Brooklyn Ice Cream Factory
ブルックリン ダンボ **MAP** 付録P.26 A-2
ブルックリン橋の近くにあるアイスクリー
ム店。2001年の創業以来、観光客から多く
の人気を集める。卵とグルテンを含まない、
天然素材のみ使用している。バニラ、チョ
コレート、ストロベリー、コーヒー味など
8種類に季節のフレーバーが揃っている。
☎718-522-5211 ❻Ⓜ A・C線High St駅から徒
歩7分 ➔14 Old Fulton St. 🕙12:00〜22:00
🅱無休 🍴

←バー&レストラン
も併設している

↑ブルックリン橋を眺められる屋外スペース

アート

エンターテインメント

グルメ

スイーツ&カフェ

ショッピング

歩いて楽しむ

ホテル

珍しいフレーバーの数々に注目

モーゲンスターンズ・ファイネスト・アイス・クリーム

Morgenstern's Finest Ice Cream

グリニッチ・ビレッジ **MAP** 付録P.21 E-2

卵を使わず、上質な素材だけで作られるアイスクリームは、リッチでコクのある味わい。バニラやチョコレートといった定番から、バナナカレーなどの変わったものまで、オーナーが独自に考案した個性的なフレーバーが話題を集める。

☎ 212-209-7684 Ⓜ J・Z線Bowery St駅から徒歩3分 📍88 W Houston St. 🕐12:00～23:00(金・土曜は～24:00) 休無休 💳

➡サンデー各種 $10～

3ディップ $9.99
3 dip
3種類の好きなフレーバーを選んでコーンで。おすすめは真ん中のブラッド・オレンジ

⬆まるで北欧のような雰囲気の店

⬆白を基調とした店内は洗練された空間

⬆アイスクリームのドルチェはフランス料理のデザートほどのレベルの高さ(季節により異なる)

ブラック・セサミ
Black Sesami
黒ゴマのクランチトッピングのブラック・セサミはシナモン・チュロス・コーンで

日本人が作る繊細なスイーツ

デザート・クラブ・チカリシャス

Dessert Club ChikaLicious

イースト・ビレッジ **MAP** 付録P.19 F-3

日本人パティシエが手がけるデザート専門店。$26でデザートの3コースが楽しめる(+$13でワインのペアリングも可)。どれも日本人ならではの細やかなセンスを感じさせる。

☎ 212-691-2426 Ⓜ6線Astor Pl駅から徒歩6分 📍203 E. 10th St. 🕐15:00～22:00(水曜は～21:30、日曜は～21:00) 休月・火曜 💳

⬆赤いファサードのおしゃれな外観

⬆目の前でデザートを仕上げてくれる

メディアから絶賛されるアイス

デイビーズ・アイスクリーム

Davey's Ice Cream

イースト・ビレッジ **MAP** 付録P.19 F-3

ザガットやビレッジボイスなどに「ベストアイスクリーム」と評されたアイスクリーム専門店。ニューヨーク州の乳製品工場から仕入れた高品質の天然ミルクとクリームのみを使用しているとされ、甘すぎないアイスクリームでペロリと食べられる。

☎ 212-228-2248 Ⓜ4・6線Astor Pl駅／L線1 Av駅から徒歩6分 📍309 E 9th St. 🕐13:00～23:00(金・土曜は～24:00) 休無休 💳

⬆ベーク仕立ての新鮮なチョコチップクッキーでアイスクリームをサンドしたアイスクリームサンドイッチ $11.75

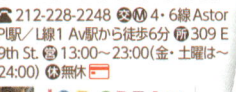

⬆カラフルかつ装飾も飾られ、ポップな装いとなっている

クッキークリーム
Cookies & Cream
甘すぎないやさしい味わいが感じられる。写真はシングル

$6.85

濃厚な味わいとオールドアメリカンを感じる絶品

老舗のニューヨークチーズケーキを堪能

ニューヨークチーズケーキは、古くからユダヤの人々に愛された伝統の味。
クリームチーズを多く使用したコク深い味わいが特徴で、地元客が通う老舗も点在。

手ごろなサイズがうれしい有名店
アイリーンズ・スペシャル・チーズケーキ
Eileen's Special Cheesecake
ノリータ **MAP**付録P.21 E-3

ガイドブックやグルメサイトでトップに選ばれるチーズケーキ専門店。オーナーのアイリーン氏は、1976年から同じ味を提供。母親直伝の家庭的スタイルは、甘すぎず、濃すぎず、サイズも1人分としてちょうどよく何度でも食べたくなる。
☎212-966-5585 ✕Ⓜ4・6線Spring St駅から徒歩1分 ㊟17 Cleveland Pl. ☎11:00～19:00(金・土曜は～20:00) ㊡無休

ベルベットやチョコレートなどケーキのバリエーションが豊富

チーノリ
Cheenoli
チョコレートソースがたっぷりかかった人気のチーズケーキ

$6

ストロベリー
Strawberry
甘酸っぱいストロベリーと濃厚なチーズが相性抜群

$6

プレーン
Plane
ニューヨークチーズケーキといえばこれ、という王道の味

$6

⬆有名店だけあって連日賑わう

⬆アットホームな店

$9.75

ストロベリー・チーズケーキ
Strawberry cheesecake
新鮮なイチゴとさくさくクラムの取り合わせで「世界一素敵なケーキ」と評される

⤵ストロベリー・チーズケーキはホールで持ち帰る人も多いとか

さまざまな種類のチーズケーキが並ぶショーケースは圧巻！

⮕明るい店内には開店当時の繁栄ぶりが今も漂う

歴史あるダイナーの味
ジュニアズ
Junior's
ダウンタウン **MAP**付録P27 E-4

創業1950年のダイナー。チーズケーキはニューヨークトップといわれる名物。秘伝のレシピは初期から不変で、もっちりした食感とほんのり酸味が残るさわやかさが特徴。フルーツトッピングもおすすめ。
☎718-852-5257 ✕Ⓜ B・Q・R線DeKalb Av駅から徒歩1分 ㊟386 Flatbush Ave. ☎7:00～24:00 ㊡無休

自由でクリエイティブな発想から生まれた掛け算グルメ

ハイブリッド系スイーツから目が離せない！

異なる種類の食材を掛け合わせた新感覚のスイーツは、新しいものが大好きなニューヨーカーも注目。驚きの初体験メニューに挑戦したい。

B $1.50
カップケーキ×マカロン
＝カップカロン
ミニマムなサイズのカップケーキにサクサクマカロンをプラス

D $12.99
クッキー生地×トッピング
＝コールドクッキー
クッキー生地を冷やしてトッピングを混ぜた新しいスイーツ

A $7.50
クロワッサン×ドーナツ
＝クロナッツ
クロワッサン風の生地を揚げたハイブリッド系の火付け役として話題に

A $8
アイスクリーム×スモア
＝フローズンスモア
アイスの入ったマシュマロにバーナーで焦げ目をつけてくれる

A $5.75
クッキー×ミルク
＝クッキーショット
クッキー生地の中に温かいミルクを入れた新商品。15時から販売

C $8.73
たい焼き×ソフトクリーム
＝たいソフト
たい焼きの口にソフトクリームを詰め込んだ斬新なデザート

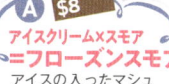

A ヒット商品が多数
ドミニク・アンセル・ベーカリー
Dominique Ansel Bakery
ソーホー **MAP** 付録P.20 C-3
斬新なスイーツを続々と考案するベーカリー。クロナッツは日本でも話題に。
☎212-219-2773 ⊗Ⓜ C・E線 Spring St駅から徒歩1分 ⌂189 Spring St. ⓣ8:00〜19:00(季節により変動あり) ⓗ無休 💳

B 超ミニカップケーキ
ベイクド・バイ・メリッサ
Baked by Melissa
ミッドタウン・ウエスト **MAP** 付録P.9 E-2
一口サイズのカップケーキが人気。小さくてカラフルなケーキは宝石のよう。
☎212-842-0220 ⊗Ⓜ N・R・W線5 Av／59 St駅から徒歩8分 ⌂784 Lexington Ave ⓣ9:00〜20:00 ⓗ無休

C たい焼の進化系
タイヤキNYC
Taiyaki NYC
ノリータ **MAP** 付録P.21 E-4
チャイナタウンにあるアイスクリーム店。たい焼型のコーンに入ったアイスはインスタ映え抜群。
☎212-966-2882 ⊗Ⓜ J・Z線 Canal St駅から徒歩3分 ⌂119 Baxter St. ⓣ12:00(金〜日曜11:00)〜22:00 ⓗ無休

D 生のクッキーに衝撃
クッキー・ドゥー
Cookie Do
チェルシー **MAP** 付録P.14 B-3
焼く前のクッキー生地をそのまま食べる驚きのスイーツ。今までに味わったことのない独特の食感。
☎646-861-1912 ⊗Ⓜ N・R・W線49 St駅から徒歩1分 ⌂732 7th Ave ⓣ12:00〜22:00(木〜土曜は〜23:00) ⓗ無休 💳

オリジナリティあふれる素敵な空間でひと休み

居心地のよい**おしゃれカフェ**で過ごす

朝食やデスクワーク、友達との会話を楽しんだり、思い思いの時間が流れるカフェ。
1杯ずつ丁寧に淹れたコーヒーや、鮮やかなビバレッジなどドリンクと一緒にリラックス。

天井から光が入る明るい店内は心地よい雰囲気

コロンビア出身なんだ！豆のことは任せて

コロンビア産の新鮮なコーヒーを提供

デヴォーション

Devocion

ウィリアムズバーグ **MAP** 付録P.28 A-3

コロンビアの山奥にあるコーヒー農園で収穫された完熟の豆を最短距離でブルックリンまで運び、最高の焙煎をかけて提供。広々とした店内には独自のロースタリーが稼働する。フェアトレードに賛同するブルックリナーたちが、長い列を作ることも。

☎718-285-6180 Ⓜ Ⓜ L線Bedford Av駅から徒歩10分 🏠
69 Grand St. 🕗8:00～19:00 休無休 💳

🥗野菜ローストのペストリーは色鮮やか$6.25

⬇マキアート$4.50は焙煎したてのコーヒー豆を使用し、香りもしっかり感じられる

Good Taste!

🥜自家製グラノラ・バーは朝食にぴったり。$6.25

壁にはアリスのイラストや衣装が飾られている

テーマは不思議の国のアリス

アリスズ・ティー・カップ

Alice's Tea Cup

アッパー・ウェストサイド **MAP** 付録P.6 B-4

ランチ、ブランチ、スコーンやケーキなどの軽食、ボリュームのあるアメリカサイズのアフタヌーンティーに数百種類のお茶を提供。壁には絵やドレスが飾られ、昔の木製の織り機などがテーブルに使われたコージーな雰囲気のティーハウスは不思議の国のアリス好きにはたまらない。市内に3店舗ある。

☎212-799-3006 Ⓜ Ⓜ A・B・C線72 St駅から徒歩4分 🏠102 W 73rd St. 🕚11:00(土・日曜10:00)～18:00 休無休 💳

⬆お茶とスコーンのセット$18。お茶を3杯分選ぶことができる(写真はジャスミンパールティー)

Good Taste!

⬆日替わりで数種類から2個選べるスコーン。バターとジャムと生クリームがサイドに付く(写真はハム＆チーズ、マンゴーのスコーン)

落ち着いた雰囲気のヨーロッパスタイルのカフェ

⬆店内のインテリアや飾られている絵画から、も歴史を感じられる

⬅本場のカプチーノ$5(左)とコーヒーのおともに食べたいシュークリームに似たイタリアのデザートプロフィトロール$5(右)

アート
エンターテインメント
グルメ
スイーツ&カフェ
ショッピング
歩いて楽しむ
ホテル

アメリカ初のカプチーノが味わえる

カフェ・レッジオ
Caffe Reggio

グリニッチ・ビレッジ **MAP**付録P.20 B-1

1927年オープンのアメリカ初の伝統的なイタリアンカフェで、カプチーノをこの国で初めて紹介した店。1974年の名作『ゴッドファーザー2』にも登場している。夜にはビールやワインも楽しめる。

☎212-475-9557 🚊MA・B・C・D・E・F・M線W 4 St-Wash Sq駅から徒歩2分 🏠119 MacDougal St. 🕐9:00～翌3:00(金・土曜は～翌4:30) 🈂無休

入口からすぐにコーヒーの注文が行える

⬆砂糖のアイシングの甘さとレモンの爽やかな甘酸っぱさが後を引くレモンローフ$4

➡コーヒー豆本来の旨みと香りが引き出されたコールドブリュー$4.5

サードウェーブブームを牽引するカフェ

ヴァラエティ・コーヒー・ロースターズ
Variety Coffee Roasters

アッパー・イーストサイド **MAP**付録P.7 E-3

2008年にブルックリンのウィリアムズバーグで創業したカフェで、アメリカ発サードウェーブコーヒー・トレンドを牽引する店のひとつ。毎日ブルックリンの店舗で自家焙煎していて新鮮なコーヒーを味わえる。

☎212-289-2104 🚊M 4・5・6線86 St駅から徒歩すぐ 🏠1269 Lexington Ave 🕐7:00～21:00 🈂無休

北欧風ベーカリーでひと休み

バケリ
Bakeri

ウィリアムズバーグ **MAP**付録P.28 A-2

2009年にブルックリンで創業した北欧風ベーカリー。「パンを焼くことがなによりも楽しい」女性スタッフを中心にグリーンポイントの工房で少量生産。製造工程が併設のオープンカフェからよく見える。

⬆見た目も華やかなローズブレッド$6

⬇ふわふわのシナモンロール$5.50

☎718-388-8037 🚊M L線Bedford Av駅から徒歩10分 🏠150 Wythe Av. 🕐7:00(土・日曜8:00)～18:00 🈂無休

エレガントな花柄の店内は穏やかな空間を演出する

⬆スプリンクルズ入りのカラフルで可愛いファンフェッティクッキー$6

⬇ラベンダー、バーブルウベに牛乳を加えたパープルドリンク$7

店内はウッド調、入口はレンガに囲まれた趣のある店構え

抹茶ブームを先導するカフェ

チャ・チャ・マッチャ
Cha Cha Matcha

ダンボ **MAP**付録P.26 B-2

近年の健康ブーム&抹茶ブームを先導する人気の抹茶カフェ。抹茶ラテや抹茶レモネードほか、スムージーやカプチーノ、コールドブリューもある。2016年のオープン以来、市内に7店舗ほか、ロサンゼルスにも店がある。

☎なし 🚊M F線York S駅から徒歩8分 🏠55 Water St. 🕐7:00(土・日曜8:00)～19:00 🈂無休

バリスタがていねいに淹れる最高の一杯を楽しむ

進化する**サードウェーブコーヒー**の店

味わいはもちろん、豆の生産地や環境への配慮を大切にするコーヒーチェーン。
ロースター設置店やクラフトスタイルなど、高いレベルを追求し続ける店をご紹介。

選び抜いた生豆を店内で焙煎
スターバックス・リザーブ・ロースタリー
Starbucks Reserve Roastery
チェルシー **MAP** 付録P.10 B-3

3フロアからなる巨大空間は、まるでコーヒーのテーマパーク。店内で焙煎工程を見学できるほか、最高品質のコーヒーが味わえる。

☎212-691-0531 Ⓜ1・2・3・A・C・E線14 St駅から徒歩4分 🏠61 9th Ave. 🕐7:00(土・日曜8:00)〜22:00(金・土曜は〜23:00) 🅿無休 💳

⤵⤴バリスタが淹れるラテ$6.00にシナモンロール$8.00を合わせて

サードウェーブの代表格
ブルー・ボトル・コーヒー
Blue Bottle Coffee
ミッドタウン・ウエスト **MAP** 付録P.15 D-3

2002年にカリフォルニアで創業。厳選した豆を店内で焙煎し、注文を受けてから1杯ずつ抽出するハンドドリップコーヒーが自慢。

☎510-653-3394 Ⓜ B・D・F・M線42 St-Bryant Park駅から徒歩3分 🏠54 W. 40th St. 🕐6:30(土・日曜7:00)〜19:00 🅿無休 💳

⤴バーカウンターでは1杯ずつ抽出する様子が見られる
⤵大流行のコールドブリュー$6.50はしっかりとしたコクを感じる

⤴アイスラテ$5は瓶のようなグラスで提供
⤵バーの横にはカウンター席がある

最高の味をシンプルに追求
ナインス・ストリート・エスプレッソ
Ninth Street Espresso
イースト・ビレッジ **MAP** 付録P.11 F-3

シンプルなスタイルで品質重視のコーヒーを提供。独自に開発した豆を使ったエスプレッソが人気。

☎なし Ⓜ L線 1 Av駅から徒歩13分 🏠700 E. 9th St. 🕐7:00〜19:00 🅿無休 💳

サードウェーブコーヒー

アメリカのコーヒー文化にはこれまでに3つの波があり、第1の大量消費時代、第2のシアトル系カフェ全盛時代を経て、現在はニューヨーク発祥とされるサードウェーブの時代へ。豆の品質や生産地、焙煎方法などにこだわり、職人がハンドドリップでていねいに淹れるのが特徴。最近は独自のロースターを導入する店も増加中。

⤵注文を受けてからバリスタが1杯ずつ抽出

●こちらもチェック
スタンプタウン・コーヒー・ロースターズ
Stumptown Coffee Roasters
チェルシー **MAP** 付録P.10 C-1

カウンター・カルチャー・コーヒー
Counter Culture Coffee
ノリータ **MAP** 付録P21 E-3

FIND YOUR FAVORITE ITEMS AND SOUVENIRS !

ショッピング

ニューヨークメイドを選びたい

Contents

旅の思い出を手に入れる 欲しいものであふれるニューヨーク!

洗練されたハイブランドやニューヨークモチーフの雑貨、食みやげなど、魅力あふれる商品が並ぶ街なかのショップ。ルールやお得な情報を確認して、ニューヨーカー気分で買い物しよう。

基本情報

ショッピングエリアの特徴を知る

ニューヨークでの買い物は、個性豊かなエリアの雰囲気やテイストに合わせた品揃えに注目したい。5番街は、世界に誇る高級ブランド街で、アメリカを代表するデパートや高級店が集中している。ソーホーは流行最先端のショップが集まり、話題の地区であるブルックリンには、セレクトショップやニューヨークメイドの商品が豊富。ハドソン・ヤーズなど、大型施設内のショッピングセンターも連日賑わいをみせている。

ビジネスアワーは?

ショップは10～19時、デパートや大型施設内は20時頃までが目安。タイムズ・スクエアに面したショップは深夜まで営業している店も。日曜は早めに閉店することが多い。

クレジットカードは必須アイテム

多くの店でクレジットカードが使用可能。逆に現金が使えない店もあるのでカードは必携。小銭で支払うことはほとんどない。小銭の受け渡しの際は、カウンターに置いて店員に取らせることは失礼にあたるので必ず手渡しで。

気軽に返品や差額返金できる

買い物したあとにサイズが異なる、汚れがあるなどはもちろん、気に入らない場合でも返品が可能。購入時のレシートが必要になるので必ず保管しよう。商品タグは切らないこと。

eレシート取り扱い店が増加

ペーパーレス化が進んでいるニューヨークでは、レシート発行をせずにメールでデータ化されたレシートを受け取るeレシートを導入している店もある。会計時にレシートの要・不要を聞かれることもあるので覚えておきたい。

アルコールを購入するなら

深夜0～8時の間、アルコールの販売は禁止されているので注意したい。購入時、パスポートの提示を求められることもあるので持参するのがベスト。

$110以下の衣料品は非課税

ニューヨークでは$110以下で購入できる衣服や靴などの衣料品は非課税。1つの商品が$110以下であれば何個購入しても非課税なので、商品の選び方を工夫すれば賢く買い物ができる。

店頭のPOPを正しく読み取る

店頭のPOPには、デイリーで変わるセール情報や割引率、まとめ買い情報などが表示されている。「Buy3 Get1」は3個購入するともう1個プレゼント、「$5=2」は通常価格が$3の商品の場合、2個購入すると$5に割引になるという意味。店内をまわる際は意識して見てみよう。

ニューヨーク限定商品を探す

ニューヨークで創業したブランドのコーチ(→P.135)、アバクロンビー＆フィッチ(→P.136)、ケイト・スペード・ニューヨーク(→P.40)では、ご当地限定デザインの商品を取り扱っている。珍しいデザインも多いのでチェック。

ギフトラッピングはセルフで

ニューヨークでは、デパートやショップでのギフトラッピングをほとんど行わない。クリスマスなどもホリデーデザインのバッグに入れるのみとシンプル。日本のデパートで行うような包み紙もなかなか見かけないので、ギフトにする場合は自身でギフトボックスやラッピング資材を購入する。

コンビニを活用する

食品やコスメなどのバラマキみやげ探しはもちろん、ニューヨーク滞在中に使用する歯ブラシやケアアイテム、水やお菓子などを購入できる。困ったらデュアン・リード(→P.148)などを利用したい。

サイズ換算表

服(レディス)		服(メンズ)	
日本	ニューヨーク	日本	ニューヨーク
5 XS	0-2	―	―
7 S	4	S	34
9 M	6	M	36
11 L	8	L	38
13 LL	10	LL	40
15 3L	12	3L	42

パンツ(レディス)		パンツ(メンズ)	
日本(cm)	ニューヨーク	日本(cm)	ニューヨーク
58-61	23	68-71	27
61-64	24	71-76	28-29
64-67	25	76-84	30-31
67-70	26-27	84-94	32-33
70-73	28-29	94-104	34-35
73-76	30	―	―

靴(レディス/メンズ)	
日本	ニューヨーク
22	5/―
22.5	5.5/―
23	6/―
23.5	6.5/5.5
24	7/6
24.5	7.5/6.5
25	8/7
25.5	8.5/7.5
26	9/8
26.5	9.5/8.5
27	10/9
27.5	10.5/9.5
28	11/10
28.5	―/10.5
29	―/11

お得情報

バーゲンの時期は?

夏と冬の年2回あり、期間は7月4日の独立記念日前から8月中旬と、11月第4木曜の感謝祭翌日から正月までのホリデーシーズン。デパートでは50～80%割引でブランド品が購入できるなど、お得な期間を狙って買い物を楽しみたい。

デパートのビジター割引を利用

大型デパートでは、旅行客を対象に割引クーポンを発行している。メイシーズ(→P.139)では、インターナショナル・セービングカードを発行。セール品を含む大半の商品が10%オフで購入できる。 ブルーミングデールズ(→P.139)ではセービング・パスを発行。10%オフで買い物ができる。館内のビジターセンターを訪れたい。

オフプライスショップ

開店直後が狙い目の激安店

ハイブランドばかりで手が出ない場合、街のオフプライスショップを利用するのもいい。高級ブランドの衣料品や小物などが、定価から70～90%オフで購入できる(店により異なる)。午後になると客で賑わい、試着や会計も混雑する。開店直後や午前中に訪れると商品が豊富に揃っているうえゆっくり選びやすい。

●代表的なオフプライスショップ
センチュリー21
ロウアー・マンハッタン MAP 付録P.23 B-3
☎212-227-1202 Ⓜ R・W線 Cortlandt St駅から徒歩1分 🏠 22 Courtland St. 🕐 9:00～21:00(日曜は～20:00) 🚫 無休

ノードストローム・ラック
ユニオン・スクエア MAP 付録P.19 D-3
☎212-220-2080 Ⓜ 4・5・6・L・N・Q・R・W線 14 St-Union Sq駅から徒歩1分 🏠 60 E. 14th St. 🕐 10:00～21:00(月曜11:00～19:00) 🚫 無休

スーパーマーケット

入口でカートとカゴを入手

1つの商品が大きいのでカゴやカートを利用したい。商品を開封して食べたあと、棚に戻してしまう地元客もいるので、開封された商品は選ばないよう注意したい。

バルク売りで必要な分だけ購入

コーヒー豆やグラノラ、ナッツ、グミなどはバルクコーナーで。必要な量だけ購入でき無駄がない。専用の袋とタグに商品番号を記入し、好きな分だけ詰めるのみ。

おしゃれなエコバッグを選ぼう

ニューヨークではビニール製レジ袋の使用が禁止されており、必要な場合は紙袋を購入する。各スーパーマーケットでデザイン性の高いおしゃれなエコバッグを販売しているので、購入して旅の思い出にするのもおすすめ。

レジの支払い方法を確認!

レジでの精算は、スーパーマーケットでは各レーンに並ぶことが多いが、コンビニなどでは1列に並んで空いたところへ順番に進む。商品はカゴやカートから出して、一品一品ベルトコンベアに自分で並べる。最後に後ろの人の商品と区別するための専用バーを置く。レジ係が商品バーコードをスキャンし精算。商品はレジ係がショッピングバッグに入れてくれるので任せればOK。

●高品質を保証する認証マークに注目
エココンシャスなロコが商品や食材選びの基準としている認証マーク。高品質を保証するアイコンで、コスメや紅茶などを選ぶ際に参考にしたい。

USDA ORGANIC
アメリカ農務省の高い基準をクリアしたオーガニック商品

おすすめのみやげ

地元発祥のアパレル店、自由の女神やエンパイア・ステート・ビルのモチーフみやげ、素材にこだわったコスメや食品など、「これぞニューヨーク!」といえるアイテムを持ち帰りたい。

高級ブランド ▶P.134

ティファニーやコーチなど一流ブランドは品揃えも豊富。

ニューヨーク発祥店 ▶P.40

地元で創業したアパレルやスポーツブランドで限定アイテムを。

雑貨 ▶P.144

自由の女神などをモチーフにしたアイテムがインパクト大。

自然派コスメ ▶P.140

日本未上陸のオーガニックコスメなど、上質な素材の商品を。

ブランドチョコレート ▶P.142

ショコラティエが作る繊細なデザインのチョコレートが魅力。

食品 ▶P.146

スーパーマーケットや青空市の食材はバラマキみやげにぴったり。

ショッピングのマナー

まずはあいさつを

入店時は「Hi!」とスタッフに声をかけるのがマナー。買う側は「買い物を楽しみたい」という意思表示になり、店員からも不審に思われないので心がけたい。

高級品は勝手にさわらない

ブランド店やデパートでは高級品の取り扱いもあるので手に取ってよいか確認したい。試着する際もスタッフに声をかけてからしよう。

ニューヨークを代表するデパートや高級ブティックが並ぶ

ブランドストリート5番街でお買い物

マンハッタンでショッピングといえば誰もが思い浮かべる5番街。世界の流行最先端を結集したハイブランドが立ち並ぶセレブリティな通りをショップクルーズ。

5番街のなかでもティファニーの外観は多くの観光客が注目する撮影スポットとして有名

↑ヒュー・ダットンによるアートインスタレーション「ダイヤモンド スカイライト」が広がる

↑修理専門のサービスサポートチームがあり、修理やサイズ直しが可能

時を超えて愛される往年のブランド

ティファニー・ランドマーク

Tiffany & Co. - The Landmark
ミッドタウン・イースト **MAP** 付録P.15 D-1

改装期間を経て2023年にリニューアルオープンしグレードアップしたティファニー5番街本店。10フロアにティファニーの美しく優雅な世界観が広がる。本店だけの限定品を含むハイジュエリーからウェディングリングなど何でも揃っていて、芸術品として見るだけでも優雅な気持ちになれ、至福の時間を過ごせる。

☎ 212-755-8000 Ⓜ N・R・W線 5 Av/59 St駅から徒歩4分 🏠 727 5th Ave. 🕙 10:00〜20:00 日曜11:00〜19:00 休無休 💳

世界をリードするブランドの最新コレクションも陳列

大胆な柄とデザインが目を引くバッグが並ぶ

コーチ
Coach

ミッドタウン・イースト **MAP**付録P.15 D-2

2016年に5番街に誕生してから、世界の注目を集めるコーチのフラッグシップストア。入口から従来のデザインやコンセプトを塗り替える可能性を想像させる。2階はメンズ、3階はウィメンズ向けに、ブランドの創造的ビジョンを発揮したアイテムが並ぶ。革製品の修繕を行う工房もある。

☎ 212-758-2450 🚇 Ⓜ E・M線 5 Av/53 St駅から徒歩1分 🏠 685 5th Ave. 🕙 10:00～20:00 日曜11:00～18:00 🈺 無休 💳

↑従来の女性のイメージにとらわれず恐竜や宇宙をイメージしたデザインのバッグも斬新

↑定番のウォレットは5番街限定デザインに注目

↑1階には巨大な恐竜がたたずむ

3階のウィメンズフロア。ウェアやシューズ、アクセサリーなどが並び圧巻の品揃え

サイドタブ: アート / エンターテインメント / グルメ / スイーツ＆カフェ / ショッピング / 歩いて楽しむ / ホテル

※商品はイメージです

ニューヨークコレクションに毎回登場するブランド

↩ 革製品は質の良さが際立つ仕上がりになっている

ワンランク上の大人かわいいが叶う
マイケル・コース
Michael Kors
ミッドタウン・ウエスト **MAP** 付録P.15 D-3

アメリカのファッションデザイナー、マイケル・コース氏のクラシックなレディスアパレル。バッグや財布など大人の女性の心をくすぐる、新しいデザインを発信し続けている。

☎212-582-2444 ⊗Ⓜ B・D・F・M線47-50 Sts-Rockefeller Center駅から徒歩3分 ㊟610 5th Ave. ⏰9:00～21:00 日曜11:00～19:00 ㊡無休 🏧

↩ 独創的な柄を落ち着きのあるカラーでまとめて。色のトーンを抑えたピンクのハンドバッグは普段使いはもちろんパーティにも活躍

俳優や歌手などのセレブが愛用
アバクロンビー＆フィッチ
Abercrombie & Fitch
ミッドタウン・ウエスト **MAP** 付録P.15 D-1

東海岸のアイビーリーグを感じさせる軽快かつカジュアルなスタイルを提案するファッションブランド。マライア・キャリーやデイヴィッド・ベッカムも着用していたことで知られ、上質で着心地のよいウェアや小物を販売。

☎212-381-0110 ⊗Ⓜ E・M線5 Av/53 St駅から徒歩3分 ㊟668 5th Ave. ⏰10:00～20:00 ㊡無休 🏧

→ やわらかなコットン素材のトートバッグ。生成のブームは世界共通！

↩ カジュアルスタイルで入店できるショップ

気取らないオールアメリカンのスタイルが魅力

そのほかのブランドショップ

輝くダイヤモンドは圧巻
ハリー・ウィンストン
Harry Winston
ミッドタウン・イースト
MAP 付録P.15 D-1

超高級ジュエリーの老舗
カルティエ
Cartier
ミッドタウン・イースト
MAP 付録P.15 D-2

有名腕時計ブランド店
ロレックス
Rolex
ミッドタウン・イースト
MAP 付録P.15 D-2

バッグの王道ブランド
ルイ・ヴィトン
Louis Vuitton
ミッドタウン・イースト
MAP 付録P.15 D-1

上質な本革製品が並ぶ
コール・ハーン
Cole Haan
ミッドタウン・ウエスト
MAP 付録P.15 D-2

女性が憧れるファッション
ケイト・スペード・ニューヨーク
Kate Spade New York
ミッドタウン・ウエスト
MAP 付録P.15 D-3

洗練された美意識を発信
プラダ
Prada
ミッドタウン・ウエスト
MAP 付録P.15 D-1

感度の高いドレスが豊富
ドルチェ＆ガッバーナ
Dolce & Gabbana
ミッドタウン・イースト
MAP 付録P.15 D-1

気品と高級感を兼ね備える
バナナ・リパブリック
Banana Republic
ミッドタウン・ウエスト
MAP 付録P.15 D-2

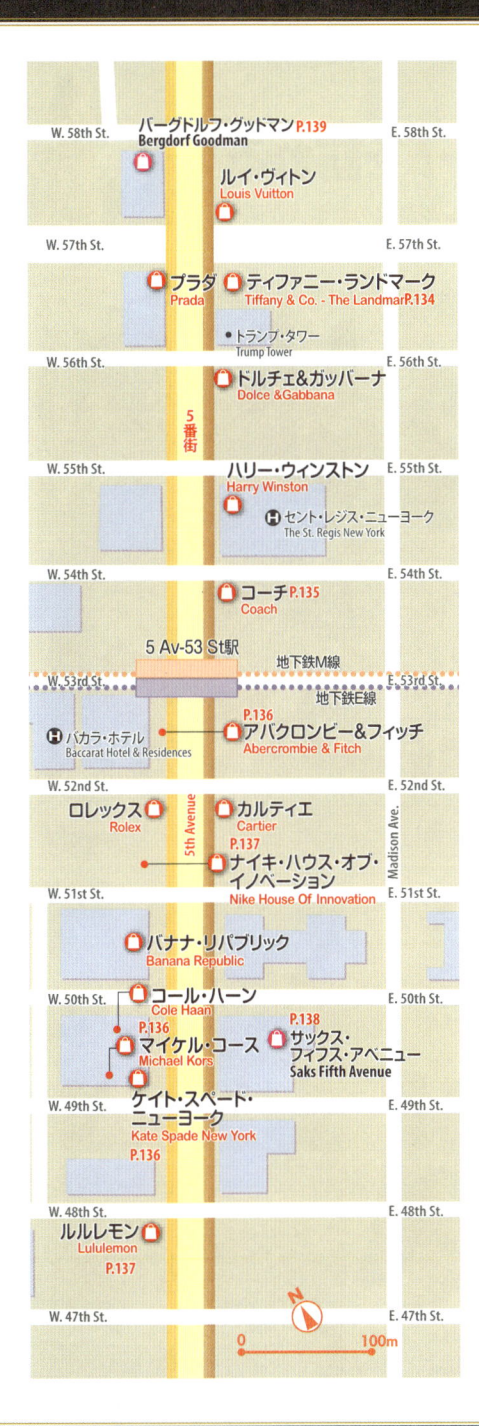

バーグドルフ・グッドマン **P.139**
Bergdorf Goodman

W. 58th St. / E. 58th St.

ルイ・ヴィトン
Louis Vuitton

W. 57th St. / E. 57th St.

プラダ　ティファニー・ランドマーク
Prada　Tiffany & Co. - The Landmark **P.134**

トランプ・タワー
Trump Tower

W. 56th St. / E. 56th St.

ドルチェ&ガッバーナ
Dolce &Gabbana

5番街

W. 55th St. / E. 55th St.

ハリー・ウィンストン
Harry Winston

セント・レジス・ニューヨーク
The St. Regis New York

W. 54th St. / E. 54th St.

コーチ **P.135**
Coach

5 Av-53 St駅

地下鉄M線

W. 53rd St. / E. 53rd St.

地下鉄E線

バカラ・ホテル　**P.136**
Baccarat Hotel & Residences
アバクロンビー&フィッチ
Abercrombie & Fitch

W. 52nd St. / E. 52nd St.

ロレックス　カルティエ
Rolex　Cartier
P.137

ナイキ・ハウス・オブ・
イノベーション
Nike House of Innovation

W. 51st St. / E. 51st St.

バナナ・リパブリック
Banana Republic

W. 50th St. / E. 50th St.

コール・ハーン
Cole Haan
P.136
マイケル・コース　サックス・
Michael Kors　フィフス・アベニュー
P.138
Saks Fifth Avenue

ケイト・スペード・
ニューヨーク
Kate Spade New York
P.136

W. 49th St. / E. 49th St.

W. 48th St. / E. 48th St.

ルルレモン
Lululemon
P.137

W. 47th St. / E. 47th St.

5th Avenue　Madison Ave.

N

0　　100m

大流行のスポーツブランドが進出

5番街のブランドストリートから南下したエリアには、カジュアルファッションとして注目されているスポーツブランドの旗艦店やコンセプトストアが続々オープンしている。ブランドのコンセプトを全面に表現した店舗で世界観を最大限に感じることができ、ヨガなどのスポーツ体験イベントも開かれている。

世界が認めるブランド旗艦店
ナイキ・ハウス・オブ・イノベーション
Nike House Of Innovation
ミッドタウン・ウエスト **MAP** 付録P.15 D-2

2018年に誕生したブランドの新ショップ。地上5階、地下1階からなる建物には、豊富なデザインと機能性の高いシューズが並ぶ。

↑ランニングなどアクティブなスポーツでも日常でも活躍するシューズが選べる

☎ 212-376-9480　Ⓜ E・M線5 Av/53 St駅から徒歩4分　🏠 650 5th Ave.　🕙 10:00～20:00　🈶無休　💳

↓センセーショナルな店内に惹きつけられる

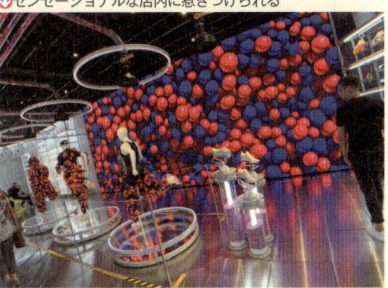

大流行のヨガウェアを購入
ルルレモン
Lululemon
ミッドタウン・イースト **MAP** 付録P.15 D-3

女性に人気のヨガウェアやヨガグッズを販売。今までになかった高級ラインのスポーツウェアは、おしゃれにスポーツを楽しみたい人にぴったり。

↑動きに合わせてフィットする着心地のよさが◎

☎ 332-239-6660　Ⓜ B・D・F・M線47-50 Sts-Rockefeller Center駅から徒歩5分　🏠 592 5th Ave.　🕙 10:00～20:00　🈶無休　💳

→カナダブランドながらマンハッタンで一大ブームを起こした人気店

アート

エンターテインメント

グルメ

スイーツ&カフェ

ショッピング

歩いて楽しむ

ホテル

ファッショニスタ御用達の老舗で上質な品を

ハイエンドな高級デパートを訪れる

ニューヨークのデパートには、セレブスターやアパレル業界の著名人が通い、映画にも登場する有名店が数多く集まる。気品あふれるアイテムを選びたい。

最旬トレンドのコレクションが入荷

入口を進むと高級ジュエリーやバッグの展示販売があり吹き抜けの空間が広がる

女性の美を追求し続ける老舗

サックス・フィフス・アベニュー

Saks Fifth Avenue

ミッドタウン・イースト **MAP**付録P.15 D-2

ニューヨークを拠点とする高級デパート。ラグジュアリーファッションに特化した館内の中央には、レム・コールハース氏が手がけたダイクロガラス製のエスカレーターを設置。高級感あふれるフロアをゆっくりまわりたい。

☎212-753-4000 **地**Ⓜ E・M線5 Av/53 St 駅から徒歩4分 ⌂611 5th Ave. ⏰11:00〜19:00 日曜12:00〜18:00 **休**無休

↓5番街にたたずむ重厚感のある老舗

おすすめフロア

ニューヨークのデパートで最大の売り場面積を誇る8階シューズフロアは必見。靴好きな女性が集まるとあってブランドの品揃えも圧巻!2018年に大幅拡張された2階ビューティフロアでは、コスメや香水のショップが約170店集まり、スパやマッサージ、ネイルなどのビューティ体験もできる。

●気品あるジミー・チューのピンヒール

➡秋冬になると革製のブーツも多数登場する

➡5番街側の入口近くにある香水の売り場にはニューヨーク限定デザインも

※商品はイメージです

↑8階にあるレディスのシューズフロア

↓2階にはビューティに特化したアドバイザーを配置している

世界が誇る豪華絢爛なデパート
バーグドルフ・グッドマン
Bergdorf Goodman

ミッドタウン・ウエスト `MAP` 付録P.15 D-1

世界の富豪がショッピングを楽しむといわれる高級デパートの老舗。5番街を挟んで西側がレディス館、東側がメンズ館となり、レディス館1階のジュエリーフロアにはきらびやかな宝石が並ぶ。手が届かなくとも一度は見学したい。

☎ 212-753-7300 Ⓜ N・R・W線5 Av/59 St 駅から徒歩2分 ㊟ 754 5th Ave. 🕐 11:00～19:00（日曜は～18:00）🅺 無休 💳

➡貫禄に満ちあふれた外観はニューヨークを舞台とする映画にも数多く登場

おすすめフロア
入口すぐのジュエリーフロアは高額な宝石が並び一度は見学したい夢のような空間。ショーウインドーの芸術性の高さも有名で、クリスマスの時期にはドレスアップしたマネキンや豪華なディスプレイが登場し絶好の撮影ポイントに。

➡個性あふれるレディスのシューズフロアは2階にある

ドレスアップして身につけたい宝石が輝く

豊富な品揃えがローカルに好評
ブルーミングデールズ
Bloomingdales

アッパー・イースト・サイド `MAP` 付録P.9 E-2

「ブルーミー」の愛称で知られるアメリカの有名デパート。ルイ・ヴィトンやプラダなどのブランドからカジュアルまで幅広く揃い、ひとつの建物で流行を網羅するのが魅力。

☎ 212-705-2000 Ⓜ N・R・W線 Lexington Av/59 St駅から徒歩1分 ㊟ 1000 3rd Ave. 🕐 10:00～20:00 日曜12:00～19:00 🅺 無休 💳

おすすめフロア
ハイブランドだけではなくインテリアショップなども多く入居する。またビューティフロアでのメイクアップ体験も楽しい。

⬆バカラのグラスセットも購入できる

ビューティフロアでブランドの化粧品を体験

レディス館はメンズ館と連絡通路で直結する

おしゃれな品が揃う注目の百貨店
ノードストローム
Nordstrom

ミッドタウン・ウエスト `MAP` 付録P.14 B-1

西海岸生まれのデパートがマンハッタンに初出店。2018年のメンズ館に次ぎ、2019年10月に満を持してレディス館がオープン。良質なサービスに定評があり、品揃えに期待が高まる。

☎ 212-295-2000 Ⓜ 1・2・A・B・C・D線59 St - Columbus Circle駅から徒歩2分 ㊟ 225 W. 57th St. 🕐 10:00～21:00 日曜11:00～19:00 🅺 無休 💳

⬇2018年に完成したメンズ館も訪れたい

おすすめフロア
7階建てのうち、注目のシューズフロアは2階。広々としたフロアに、ブランドからカジュアルまで、ノードストロームらしい幅広い品揃えを目指す。

旅行者が重宝する大手百貨店
メイシーズ
Macy's

ミッドタウン・ウエスト `MAP` 付録P.16 C-3

アメリカで展開する百貨店。高級ブランドからカジュアルショップまで幅広い年齢層が利用できる。ビジターセンターを併設し、観光案内やクーポンなどの情報も入手できる。

☎ 212- 695-4400 Ⓜ B・D・F・M・N・Q・R・W線34 St - Herald Sq駅から徒歩2分 ㊟ 151 W. 34th St. 🕐 10:00（日曜11:00）～21:00（金・土曜は～22:00）🅺 無休

おすすめフロア
地下階フロアでは、ビジターセンターが設置されており、メイシーズのオリジナルグッズを販売。デパートカラーと大きな星のデザインがインパクト大！

➡ロゴが入ったオリジナルグッズもある

黒にゴールドのカラーが映えるバッグも用意

アート

エンターテインメント

グルメ

スイーツ&カフェ

ショッピング

歩いて楽しむ

ホテル

ナチュラル志向の女子が通うショップに行きたい!

肌にやさしい自然派コスメをセレクト

ビューティ&ヘルシーへの意識が高いニューヨーカーが愛用するナチュラルコスメ。
安心して使える高評価のアイテムや、日本未上陸のブランドなどのショップをご紹介。

天然素材にこだわる実力店
ソーポロジー

Soapology
チェルシー **MAP** 付録P.10 B-3

デッドシーソルトなど、天然成分を使ってハンドメイドしたボディケアが並ぶ。エッセンシャルオイル、クリーム、ボディスクラブ、マッサージオイル、ソープなどが揃い、おみやげにもおすすめ。

☎212-255-7627 Ⓜ A・C・E・L線14 St 駅から徒歩1分 ㊟67 8th Ave. ⊙10:00 ～22:00 ㊡無休

ソイ・マッサージ・キャンドル
↩熱で溶けたオイルをマッサージオイルとして使える

バター・クリーム $28
↩しっとりとした潤いを感じられるボディ用保湿クリーム

$26

$75

ウォールナッツ・ポリッシャー
➔エッセンシャルオイルの自然ブレンドのボディスクラブ

↩バスタブがありフレンドリーな店員が商品を実際に手で使い心地を試させてくれる(左)。最寄り駅を降りてすぐの立地(右)

老舗のドクターズコスメを選ぶ
キールズ

Kiehl's
イースト・ビレッジ **MAP** 付録P.19 E-3

$39

1851年アポセカリー(調剤薬局)として創業。化学とハーブの知識をもとに天然由来成分を配合したスキンケア、ボディケア、ヘアケア、さらにレディス用のみならずメンズ製品も販売。

☎212-677-3171 Ⓜ L線3 Av 駅から徒歩1分 ㊟109 3rd Ave. ⊙10:00～20:00 日曜11:00～18:00 ㊡無休

クレンジングウォッシュ
↩洗いあがりがさっぱりしながらも潤いを閉じ込める

フェイシャルクリーム $65
↩不動の人気商品であるフェイシャルクリームはノーマル肌用からオイリー肌用まで用意

保湿用美容液オイル $57
↩ナイト用アンチエイジングケアのアイテムは女性必見

店舗で$85以上の買い物をすると、オキシゲン・フェイシャルが無料に

ナチュラルな内装の店にはアイテムがずらりと並ぶ

ナチュラル派の新定番ブランド
ブルックリン・ハーボリウム
Brooklyn Herborium
ボコカ MAP 付録P.24 A-3

モウリーとエマという2人の自然志向の女性が少量ずつ手作りする、ホリスティック＆手作り自然派スキンケア店。店内は広く落ち着いた空間で、店の裏側は作業場になっている。

☎347-689-4102 Ⓜ F・G線Carroll St駅から徒歩12分 🚇 275 Columbia St. 🕚11:00〜17:00 Ⓗ月曜 🈂

💬 トートバッグや雑貨類なども販売されている

$78

オイル(左)
ミネラルミスト(右)
➡天然由来の植物から作るオイルと爽やかな香りのミスト。手のひらにオイルを垂らしてのばしてからミストを吹きかけると効果的

美肌ケアクリーム
➡日焼け後に塗るビタミンC配合のケア用品

$40　$41

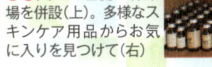

↑➡入口の左側に作業場を併設(上)。多様なスキンケア用品からお気に入りを見つけて(右)

アメリカ最古の薬局
C.O.ビゲロウ
C.O. Bigelow Chemists
グリニッチ・ビレッジ MAP 付録P.18 B-4

1838年創業、アメリカで最も歴史のある薬局。薬はもちろんのこと、良質のスキンケアやヘアケア商品、雑貨などをセレクトしている。スキンケアやヘアケアの自社商品も各種販売している。

☎212-533-2700 Ⓜ Ⓜ1線Christopher St-Sheridan Sq駅から徒歩5分 🚇 414 6th Ave. 🕘9:00〜19:00（日曜は〜17:30）Ⓗ無休 🈂

ヒートラブ
➡100%ケミカルフリーのEiR NYCブランド。メントール効果が持続する、筋肉痛や頭痛に効く

$24

ボディクリーム
➡自社ブランドC.O.ビゲロウ・アポセカリーの）とボディクリーム(右)はさっぱりとした使い心地

$22

💬 まるでスキンケアのセレクトショップのような品揃え

さまざまな肌質に対応
マリン＋ゴッツ
Malin + Goetz
グリニッチ・ビレッジ
MAP 付録P.18 A-1

天然素材から作られた製品でシンプルなスキンケアがポリシー。アルミナム、アルコール、パラベン、香料、ベーキングソーダなど不使用で、敏感肌の人はもちろん、ユニセックスで使用できるのが魅力。

☎212-463-7368 Ⓜ Ⓜ1線23 St駅から徒歩2分 🚇 177 7th Ave. 🕙10:00（土曜11:00）〜20:00 日曜11:00〜18:00 Ⓗ無休 🈂

$52　$24

モイスチャライザー(左)
デオドラント(右)
➡高濃度のビタミンが含まれたモイスチャライザーと、すっとのび、爽やかな香りが続くデオドラント

💬 本店はレンガ壁が特徴で温かみを感じる

アート
エンターテインメント
グルメ
スイーツ&カフェ
ショッピング
歩いて楽しむ
ホテル

大人テイストの**チョコレート**を探しに

ショコラティエが手がける芸術のような一粒

ミシュラン星付き店のショコラティエがプロデュースしたもの、ヴィーガン向け、ニューヨークオリジナルなど、思わず恋に落ちてしまうほど美しいチョコレートと出会いたい。

輝く宝石のようなチョコレート
スティック・ウィズ・ミー
Stick With Me
ノリータ **MAP** 付録P.21 E-3

ショップオーナーは、ミシュラン3ツ星を獲得したフランス料理店の専属ショコラティエだったスザンナ・ヨーコ氏。ブティックのように陳列されたチョコレートに感動。

☎ 646-918-6336 ⊗Ⓜ4・6線Spring St駅から徒歩2分 所202A Mott St.営12:00～19:00 休無休

↑ニューヨークの各メディアも賞賛

アート作品のような美しさのチョコレートボンボン。デザインにより異なるが$5程度

↩ハドソン・ヤーズのレストラン&ショップの1階にある

➡ハドソン・ヤーズ限定の板チョコも販売

ハドソン・ヤーズ内の懐かしの味
ライラック・チョコレート
Li-Lac Chocolates
チェルシー **MAP** 付録P.22 B-3

ニューヨーク最古のチョコレートショップがハドソン・ヤーズに支店をオープン。1923年創業の本店のように親しみやすく気取らない雰囲気が残る老舗の味わい。

☎ 347-493-0030 ⊗Ⓜ7線34 St-Hudson Yards駅から徒歩6分 所500 W 33rd St.営11:00～19:00 日曜12:00～18:00 休無休

➡エンパイア・ステート・ビルの形のチョコレートはおみやげに人気

チョコレート工場がブルックリンにあるので毎日できたてのアイテムが並ぶのがうれしい

ニューヨークで誕生した味わい
マリベル・ニューヨーク
Mariebelle New York
ソーホー MAP 付録P.20 C-3

ヨーロッパの邸宅を思わせるエレガントな店内には、ハイセンスなデザインチョコレートが並ぶマンハッタン生まれのチョコレートショップ。おしゃれなイラストが描かれ、プレゼントにもぴったり。

☎ 212-925-6999 Ⓜ A・C・E線Canal St駅から徒歩6分 🏠484 Broome St. 🕙 11:00〜19:00 🈺無休 💳

1粒ずつていねいに手作業で描かれている質の高さに驚き！

↑ショップ内にある豪華なシャンデリアが目を引く

フレンチの職人技が光る芸術。特別な人へのおみやげに

受賞歴のある有名シェフが創作
クルーサー・ハンドクラフト・チョコレート
Kreuther Handcrafted Chocolate
ミッドタウン・ウエスト MAP 付録P.15 D-4

名シェフであるガブリエル・クルーサー氏とマーク・オーモン氏のショコラトリー。インターナショナル・チョコレートアワーズでも入賞するほどのクオリティを体感できる。

☎ 212-201-1985 Ⓜ 7線5 Av駅から徒歩1分 🏠41 W. 42nd St. 🕙 10:00〜18:00 🈺土・日曜 💳

↑ガブリエル・クルーサー氏のレストランに隣接

→クラシック（左）、ゆず抹茶（右）などアーティスティックなボンボンは$3〜販売

世界に誇る有名ブランド店
ジャック・トレス
Jacques Torres
ダンボ MAP 付録P.26 B-2

ブルックリン発のチョコレートショップ。フランスの優秀な職人を表彰するMOF（フランス国家最優秀職人）を最年少で受賞したジャック・トレス氏が生み出す、上品で遊び心のあるチョコレートはおみやげにもおすすめ。

☎ 718-875-1269 Ⓜ F線York St駅から徒歩10分 🏠66 Water St. 🕙 10:00〜19:00 🈺無休 💳

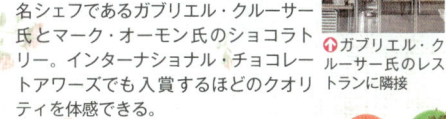

←12粒入りのミルクチョコレート・アート$27

カカオ豆など原材料に添加物を一切使用しない自然派にこだわるハンドクラフト・チョコレートがポイント

←イエロー・キャブがデザインされたNYコレクション・チョコレート$14

アート
エンターテインメント
グルメ
スイーツ＆カフェ
ショッピング
歩いて楽しむ
ホテル

街のランドマークやモチーフアイテムを旅の思い出に

日々の暮らしを彩る雑貨&ステーショナリー

自由の女神やブルックリン・ブリッジが描かれたおしゃれな雑貨、ポップカラーが映える文具。自分に、プレゼントに、持ち帰りたくなるアイテムを見つけたい。

Ⓐオーナメント $195
↪ニューヨークの観光名所が詰まったオーナメントはデスクに飾るのにぴったり

Ⓒ自由の女神ミント $3.75
↪さわやかなミントタブレット。デザイン缶がおしゃれなので小物入れなどに利用できる

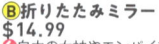

Ⓑ折りたたみミラー $14.99
↪自由の女神やエンパイアステートビルなどニューヨークを象徴するイラストが描かれている

Ⓑマグカップ $12.99
↪使うたびに楽しいニューヨーク旅行を思い出せるはず。カラーは黒やオレンジなど種類豊富

Ⓒクッション $24
↪イエローキャブのマグネット。ばらまき用のおみやげにもおすすめ

Ⓒコースター $10
↪ブルックリン・ブリッジが描かれたレトロなコースター

Ⓑマグネット $6.99
↪イエローキャブのマグネット。ばらまき用のおみやげにもおすすめ

Ⓒ大皿 $20
↪ニューヨークの地下鉄路線が描かれた大皿は、インテリアとして飾るのもおすすめ

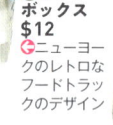

Ⓐランチボックス $12
↪ニューヨークのレトロなフードトラックのデザイン

Ⓒイエローキャブ $5
↪ダロン社製、ニューヨーク市公認のミニカー

Ⓒレトロ絵はがき 各$1.50
↪旅先から送りたい、ニューヨーク市内の風景が描かれた絵はがき

※商品はイメージです

E カード $6〜
↩ヴィヴィッドカラーのバースデーカードやニューヨーク限定の柄もある

D 皿 $7.95
➡丸い平皿でサイズもさまざまにあるので好みの大きさをチョイス

F カッティングボード $30
↩マンハッタン(左)、ブルックリン(右)の形をしており街の区画も詳しく記載

F ポーチ $16
↥ニューヨークの観光の見どころとなるランドマークが描かれたポーチ

F トートバッグ $20
➡ポーチとセットで使いたいコットン素材のトートバッグ

D ボウル $8.95
↩浅めのボウルはスープなどを入れると◎

F グラス $15
↩質感のあるイラストがポップでおしゃれ

E ピンバッジ $4〜
↥ニューヨーク州の形をしたピンバッジやロゴなどお気に入りを探してみたい

D マグカップ $12.95
↩深いブルーが街の夜景をイメージさせる大きめのマグカップ

D デミタスカップ $12.95
↥シンプルなデザインが魅力。エスプレッソ1ショットのサイズ

E キーチャーム $5
↩ソーホーやブルックリン・ハイツなどの街の名前がデザインされており色もさまざま

E ミニ望遠鏡 $10
↩いつでもどこでも街の景色を眺めることができるミニサイズの望遠鏡

エンパイア・ステート・ビルが目の前に!

E ノート $7〜
↩マンハッタンが描かれたノートは分厚く表紙もしっかりしている

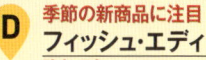

アート
エンターテインメント
グルメ
スイーツ&カフェ
ショッピング
歩いて楽しむ
ホテル

D 季節の新商品に注目
フィッシュ・エディ
Fishs Edy
チェルシー **MAP** 付録P.18 C-1

マンハッタンやブルックリンのビル群をデザインに取り入れたかわいいオリジナル食器で人気の店。
☎212-420-9020 Ⓜ Ⓝ・Q・R・W線23 St駅から徒歩3分 ㊟889 Broadway ⌚10:00〜19:00(木〜土曜は〜20:00 日曜11:00〜18:00) ㊡無休 💳

E 印刷屋のショップでお買い物
グリニッチ・レター・プレス
Greenwich Letterpress
グリニッチ・ビレッジ **MAP** 付録P.18 B-4

ポップでユーモアがあって、ニューヨークらしく少し刺激的な、個性あるグリーティングカードや文具を販売。
☎212-989-7464 Ⓜ1線Christopher St-Sheridan Sq駅から徒歩2分 ㊟15 Christopher St. ⌚11:00〜19:00 日・月曜12:00〜18:00 ㊡無休 💳

F マーケット内の看板ストア
チェルシー・マーケット・バスケット
Chelsea Market Basket
チェルシー **MAP** 付録P.10 B-3

ギフトラッピングの資材やステーショナリー、コスメなどの雑貨が並ぶ。お菓子など食みやげも選べる。
☎212-727-1111 Ⓜ A・C・E・L線14 St駅から徒歩5分 ㊟75 9th Ave. ⌚11:00〜19:30 ㊡無休 💳

フレッシュな
食材がいっぱい！

ローカルが愛用する高品質なフードをお持ち帰り

スーパーマーケットは食みやげの宝庫!

上質なオーガニック食材やお菓子、雑貨などがお手ごろ価格で購入できる地元の
スーパーマーケット。デリや休憩スペースなども併設し、楽しみ方もさまざま。

エココンシャス御用達のスポット

ホールフーズ・マーケット
Whole Foods Market
ウィリアムズバーグ **MAP** 付録P.28 B-2

全米をはじめカナダとイギリスを含め
て270店舗以上を展開する大型グルメ
系スーパーマーケット。オーガニック
食品、ベジタリアンフード、自然派ケ
アアイテムなどが勢揃い。

☎718-734-2321 ⊗ⓂL線Bedford Av駅か
ら徒歩5分 ⓐ238 Bedford Ave. ⊗8:00～22:
00 ⓗ無休 ⊟

おすすめ
エコバッグ

$2.19~

$2.19~

$4.49

⬆砂糖を使わず天然
甘味料のステヴィアを
使用した、グルテ
ンフリーのチョコ
レート

$6.99

⬅ヴィーガンアイ
テムのココナッツ
カカオクッキー

$8.63

⬆砂糖不使用のビーフ
ジャーキーはビールと合
わせて

$3.29

$3.29

⬅洗練された
パッケージのガ
ム。味はペパー
ミント(左)、ジン
ジャー(右)

人気のコーナーを上手に活用しよう

豆やグラノラを選んで好きなだけ袋に詰める「バルク・
コーナー」、種類豊富な「デリ・コーナー」、休憩利用や
購入したフードを食べることができる「イートイン・ス
ペース」など、スーパーマーケット内には利用したくな
るスポットが充実。

イートイン・スペース

バルク・コーナー

デリ・コーナー

$1.99

↑口直しや口寂しいときのためのタブレット。緑茶がほのかに香るミント味

$3.49

↑バニラフレーバーのヨーグルトでコーティングされているプレッツェル

↑←赤い店のロゴが目印（左）。店内は広いが週末はカートを押す客で混み合う（上）

$2.99

↑食べごたえのあるブロッコリーのチップス

質の高い自社ブランド品が充実
トレーダー・ジョーズ
Trader Joe's
マレーヒル **MAP** 付録P.11 D-1

生鮮食品から加工食品、スキンケア商品まで、リーズナブルに買えるスーパーマーケット。特に注目なのはエコバッグ。店のロゴが入ったしっかりとした生地で、日常使いにも最適。

☎ 212-889-3279
交 Ⓜ6線33 St駅から徒歩4分 所 200 E. 32nd St. 営 8:00〜21:00
休 無休 📇

おすすめエコバッグ

$3.99

ニューヨーク発祥の有名チェーン
フェアウェイ
Fairway
チェルシー **MAP** 付録P.10 C-1

1933年にニューヨークで生まれたリーズナブルなスーパーマーケット。自社開発ブランドは、スナック類からサプリメントまでさまざまなものが揃い、デリも併設。

☎ 718-569-4533 交
Ⓜ N・R・W線28 St駅から徒歩4分 所 766 6th Ave. 営 7:00〜21:00
休 無休 📇

↑ブルーベリーのフリーズドライスナック。ほかにバナナや豆もある

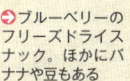

$3.59

$16.49

$1.25〜

おすすめエコバッグ

↑100%ベジタリアンが魅力のハーバル・サプリメント

↑自社ブランドの調味料。魚料理におすすめのハーブ

$3.99

↑加工食品など小分けになった食材はホテルに持ち帰るのも◎（上）。手軽に食べられる惣菜やランチなども充実（右）

$2.99

↑濃厚な味わいのピーナツバターカップ

$7.98

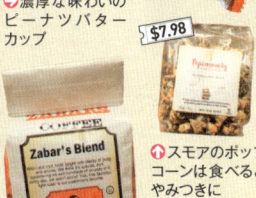

$13.98

↑←アッパー・ウエスト・サイドに昔から住む古い常連客が集まる（左）。惣菜の量り売りは気軽に注文したい（上）

市内の老舗スーパーマーケット
ゼイバーズ
Zabar's
アッパー・ウエスト・サイド **MAP** 付録P.6 B-3

1934年創業で量り売りの惣菜やコーヒー豆、チーズ類などの加工品がバラエティ豊かに並ぶ。隣はコーヒーや軽食が食べられるデリで、地元の人が集い、2階はキッチンウェアが充実。

☎ 212-787-2000 交
Ⓜ1線79 St駅から徒歩1分 所 2245 Broadway
営 8:00〜19:30 日曜9:00〜18:00 休 無休 📇

おすすめエコバッグ

↑スモアのポップコーンは食べるとやみつきに

↑焙煎されたばかりの自社ブランドのコーヒー豆

$3.98〜

アート
エンターテインメント
グルメ
スイーツ&カフェ
ショッピング
歩いて楽しむ
ホテル

ニューヨーカーが普段使いするアイテムが並ぶ

何でも揃う！ドラッグストアに立ち寄り

日本と同じように多様なアイテムを販売する、2大ドラッグストアを活用したい。
おみやげの食料品や雑貨はもちろん、水や歯ブラシなど旅の途中で必要なものも調達できる。

※商品はイメージです

市内の大手ドラッグストア
デュアン・リード
Duane Reade
ミッドタウン・ウエスト **MAP** 付録P.16 C-1

ニューヨークのデュアンSt.とリードSt.の一角からスタートした地元薬局。店舗の大多数が24時間営業で、薬品だけでなく飲料、食品、小物も並ぶ。コンビニ感覚で利用したい。

☎ 718-312-6986 Ⓜ M1・2・3・7・N・Q・R・W・S線42 St Times Sq駅から徒歩4分 158 W45th St. 🕒24時間 休無休

➡プライベートブランドのミックスナッツは¢99均一

➡ニューヨーク限定デザインのニベアクリーム $1.49

➡アメリカらしい大ぶりのチョコレートチップクッキーは $6.99

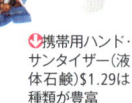

➡オールフリー日焼け止め $12.99は敏感肌用にもおすすめ

➡携帯用ハンド・サンタイザー（液体石鹸）$1.29は種類が豊富

健康管理サービスを提供する薬局
CVSファーマシー
CVS Pharmacy
イースト・ビレッジ **MAP** 付録P.19 E-4

医薬品はもちろん、食料品や有名コスメブランドなどの取り扱いも豊富なアメリカの薬局チェーン。質の高いプチプラコスメがずらりと並び、幅広い年齢層の女性客も多い。

☎ 212-777-1638 Ⓜ M6線Astor Pl駅から徒歩1分 51 Astor Pl. 🕒24時間 休無休

➡お菓子のコーナーは大袋の商品も多い

➡オーガニックの日焼け止め $8.99

➡女優サルマ・ハエックがプロデュースした自然派コスメのシリーズも。アイカラー $6.99〜

➡NY発の優秀プチプラコスメとして有名なエルフのアイカラー $10

➡ハチミツを含んだマルチビタミン剤 $11

NEW YORK, AREA WALKING

歩いて楽しむ

日々進化する街に大興奮!

Contents

『ゴシップ・ガール』の初回はグランド・セントラル・マーケットで撮影

作品ゆかりの地を訪れる聖地巡礼が人気

映画&ドラマのロケ地巡り
Film & Drama Location

有名映画や大ヒットドラマに描かれるニューヨークの街。数々の名所がこの街で撮影され、重要なシーンや登場人物に彩りを添えている。多くの女性が憧れる3つの名作のロケ地を訪れて、ヒロイン気分で写真撮影や食事を楽しみたい。

ニューヨークの街が登場する映画&ドラマ

セックス・アンド・ザ・シティ
Sex and the City
ニューヨークに住む30代独身女性4人、キャリー、シャーロット、ミランダ、サマンサの生活を描く。放送開始から爆発的に大ヒット。エミー賞やゴールデングローブ賞を何度も受賞。 A B C
NBC ユニバーサル・エンターテイメントジャパン

ゴシップ・ガール
Gossip Girl
高級住宅街、アッパー・イースト・サイドに暮らし、名門私立学校に通うセレブな高校生を中心に描いた恋愛ドラマ。2007年9月にアメリカでテレビ放送を開始してから大ヒット。 D E
ワーナー・ブラザース・ホームエンターテイメント

ティファニーで朝食を
Breakfast at Tiffany's
1961年公開の映画。自由奔放に生きるオードリー演じるホリーと、彼女に惹かれる男性たちのラブロマンス。ティファニーで朝食を食べるハイエンドな生活を夢見るホリーの暮らしぶりは多くの女性の憧れの存在だ。 F
NBC ユニバーサル・エンターテイメントジャパン

何気ない街角にたたずむピザ店
B トゥー・ブーツ
Two Boots
イースト・ビレッジ MAP 付録P.11 E-4
キャリーとミランダが仲良く話しながらピザを食べる店。原色のポップカラーが際立つ店内で、将来について語り合う2人が印象的。
☎212-254-1919 ⊗ⓂF線2 Av駅から徒歩5分 ㊟42 Ave. A ㊟12:00～22:00(木曜は～23:00、日曜は～21:00) ㊡無休 🔲

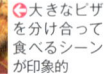
↑大きなピザを分け合って食べるシーンが印象的

4人御用達のフレンチダイニング
C パスティス
Pastis
グリニッチ・ビレッジ MAP 付録P.10 B-3
4人がブランチでおしゃべりしながら過ごすフレンチダイニング。キャリーはゲイ友達のオリバーとも訪れる。
☎212-929-4844 ⊗ⓂA・C・E・L線14 St駅から徒歩6分 ㊟52 Gansevoort St. ㊟8:00～23:00(金曜は～24:00) 土曜10:00～24:00 日曜10:00～23:00 ㊡無休 💳

↑ドラマ内では何度も登場する

4人で飲むコスモポリタンが名物
A オニールズ
Onieal's Bar and Restaurant
ノリータ MAP 付録P.21 E-3
ドラマ内で4人のヒロインたちがグラスを交わしながらコスモポリタンを飲むシーンで一躍有名になったカジュアルバー。地元ニューヨーカーの女子会も頻繁に開かれるという。
☎212-941-9119 ⊗ⓂJ・Z線Canal St駅から徒歩4分 ㊟174 Grand St. ㊟12:00～翌2:00(木曜は～翌3:00、金・土曜は～翌4:00) ㊡日曜 🔲

←ドラマの代名詞ともいえるカクテル「コスモポリタン」を4人で飲むシーンは誰もが憧れる場面

←マグノリア・ベーカリーでカップケーキを購入できる

↓キャリーのアパートとして使われた築20年以上の建物

メトロポリタン美術館 ●
セントラル・パーク
アメリカ自然史博物館 ●
エンパイア・ホテル **D**
ブルー・ボックス・カフェ **F**
プラザ・ホテル
W. 57th St.
タイムズ・スクエア
W. 42nd St.
ニューヨーク公立図書館
エンパイア・ステート・ビル
マディソン・スクエア・パーク
W. 23rd St.
バスティス **C**
W. 14th St.
マグノリア・ベーカリー
キャリーの家
ワシントン・スクエア・パーク
ニューヨーク大学 **E**
ユニオン・スクエア
E. 14th St.
E. Houston St.
トゥー・ブーツ **B**
Broome St.
Canal St.
ホランド・トンネル
オニールズ **A**
マンハッタン・ブリッジ ●

↑ドラマでは常にパーティを楽しんでいるチャックの優雅な暮らしぶり。まるで夢のよう！

チャックの豪邸として登場
D エンパイア・ホテル
The Empire Hotel
アッパー・ウエスト・サイド
MAP 付録P.8 B-1
ニューヨーク市の不動産王御曹司であるチャックが暮らす家として撮影されたホテル。きらびやかなアップタウンの住人らしい豪華な生活が垣間見える。
☎212-265-7400 Ⓜ1・A・B・C・D線59 St - Columbus Circle駅から徒歩3分 ⓐ44 W. 63rd St. 🚇

↑ホテルに入ると、ゴージャスな装いのロビーが現れる

シーズン3から頻繁に登場する
E ニューヨーク大学
New York University
グリニッチ・ビレッジ **MAP** 付録P.19 D-4
マンハッタンの中心にあるブレア、ダン、ヴァネッサが通う大学。常に女王であるブレアは大学になじめず、コロンビア大学に編入することに。
☎212-998-1212 ⓂR・W線8 St-NYU駅から徒歩3分 ⓐ70 Washington Sq. S.

↑学生で賑わうキャンパス内は見学も可能

↑ゴシップ・ガールの舞台にもなったメトロポリタン美術館

↑ホリーとポールがデートで訪れたニューヨーク公共図書館

『ティファニーで朝食を』を体験
F ブルー・ボックス・カフェ
The Blue Box Cafe
ミッドタウン・イースト **MAP** 付録P.15 D-1
朝のニューヨークで、オードリー演じるホリーがティファニーの前でショーウインドーを眺めながらパンを食べる。そんな名シーンの世界観を体感できるコンセプトカフェがオープン。朝食メニューは3皿の構成で、クロワッサンが提供されるのがホリーの気分をより味わえるとファンの間で話題に。
☎212-605-4090 ⓂN・R・W線5 Av/59 St駅から徒歩4分 ⓐ727 5th Ave. 6F ⏰10:00～12:00 日曜11:00～19:00 ⓧ無休 ※予約必須 🚇

↑ティファニー・ブルーで統一された店内

アート
エンターテインメント
グルメ
スイーツ&カフェ
ショッピング
歩いて楽しむ
ホテル

色とりどりの看板が並ぶタイムズ・スクエア

ネオンきらめくニューヨーク最大の繁華街

ミッドタウン・ウエスト
Midtown West

世界各国から大勢の観光客が訪れ、
深夜まで賑わうマンハッタンの中心。
絶景を見下ろす超高層ビルのほか、
西岸一帯の再開発にも注目が集まる。

MAP 付録P8-9／P.14-17

有名なタイムズ・スクエアをはじめ
ニューヨークを代表する観光名所が集中

　ミッドタウンの5番街から西側は、名だたる観光スポットが集まるアメリカ随一の繁華街。中心部には年末のカウントダウンでも知られるタイムズ・スクエアがあり、世界中から大勢の人々が訪れる。近くには多数の劇場がひしめくブロードウェイがあり、ミュージカルを中心にさまざまな作品を上演。街には派手な広告とネオン看板があふれ、夜遅くまで人通りが絶えない。

　ロックフェラー・センターやエンパイア・ステート・ビルもこのエリアにあり、高層階の展望台は最高のビューポイント。音楽の殿堂であるカーネギー・ホール、ニューヨーク近代美術館、ニューヨーク公共図書館など、文化・芸術施設も充実している。ハドソン・リバー沿い一帯では、総工費250億ドルをかけた巨大プロジェクト、ハドソン・ヤーズの開発が進行中。2022年10月には、2番目に高い高層ビル「50ハドソン・ヤーズ」が開業した。

セントラル・パーク
マンハッタン
ハドソン・ヤーズ
ワールド・トレード・センター
ブルックリン・ブリッジ
ブルックリン

アクセス

タイムズ・スクエア周辺へはⓂ1・2・3・7・N・Q・R・W・S線 Times Sq-42 St駅、ロックフェラー・センターへはⓂB・D・F・M線47-50 Sts-Rockefeller Center駅、MoMAへはⓂE・M線5 Av/53 St駅を利用。

ニューヨーク初の地下商店街
ターンスタイル・
アンダーグラウンドマーケット
Turnstyle Underground Market

MAP 付録P.8 C-2

2016年にオープンしたショッピングとグルメが楽しめるスポット。小物、日本の理髪店、ワインなどの小売店や、ドリンク、ポキ丼、地中海料理、中国料理、スイーツなどの店が並ぶ。

☎なし Ⓜ1・A・B・C・D線59 St-Columbus Circle駅直結 📍8th Ave. 57St.と58 St.の間 🕐8:00〜21:00(店舗により異なる) 🅿無休

地下鉄駅構内のいたるところにサインあり(右)。ドーナツがミニサイズでうれしいDoughnuttery(下)

古き良き時代からのホール
ラジオ・シティ・
ミュージック・ホール
Radio City Music Hall

MAP 付録P.14 C-2

1932年に開業。1933年から続いている「ラジオシティ・クリスマス・スペクタキュラー」は、今ではニューヨーク伝統のクリスマスイベントとなった。

☎212-465-6000 ⓂB・D・F・M線47-50 Sts-Rockefeller Center駅から徒歩2分 📍1260 6th Ave.

➡1930年代のニューヨークを彷彿させるアール・デコの外観

世界的に有名な音楽の殿堂

カーネギー・ホール

Carnegie Hall

MAP 付録P.14 B-1

スターン・オーディトリウム/ペレルマン・ステージ、ザンケル・ホール、ウェイル・リサイタルホールの3つの会場があるカーネギー・ホールは、音楽家にとって夢のステージ。

☎ 212-247-7800 Ⓜ N・Q・R・W線 57 St/7 Av駅から徒歩1分 🏠 881 7th Ave.

⬆ アメリカ合衆国の国定歴史建造物に指定されている建築

ジャン・ジョルジュ P.109

ニューヨークの有名シェフ、ジャン・ジョルジュ氏のフレンチレストラン

● セントラル・パーク P.44
Central Park

ミッドタウンの繁華街の賑やかさから離れて、セントラル・パークへ行こう

地下鉄N,R,W線

ブロードウェイ
Broadway
タイムズ・スクエア近くの劇場街。連日ミュージカルや演劇などが上演され、大ヒット作も多数。

★ カーネギー・ホール

● P.72 ニューヨーク近代美術館
The Museum of Modern Art, New York

7 Av駅
ニューヨーク市観光局

Ⓗ シェラトン・ニューヨーク・タイムズ・スクエア P.178
Sheraton New York Times Square

● P.93 タイムズ・スクエア教会
Times Square Church

★ ラジオ・シティ・ミュージック・ホール

P.138
サックス・フィフス・アベニュー
Saks Fifth Avenue

● P.88 アンバサダー劇場（シカゴ）
Ambassador Theatre

47-50Sts-
Rockefeller Center駅

● ロックフェラー・センター
Rockefeller Center

● トップ・オブ・ザ・ロック P.68
Top of the Rock

トップ・オブ・ザ・ロックからはマンハッタンの夜景観賞が楽しめる

ニューヨーク最大のショッピング・ストリートである5番街。ブランド店が並ぶ

● P.87 ミンスコフ劇場（ライオン・キング）
Minskoff Theatre

● P.68 タイムズ・スクエア
Times Square

ニューヨーク最大の繁華街であるタイムズ・スクエアは夜遅くまで賑わう

⬆ タイムズ・スクエアの夜の街並み

地下鉄7号線

5 Av駅

N

ブライアント・パーク

● ニューヨーク公立図書館
本館

42 St-Bryant
Park駅

アート
エンターテインメント
グルメ
スイーツ＆カフェ
ショッピング
歩いて楽しむ
ホテル

SAINT LAURENT
PARIS

5番街にはサン・ローランなどの高級ブランドが並ぶ

高級感と気品あふれるショッピング街

ミッドタウン・イースト
Midtown East

有名企業の本社や国連本部が集まり、
高層ビルがそびえ立つビジネス街。
一流ブランド店がひしめく5番街には、
優雅な気分になれる話題のカフェも。

MAP 付録P8-9／P.14-17

憧れの高級店が並ぶショッピング天国
映画でもおなじみの5番街を歩く

　5番街から東側に広がるミッドタウン・イーストは、有名企業の本社ビルや国連本部が集まる世界屈指のビジネス街。各国のビジネスマンや国連職員などが行き交い、国際色豊かな雰囲気を漂わせている。アール・デコ建築の傑作と評されるクライスラー・ビルや、ボザール様式の壮麗なグランド・セントラル駅など、さまざまな建築様式の歴史的建造物も点在。近代的なオフィスビルと見事に調和し、美しい街並みを形成している。

　一方、石造りの重厚な建物が連なる5番街は、洗練されたショッピングエリア。高級ブティックや老舗デパートなどが並び、ウインドーを眺めながら歩くだけでも楽しい。最近はハイブランドだけでなく、ファストファッションの店も続々と登場。ジュエリーの名門ティファニー本店には、直営のブルー・ボックス・カフェがオープンし、「予約が取れないカフェ」として話題に。

セントラル・パーク
マンハッタン
ハドソン・ヤーズ
ワールド・トレード・センター
ブルックリン・ブリッジ
ブルックリン

アクセス

グランド・セントラル駅へは🚇4・5・6・7・S線 Grand Central-42 St駅、5番街周辺のティファニーやコーチへは🚇E・M線5 Av/53 St駅を利用。

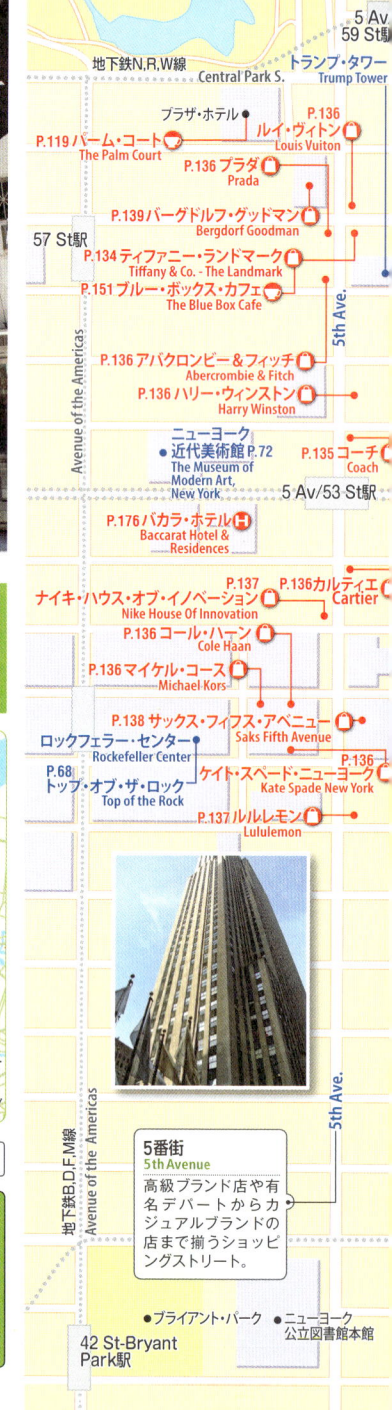

5 Av 59 St駅
地下鉄N,R,W線　Central Park S.　トランプ・タワー
Trump Tower

プラザ・ホテル
P.119 パーム・コート　　　　P.136 ルイ・ヴィトン
The Palm Court　　　　　　Louis Vuiton
　　　　　　　P.136 プラダ
　　　　　　　Prada
57 St駅　P.139 バーグドルフ・グッドマン
　　　　Bergdorf Goodman
P.134 ティファニー・ランドマーク
Tiffany & Co. - The Landmark
P.151 ブルー・ボックス・カフェ
The Blue Box Cafe

P.136 アバクロンビー＆フィッチ
Abercrombie & Fitch
P.136 ハリー・ウィンストン
Harry Winston

ニューヨーク
近代美術館 P.72　　P.135 コーチ
The Museum of　　　　Coach
Modern Art,
New York　　5 Av/53 St駅

P.176 バカラ・ホテル
Baccarat Hotel &
Residences

ナイキ・ハウス・オブ・イノベーション P.137　P.136 カルティエ
Nike House Of Innovation　　　　　　　Cartier
P.136 コール・ハーン
Cole Haan
P.136 マイケル・コース
Michael Kors

ロックフェラー・センター　P.138 サックス・フィフス・アベニュー
Rockefeller Center　　　Saks Fifth Avenue
P.68　　　　　　　　　　　　　　　　P.136
トップ・オブ・ザ・ロック　ケイト・スペード・ニューヨーク
Top of the Rock　　　　Kate Spade New York
　　　　　　　　　　P.137 ルルレモン
　　　　　　　　　　Lululemon

5番街
5th Avenue
高級ブランド店や有名デパートからカジュアルブランドの店まで揃うショッピングストリート。

42 St-Bryant
Park駅

ブライアント・パーク　　ニューヨーク
公立図書館本館

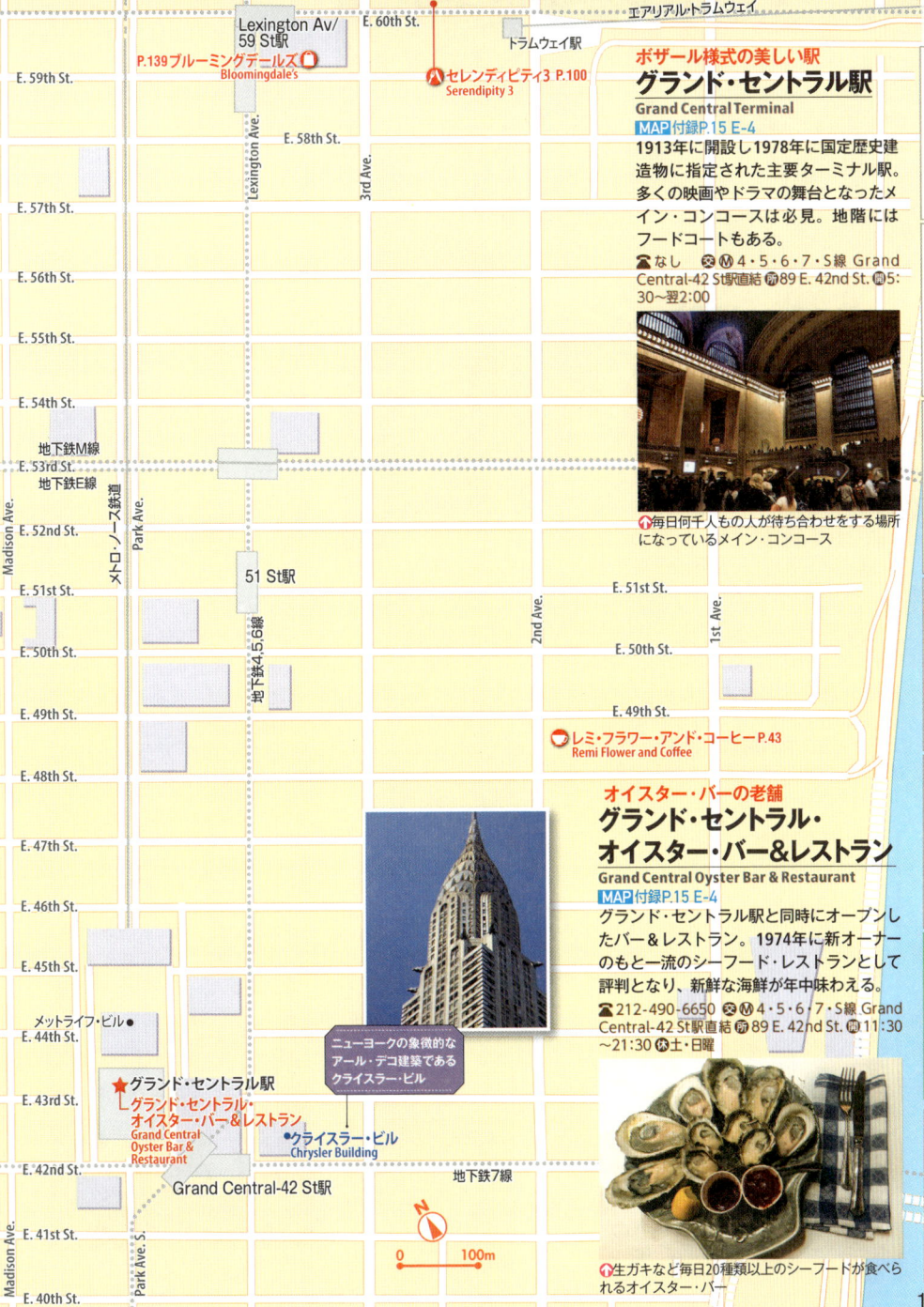

エアリアル・トラムウェイ

Lexington Av/
59 St駅

E. 60th St.

トラムウェイ駅

P.139 ブルーミングデールズ
Bloomingdale's

Ⓐ セレンディピティ3 P.100
Serendipity 3

E. 59th St.

E. 58th St.

Lexington Ave.

3rd Ave.

E. 57th St.

E. 56th St.

E. 55th St.

E. 54th St.

地下鉄M線

E. 53rd St.
地下鉄E線

Madison Ave.

メトロ・ノース鉄道

Park Ave.

E. 52nd St.

51 St駅

E. 51st St.

E. 51st St.

2nd Ave.

1st Ave.

E. 50th St.

E. 50th St.

地下鉄4,5,6線

E. 49th St.

E. 49th St.

レミ・フラワー・アンド・コーヒー P.43
Remi Flower and Coffee

E. 48th St.

E. 47th St.

E. 46th St.

E. 45th St.

メットライフ・ビル●
E. 44th St.

ニューヨークの象徴的な
アール・デコ建築である
クライスラー・ビル

E. 43rd St.
★ グランド・セントラル駅
└ グランド・セントラル・
オイスター・バー＆レストラン
Grand Central
Oyster Bar &
Restaurant

● クライスラー・ビル
Chrysler Building

E. 42nd St.

地下鉄7線

Grand Central-42 St駅

E. 41st St.

Park Ave. S.

Madison Ave.

E. 40th St.

N

0   100m

アート

エンターテインメント

グルメ

スイーツ＆カフェ

ショッピング

歩いて楽しむ

ホテル

ボザール様式の美しい駅
グランド・セントラル駅
Grand Central Terminal
MAP 付録P.15 E-4

1913年に開設し1978年に国定歴史建
造物に指定された主要ターミナル駅。
多くの映画やドラマの舞台となったメ
イン・コンコースは必見。地階には
フードコートもある。

☎なし ⊗Ⓜ4・5・6・7・S線 Grand
Central-42 St駅直結 ⊞89 E. 42nd St. ⊕5:
30〜翌2:00

⬆毎日何千人もの人が待ち合わせをする場所
になっているメイン・コンコース

オイスター・バーの老舗
グランド・セントラル・
オイスター・バー＆レストラン
Grand Central Oyster Bar & Restaurant
MAP 付録P.15 E-4

グランド・セントラル駅と同時にオープンし
たバー＆レストラン。1974年に新オーナー
のもと一流のシーフード・レストランとして
評判となり、新鮮な海鮮が年中味わえる。

☎212-490-6650 ⊗Ⓜ4・5・6・7・S線 Grand
Central-42 St駅直結 ⊞89 E. 42nd St. ⊕11:30
〜21:30 ⊛土・日曜

⬆生ガキなど毎日20種類以上のシーフードが食べら
れるオイスター・バー

レンガ造りの
壁が趣深い
チェルシー・
マーケット

新旧の高層ビルや観光名所が共存する

チェルシー／グラマシー
Chelsea／Gramercy

歴史的建造物が点在する美しい街に
最先端のアートギャラリーが集積。
ビルが立ち並ぶ風景を眺めながら
ハイラインの空中散歩も楽しい。

MAP 付録P.10-11／P.18-19

鉄道跡や廃工場をリノベーション
緑豊かな空中公園や屋内マーケットに

　19世紀の古い街並みが残るチェルシーは、新旧の
魅力が混在するエリア。約200のギャラリーが集ま
り、最新アートの発信地として注目されている。交
差点でひときわ目を引くのは、細い三角形のデザイ
ンが特徴的なフラットアイアン・ビル。ほかにも、
かつて芸術家たちが定宿としたホテル・チェルシー、
マンハッタン最古の建物のひとつといわれるゴシッ
ク様式の総合神学校など、歴史的建造物が多い。高
架鉄道跡を整備したハイラインは、ビルの間を散歩
できる空中公園。周辺には、工場跡を利用したチェ
ルシー・マーケットがあり、レストラン、カフェ、
デリ、ベーカリーなどがずらりと並び、多彩なグル
メを満喫できる。
　チェルシーの東側に隣接するグラマシーは、由緒
ある閑静な住宅地。マディソン・スクエア・パーク
などの緑豊かな公園があり、自然と建物が調和した
景観が美しい。

セントラル・パーク

マンハッタン

ハドソン・ヤーズ ★

ワールド・
トレード・センター
ブルックリン・ブリッジ

ブルックリン

アクセス

チェルシー・マーケット
へは Ⓐ A・C・E・L線14
St駅、マディソン・スク
エア・パークへは Ⓜ R・
W線23 St駅を利用。

ハドソン・ヤーズ横の
ハイライン出入口

W. 34th St.

34 St-
Hudson Yards駅
W. 33rd St.
P.34
● ハドソン・ヤーズ
Hudson Yards

W. 30th St.

W. 29th St.

W. 28th St.
チェルシー・
パーク
W. 27th St.
P.48 ハイライン ●
High Line
W. 26th St.

12th Ave.
W. 24th St.
11th Ave.
W. 23rd St.

W. 22nd St.

10th Ave.

三角地帯に建つランドマーク
フラットアイアン・ビル
Flatiron Building
MAP 付録P.18 C-1
ブロードウェイと5番街が交わる三角
地帯に立ち、鋭い三角形のデザインが
独創的な高層ビル。1902年の竣工で、
高さは87m。特異な外観から「平たい
アイロン」の呼び名がついた。
Ⓜ R・W線23 St駅から徒歩1分 🏠175 5th
Ave.(corner of 23rd St.)

⬆️建築家のダニエル・バーナムがデザイン、
スチールの骨組みを使用した

W. 34th St.

34 St-Penn Station駅
34 St-Penn Station駅

W. 33rd St.

中央郵便局 ●
マディソン・スクエア・ガーデン ●

W. 31st St.

ペンシルヴェニア駅
Pennsylvania Station

マンハッタンの中心に位置するターミナル

ペンシルヴェニア駅

W. 29th St.

W. 28th St.

28 St駅

W. 27th St.

W. 26th St.

W. 25th St.

Ⓐ サリバン・ストリート・ベーカリー P.105
Sullivan Street Bakery

W. 24th St.

ハイライン
High Line
廃線となった高架鉄道跡を公園として整備。緑に囲まれた全長約2.3kmの遊歩道を空中散歩できる。

23 St駅

W. 22nd St.

総合神学校

W. 20th St.

W. 19th St.

W. 18th St.

P.145
チェルシー・マーケット・バスケット
Chelsea Market Basket
チェルシー・マーケット P.53
● Chelsea Market

Ⓐ オールド・ホームステッド・ステーキハウス P.107
Old Homestead Steakhouse
スターバックス・
リザーブ・ロースタリー P.130
Starbucks Reserve Roastery

14 St駅

P.140 ソーポロジー
Soapology

ハイラインの出入口はホイットニー美術館が目印

P.158
ホイットニー美術館
Whitney Museum of
American Art

Horatio St.   Jane St.   4th St.   Waverly Pl.

34 St-Herald Sq駅

E. 34th St.

エンパイア・ステート・
ビル P.66
Empire State Building

E. 33rd St.

E. 32nd St.

W. 32nd St.

E. 31st St.

展望台からはマンハッタンの夜景を見渡せる。ライトアップも街の風物詩

E. 30th St.

W. 30th St.

E. 29th St.

E. 28th St.

P.178 ノマド・ホテル Ⓗ
The NoMad Hotel   28 St駅

E. 27th St.

P.147
フェアウェイ
Fairway

E. 26th St.

マディソン・スクエア・パーク ★

23 St駅   23 St駅   23 St駅

フラットアイアン・ビル ★

W. 21st St.

W. 20th St.

18 St駅

W. 17th St.

W. 16th St.

W. 15th St.

14 St駅   W. 14th St.

地下鉄L線

W. 13th St.

W. 12th St.

W. 11th St.

街歩きの合間に寄りたい癒やしの公園
マディソン・スクエア・パーク
Madison Square Park
MAP 付録P.11 D-2

噴水やオブジェが点在する緑豊かな公園。家族連れや犬の散歩をする人々がのんびりと過ごす。木の間からフラットアイアン・ビルやエンパイア・ステート・ビルも眺められる。

⊗ⓂR・W線23 St駅から徒歩1分 ⓐ Between 5th & Madison Aves. ⏰6:00〜24:00(冬期は〜23:00) ⑯無休
⚡さわやかな空気に包まれた都会の中のオアシス

アート

エンターテインメント

グルメ

スイーツ&カフェ

ショッピング

歩いて楽しむ

ホテル

大理石のアーチはグリニッチ・ビレッジのランドマーク

文化人に愛された老舗や隠れ家が並ぶ

MPD（ミート・パッキング・ディストリクト）／グリニッチ・ビレッジ
MPD（Meat Packing District）／Greenwich Village

かつて精肉工場の倉庫街だった地区がマンハッタン屈指のホットなエリアに。歴史あるグリニッチ・ビレッジでは、石畳の小道をのんびり散策したい。

MAP 付録P.10-11

スタイリッシュに変貌した倉庫跡地と芸術家たちが集った若者文化の発信地

　MPD（ミート・パッキング・ディストリクト）は、その名のとおり、かつて精肉工場が並んでいた地区。一時はさびれた雰囲気で治安の悪い地域だったが、近年は倉庫跡地を利用したブティックやレストランなどがオープンし、最先端のトレンドを生み出すおしゃれな街へと様変わりした。

　一方、ワシントン・スクエア・パークの西側一帯に広がるグリニッチ・ビレッジは、石畳の通りとレンガ造りの建物が美しいエリア。20世紀初頭から自由な気風を求める作家や音楽家たちが移り住み、独自のカルチャーを発信してきた。現在もその名残をとどめ、老舗ジャズクラブやライブハウスなどが点在。ニューヨーク大学がある学生の街でもあり、若者文化の中心地となっている。

セントラル・パーク
マンハッタン
ハドソン・ヤーズ
ワールド・トレード・センター
ブルックリン・ブリッジ
ブルックリン

アクセス

ワシントン・スクエア・パークへは Ⓜ A・B・C・D・E・F・M線 West 4 St-Washington Sq駅を利用。

Ⓧ チェルシー・マーケット・バスケット P.145
Chelsea Market Basket

Ⓧ スターバックス・リザーブ・ロースタリー P.130
Starbucks Reserve Roastery

チェルシー・マーケット P.53
Chelsea Market

Ⓐ オールド・ホームステッド・ステーキハウス P.107
Old Homestead Steakhouse

14 St駅

P.48 ハイライン
High Line

P.140 ソーポロジー
Soapology

★ ホイットニー美術館

Gansevoort St.　Horatio St.　Jane St.　4th St.

ミート・パッキング・ディストリクト
MPD（Meat Packing District）
精肉工場の倉庫街を改装。おしゃれなショップのほかナイトクラブやホテルもある。

P.115 ホワイト・ホース・タヴァーン Ⓨ
White Horse Tavern

West St.　Bank St.　W. 11th St.　Perry St.　Greenwich St.　Hudson St.

近・現代のアメリカ美術を展示
ホイットニー美術館
Whitney Museum of American Art

MAP 付録P.10 B-3

1931年の設立で、2015年に移転リニューアル。20世紀から現代までのアメリカンアートを展示する。3500人以上のアーティストにより制作された2万3000点を超える作品を収蔵。
☎212-570-3600 Ⓧ Ⓜ A・C・E・L線14 St駅から徒歩10分 ㊐99 Gansevoort St. ㊗10:30～18:00（金曜は～22:00）㊡火曜 ㊎$30
⬇すっきりとしたモダンな外観が印象的。設計はイタリア人建築家のレンゾ・ピアノ氏

マンハッタンの中心に位置する地
ユニオン・スクエア
Union Square
MAP 付録P.19 D-2

1976年から続くグリーン・マーケット（→P.54）が有名な公園。憩いの場としてはもちろん、パフォーマーやアート販売など、さまざまなニューヨーカーが集まる場所。

🚇Ⓜ4・5・6・L・N・Q・R・W線14 St- Union Sq駅からすぐ 🏠Union Sq.

初代アメリカ大統領、ジョージ・ワシントンの銅像が立つ

エンターテインメント

グルメ

スイーツ＆カフェ

ショッピング

歩いて楽しむ

ホテル

ワシントン・スクエア・アーチ

★ワシントン・スクエア・パーク

P.151
ニューヨーク大学
New York University

学園ドラマや映画にも登場するニューヨーク大学周辺

ブルー・ノート P.92
Blue Note

スポーツセンター

エディ・デブラン作男の壁画

大理石のアーチと噴水が美しい
ワシントン・スクエア・パーク
Washington Square Park
MAP 付録P.18 C-4

ニューヨーク大学に隣接し、パリの凱旋門を模した大理石のアーチが印象的。夏は噴水の周りで子どもたちが水遊びをする姿も。大道芸人やミュージシャンのパフォーマンスも見もの。

🚇Ⓜ A・B・C・D・E・F・M線West 4 St- Washington Sq駅から徒歩3分 🏠5th Ave. Waverly Pl. W. 4th and MacDougal Sts.

噴水の周りにはストリート・パフォーマーが集まり、歌やダンスを披露する

アパートだった建物を利用したテネメント美術館

TENEMENT MUSEUM

世界各国の移民たちが躍動するタウンを歩く

チャイナタウン／ロウアー・イースト・サイド
Chinatown／Lower East Side

さまざまな地域から移り住んだ人々が多様なコミュニティを築いた場所。異国情緒に彩られた街のあちこちに若者に人気の新スポットも増加中。

MAP 付録P.13

時代とともに進化を続ける移民街と活気に満ちたチャイナタウンを探訪

　マンハッタン南部にあるチャイナタウンは、サンフランシスコと並ぶアメリカ最大級の中華街。漢字の看板が目立つ通りには、中国料理レストランをはじめ、食品店、みやげ物店、漢方薬局などが軒を連ね、庶民的な活気にあふれている。

　チャイナタウンの北東に位置するロウアー・イースト・サイドは、かつて東欧系ユダヤ人やプエルトリコ人など、多様なルーツを持つ人々が移り住んだ場所。古い移民街の風情はそのままに、最近は若手デザイナーのブティックや洗練されたギャラリー、バーやレストランなどが増え、新たなトレンド発信地となりつつある。さまざまな国の文化を取り入れ、古き良き街並みを大切にしながら、ますます進化を続けていく雰囲気を感じることができる。

セントラル・パーク
マンハッタン
ハドソン・ヤーズ
ワールド・トレード・センター
ブルックリン・ブリッジ
ブルックリン

アクセス

チャイナタウンへはⓂB・D線Grand St駅、J・N・Q・R・W・Z・6線Canal St駅を利用。

移民の歴史を伝える博物館
テネメント博物館
Tenement Museum

MAP 付録P.13 D-1

かつて移民が住んでいた共同住宅を修復し、当時の暮らしを再現した博物館。ガイドツアーでのみ見学可。ミュージアムショップはツウでおしゃれなグッズがいっぱいで大人気。

☎877-975-3786 ⓂJ・M・Z線Essex St駅から徒歩1分 ⓐ103 Orchard St. ⓔ見学ツアー10:00〜18:00(金・土曜は〜17:30) ⓗ無休 ⓟ$30

⬆ユダヤ移民のミシンとテーブル

Kenma

Howard St.
Canal St駅
Hester St.
Lispenard St.
Canal St駅
Canal St駅
Walker St.
White St.
Franklin St.
Leonard St.
地下鉄R・W線
地下鉄4,5,6線
Lafayette St.
Center St.
地下鉄J,Z線
Worth St.
Thomas St.
Broadway
Pearl St.
Duane St.
Reade St.
P.144 シティ・ストア
City Store
Chambers St.
Chambers St駅
Warren St.
Brooklyn Bridge
City Hall駅
Murray St.
シティ・ホール
City Hall
City Hall駅
Park Row
Spruce St.
Beekman St.

アート

エンターテインメント

グルメ

スイーツ&カフェ

ショッピング

歩いて楽しむ

ホテル

E. 1st St.

E. Houston St.

地下鉄F線

2 Av駅

Allen St.

Ludlow St.

Clinton St.

Stanton St.

Orchard St.

Rivington St.

Chrystie St.

Forsyth St.

Bowery

ハイブリッド系スイーツの
クロフィンを生み出した
おしゃれなベーカリー

P.104
スーパームーン・
ベイクハウス
Supermoon Bakehouse

Delancey St駅

Essex St駅

地下鉄M線

Delancey St.

地下鉄J、Z線

★ テネメント博物館

Bowery駅

Broome St.

Allen St.

ニューヨークのドー
ナツの王様といわ
れている有名店

Grand St.

P.123
ドーナツ・プラント
Doughnut Plant

Grand St駅

● サラ D. ルーズヴェルト・
パーク

Hester St.

Eldridge St.

Essex St.

Canal St.

Canal St.

East Broadway駅

E. Broadway

Clinton St.

Montgomery St.

Gouverneur St.

Water St.

チャイナタウン
Chinatown

中国語が飛び交い、漢字の看
板があふれる庶民的な街。最
近は隣接するリトル・イタ
リーまで規模が拡大している。

Bayard St.

E. Broadway

Catherine St.

Pike St.

Cherry St.

Franklin D. Roosevelt Dr.

Worth St.

地下鉄B.D線

地下鉄F線

マンハッタンとブルックリ
ンをつなぐ橋は観光名所
のひとつ

St James Pl.

Madison St.

Monroe St.

地下鉄N.Q線

Pearl St.

rk Row

★ マンハッタン・ブリッジ

Robert F. Wagner Pl.

↑ブルックリ・ブリッジ

Manhattan Bridge

イースト・リバー

N

0   100m

美しく近代的な吊り橋の先駆け
マンハッタン・ブリッジ
Manhattan Bridge

MAP 付録P.13 E-2

マンハッタンのチャイナタウンとダウ
ンタウンブルックリンのダンボを結ぶ橋。
1909年に開通した全長2089mの吊り橋
で、歩いて渡ることもできる。ダンボの
ビルの隙間から望む橋の姿も美しい。

🚇 Ⓜ F線York St駅から徒歩5分

↑イースト・リバーを挟んで、マンハッタン
とブルックリンを結ぶ美しい橋

ひときわ天高く
そびえるワン・
ワールド・トレー
ド・センター

観光地とビジネス街が共存する経済の中心

ロウアー・マンハッタン
Lower Manhattan

世界に名だたるウォール街があり、
新たな超高層ビルがランドマークに。
観光名所やショッピング施設も多く、
あらゆる魅力が満載の人気エリア。
MAP 付録P.12-13

世界経済の中核を担う巨大ビジネス街 再開発により新しい観光スポットも誕生

　マンハッタンで最も古い歴史を持つ最南端エリア。金融機関や証券取引所が集まるウォール街のほか、市庁舎や裁判所などがあり、経済・行政・司法の中枢として機能している。同時多発テロの標的となったワールド・トレード・センターは再建が進み、犠牲者を追悼するメモリアル施設の周辺に、超高層ビルが次々と完成。104階建てのワン・ワールド・トレード・センターは、新たな街のランドマークとなっている。付近には、ニューヨーク最大のショッピングモールがあり、人気ブランドショップやレストランなど100店舗以上が集結。

　このほか、再開発で生まれ変わったイースト・リバー沿いのシーポート・ディストリクトも注目される。バッテリー・パークは市民憩いの公園で、海沿いの遊歩道は散策にぴったり。自由の女神があるリバティ島では、2019年5月にオープンした自由の女神ミュージアムも見学したい。

アクセス

ウォール街へはM2・3・4・5線 Wall St駅、バッテリー・パークへはM1線 South Ferry駅、シーポート・ディストリクトへはM2・3線 Fulton St駅を利用。

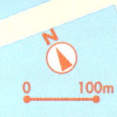

ファイナンシャル・センターが進化。おしゃれなフードコートが入る

PATH

Vesey St.

West St.

メリル・リンチ●
P.51 ハドソン・イーツ
Hudson Eats
P.51 ル・ディストリクト
Le District
ブルックフィールド・プレイス
Brookfield Place

メモリアル施設に隣接する公園
リバティ・パーク
Liberty Park
MAP 付録P.23 B-4
2016年6月、ワールド・トレード・センターの「9/11メモリアル」の隣に完成した公園。9.11の事件後、瓦礫の中から救い出されたアート作品『ザ・スフィア』が展示されている。
M1線WTC Cortlandt駅から徒歩2分 155 Cedar St.

バッテリー・パークにあったオブジェ『ザ・スフィア』が移されてきた

P.60 自由の女神
Statue of Liberty

アート

エンターテインメント

グルメ

スイーツ&カフェ

ショッピング

歩いて楽しむ

ホテル

P.144 シティ・ストア
City Store

ウエストフィールド・ワールド・トレード・センターには飲食店やショップが集結

Chambers St.

Chambers St駅

Brooklyn Bridge-
City Hall駅

• シティ・ホール
City Hall

歴史ある重厚な建築物であるニューヨーク市庁舎では見学ツアーも開催

Park Place駅

Park Row

Beekman St.

Murray St.

City Hall St駅

World Trade Center駅

Ann St.

Fulton St駅

P.56
• ワールド・トレード・センター
World Trade Center

WTC Cortlandt駅

Cortlandt St駅

Liberty St.

★ リバティ・パーク
Washington St.

Albany St.

Carlisle St.

Wall St駅

Broad St駅

Rector St駅

Wall St.

Wall St駅

Thames St.

高層ビルが次々と誕生。ワールド・トレード・センターを望む新たな公園も完成

New St.

Beaver St.

• インディア・ハウス

Water St.

Pine St.

Bowling Green駅

• 国立アメリカ・インディアン博物館 P.167
National Museum of the American Indian

Battery Pl.

Whitehall St.-
South Ferry駅

South Ferry駅

Whitehall St.-
South Ferry駅

ガヴァナーズ島行きフェリー

バッテリー・パーク ★

自由の女神/
エリス島行きフェリー

South St.

スタテン島行きフェリー

自由の女神もマンハッタンから見られる。リバティ島へのフェリーも出発

Worth St.

Pearl St.

Park Row

Broadway

Greenwich St.

W. Broadway

Barclay St.

古い港町が最新スポットに
ザ・シーポート
The Seaport
MAP 付録P.13 D-3

レンガ造りの古い建物が残る港町を再開発。かつての倉庫や波止場を利用したショップやレストランが人気を集める。2018年に再オープンしたピア17は絶好のビューポイント。

交Ⓜ2・3・4・5・A・C・E・J・Z線Fulton St駅から徒歩10分 住19 Fulton St. 営店舗により異なる

⬇人気のレストランも軒を連ね、バータイムの利用もおすすめだ

ウォール街
Wall Street
ニューヨーク証券取引所を中心に金融機関が集まる経済の拠点。各国のビジネスパーソンが行き交う。

ザ・シーポート ★

Pier 16

地下鉄A.C線

Pier 15

自由の女神が見える憩いの場
バッテリー・パーク
Battery Park
MAP 付録P.12 C-4

バッテリーは砲台の意味で、19世紀に砦が築かれたのが名の由来。マンハッタン南端にあり、海の向こうに自由の女神を望む。リバティ島行きのフェリーの発着場所でもある。

交Ⓜ1線South Ferry駅からすぐ ⬇観光客だけでなくニューヨーカーの憩いの場でもある

Fulton St.

Front St.

South St.

William St.

地下鉄2.3線

地下鉄1線

地下鉄N.Q.R.W線

地下鉄1線

地下鉄1線

W. Broadway

地下鉄A.C線

イースト・リバー

ハーレムのメインストリート、125th St.に店が集まる

ブラック・カルチャーが発展した陽気な街

ハーレム
Harlem

ジャズやゴスペルなどの音楽をはじめ、独特の黒人文化を生み出してきた街。最近は新しいカフェやショップが増え、観光客でも足を運びやすい雰囲気に。

MAP 付録P.4-5

魂を揺さぶるようなゴスペルに感動
本場の黒人音楽を聴いて奥深さを知る

　セントラル・パークの北に位置するハーレムは、ニューヨークにおける黒人コミュニティの中心地。昔は立ち入るのが危険とされていたが、近年は治安が改善している。主な見どころはメインストリートの125th St.周辺に集中しており、ブラック・ミュージックの殿堂アポロ・シアターや、映画にも登場した伝説のコットン・クラブなど、黒人音楽の歴史に欠かせないスポットが点在。街のあちこちにある教会では、毎週日曜の礼拝でゴスペルが歌われ、一部の教会では観光客もパワフルな歌声を聴くことができる。

　昔ながらのソウルフードの店に加え、最近はおしゃれなカフェやレストランもオープンした。街の表情は変化しつつある。とはいえ、マンハッタンのどの地区とも異なるディープな雰囲気は今も健在。新旧が交錯する街を歩きながら、変わりゆくハーレムの魅力を肌で感じたい。

アクセス

アポロ・シアターへは Ⓜ A・B・C・D線125 St駅を利用。

歴史ある大人の社交場
コットン・クラブ
Cotton Club

MAP 付録P.4 A-2

コットン・クラブは1920年代の禁酒法時代に生まれた名高い高級ナイトクラブ。時代も変わって現在は以前の華やかさはなく落ち着いており、毎日違ったショーが楽しめる。

☎212-663-7980 ⊗Ⓜ1線125 St駅から徒歩3分 ⃝656 W. 125th St. ⃝月・木・金・土曜20:00〜深夜 土・日曜12:00〜14:30 ⃝火・水曜 ⃝カバーチャージ$25〜（アーティストによって異なる）、ゴスペルブランチカバーチャージ$45.50 ※HPにて要確認

⬆125th St.の西端にあり、20年代風のアール・デコなサインがエレガント

W. 130th St.

★コットン・クラブ

地下鉄1線

125 St駅

●グラント将軍の墓

●リバーサイド教会

リバーサイド・パーク

セントラル・パーク

マンハッタン

●ハドソン・ヤーズ

●ワールド・トレード・センター
ブルックリン・ブリッジ●

ブルックリン

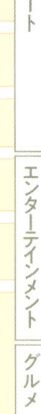

アート

エンターテインメント

グルメ

スイーツ＆カフェ

ショッピング

歩いて楽しむ

ホテル

W. 140th St.

W. 139th St.

W. 138th St.

W. 137th St.

W. 136th St.

W. 135th St.

W. 131st St.

W. 130th St.

W. 129th St.

W. 128th St.

W. 126th St.

(W. 125th St.)

W. 124th St.

W. 119th St.

Convent Ave.

Amsterdam Ave.

Saint Nicholas Terrace

Saint Nicholas Ave.

地下鉄B.D線

地下鉄A.C線

地下鉄A.C線

地下鉄B.D線

Frederick Douglass Blvd.

Adam Clayton Powell Jr Blvd.

Lenox Ave. (Malcolm X Blvd.)

地下鉄2.3線

135 St駅

135 St駅

125 St駅

125 St駅

セント・ニコラス・パーク

シティ・カレッジ (CCNY)

asalle St.

123rd St.

122nd St.

121st St.

● ビッグ・エルの壁画
Big L Memorial Mural

ダイナミックなタッチで描かれた壁画。写真撮影なども忘れずに

ションバーグ
黒人文化研究センター ●

135th St.
135th Street
125th St.に比べて人通りが少なくローカルな雰囲気。ションバーグ黒人文化研究センターがある。

125th St.
125th Street
観光の中心となるメインストリート。劇場やジャズクラブなど黒人文化を楽しめるスポットが多い。

★アポロ・シアター

■ニューヨーク市観光局

Dr Martin L King Jr Blvd.

アメリカ料理の新境地
レッド・ルースター
Red Rooster
MAP 付録P.5 D-2
2011年セレブシェフのマーカス・サミュエルソンがアートでソウルフルなお店をオープン。店内は多様性にあふれる客でいつも満員。個性あるアメリカ料理が堪能できる。
☎212-792-9001 ⊗Ⓜ2・3線125 St駅から徒歩1分 所310 Malcolm X Blvd. 営12:00〜21:00（金曜は〜22:00）土曜11:00〜22:00 日曜10:30〜21:30 休無休

←⑤↑入口キャッシャーはとてもカラフル(上)。ワイルド・ワイルド・ウイングス$16(左)

レッド・ルースター 👠
Red Rooster

黒人文化の象徴的シアター
アポロ・シアター
Apollo Theater
MAP 付録P.4 C-2
ポピュラー音楽において150年の歴史があるアメリカで最も著名なクラブのひとつ。アマチュアナイトはプロへの登竜門として多くのアーティストが出演する人気のイベント。
☎212-531-5300 ⊗Ⓜ A・B・C・D線125 St駅から徒歩4分 所253 W. 125th St. 営ボックスオフィス10:00〜18:00 土曜12:00〜17:00 休日曜 料アマチュアナイト$38.50〜

↑アマチュアナイトのステージに沸く観客

0　　　　　100m

165

移民たちがアメリカ人として生きるために

植民地から独立国家へ

欧人がマンハッタン島を発見する
インディアンの時代

大航海時代、ヨーロッパ人が次々と世界に進出するなかで、1609年、イギリスの探検家ヘンリー・ハドソンがオランダ東インド会社の依頼による航海の最中に、ニューヨーク湾から川を溯ってマンハッタン島を発見した。ハドソンは、当時ヨーロッパで流行していたビーバーの毛皮などを求め、アルゴンキン族やイロクォイ族などのインディアン部族と友好関係を結んで交易の道を開いた。彼の名は現在川の名前(ハドソン・リバー)として残されている。

マンハッタンを$40で手に入れた
オランダ人の入植

オランダの毛皮商人の交易が盛んになると入植者も増え、1626年にオランダはインディアンたちから物々交換で島を買い取り、ニューアムステルダムと名付けて街をつくった。伝説では売買で渡したのが「布と短剣とビー玉」など60ギルダー($40相当)の品だったという。入植者たちは、居住区域の北端に木の防壁(ウォール)を築いて外敵を防いでいたが、各国からの移民が増加し、居住地域はウォールを越えて島の北部へと発展していった。

⟵インディアンとオランダ人の居住区を分けていた防壁が現在のウォール街の原型だ ▶P.167

急速に拡大するニューヨークの街
イギリス領の時代

1650年代後半、オランダの植民地にはイギリス、ノルウェー、デンマークなどさまざまな国の人が入植していた。なかでも虎視眈々とニューヨークを狙っていたのは、北米への航海航路を掌握し、海上の覇権争いで勝利したイギリスであった。

1664年、当時最新鋭の快速帆船4隻を引き連れたイギリスはオランダを無抵抗で降伏させ、ニューアムステルダムを奪ってニューヨークと改名した。この命名は、イギリスの国王チャールズ2世の弟ヨーク公(後のイギリス国王ジェームズ2世)にちなむ。

イギリスの統治下で、さらに移民者は増加し、街の北限だった防壁ラインも取り外すほどになった。徐々にオランダ勢力を一帯から排除しつつ、アメリカ独立宣言まで、約1世紀にわたるイギリス植民地支配を確立する。

アメリカ愛国急進派の台頭
イギリスからの独立

1775年に火蓋が切られたアメリカ独立戦争は、イギリス領植民地のアメリカと本国イギリスとの戦争で、戦闘の3分の1はニューヨークが舞台になったといわれる。原因は資金繰りに困ったイギリスが植民地に課した「砂糖法」や「印紙法」などの重税徴収だった。また、奴隷貿易の禁止など政策への不満もあった。1776年7月4日には13州が独立を宣言。

植民地側の司令官はジョージ・ワシントン。ニューヨークにはイギリス支持派が他の地域よりも多く存在したため独立は遅れるが、7年間イギリス軍に占領され続けたのち、1783年にイギリス軍がニューヨークから撤退。1785年、ニューヨーク市は州都であるとともにアメリカ最初の首都に。1789年には初代大統領であるジョージ・ワシントンの就任式がマンハッタンのフェデラル・ホールで行われた。

⟵フェデラル・ホールの正面にはジョージ・ワシントンの銅像が立つ

1600				オランダ領			イギリス領						アメリカ合衆国													1900
1600							1700									1800										1900
1524 イタリア人、ジョヴァンニ・ダ・ヴェラッツァーノが訪れる	1609 ヘンリー・ハドソンがマンハッタン島を発見	1613 オランダ人、西インド会社を設立	1621 オランダ人がマンハッタン島に入植	1626 マンハッタン島を購入	1626 オランダ領ニューアムステルダム誕生	1653 南北を分ける防壁を設ける	1665 名称をニューヨークに変更	1673 再びイギリスの領地に	1674 再びオランダ領に。ニューオレンジと改名	1776 アメリカ独立宣言			1783 アメリカ独立戦争	1785 イギリスから独立	1789 合衆国の首都がアメリカ	1789 ジョージ・ワシントン大統領の就任式が行われる	1790 首都がフィラデルフィアに	1792 ニューヨーク証券取引所開設	1799 チェイス銀行創設	1812 シティバンク創業	1825 ニューヨークが合衆国最大の都市に	1827 ニューヨーク州、奴隷制度を廃止。	1857 セントラル・パーク着工	1861 南北戦争始まる	1883 ブルックリン・ブリッジ建設	1886 自由の女神が完成	1892 エリス島に移民局が開設
同時期の日本	江戸幕府						生類憐みの令			享保の改革	寛政の改革											天保の改革 日米和親条約		明治維新		日清戦争

ヨーロッパ諸国が海外に領土を求めた大航海時代、彼らはアメリカ大陸にもやってきた。先住民族から土地を奪い、定住して新しい街をつくった。やがて2世たちはアメリカ人として独立国家を築く。そんな各国からの移民たちの共存の歴史をたどる。

人種のるつぼからサラダボウルへ
移民都市ニューヨーク

「新移民」と呼ばれる移民が1880年代からニューヨークに続々と到着した。イタリア、ユダヤ、スラブ系の人々だ。それまでのアイルランドやドイツからの移民は家族で移住し開拓農民になることが多かったが、新移民は単身渡米し、いわゆる出稼ぎ型の非熟練労働者となる違いがあった。新天地での暮らしは厳しく、失業、貧困から犯罪に手を染める者も現れるようになる。そんな移民たちに仕事の世話をした民主党政治団体のタマニー・ホールは、ギャンブルや土地の利権売買で力をつけたアイルランド系ギャングを擁して、選挙での買票や資金調達などに利用した。

その後20世紀に入ると、新移民のユダヤ系ギャングやイタリア系マフィアの勢力が拡大。1920年代の禁酒法時代に酒の密造組織のトップとなり、暗躍したマフィアのボス、アル・カポネは、イタリア系移民の子としてブルックリンで生まれている。

第二次世界大戦以降は、アジアやラテンアメリカの移民が増加。今やそれぞれの人種が「るつぼ」の中で溶かされることなく、サラダボウルのようにニューヨークという器の中で、唯一無二の味を出し合っている。

奴隷解放論が大きな火種に
南北戦争が勃発

1800年アメリカの首都が初代大統領の名前にちなんだワシントンD.C.に遷都。政治の中心地は国会議事堂、大統領官邸「ホワイトハウス」、最高裁判所があるワシントンに移り、ニューヨークは金融と商業の中心地となる。

1861年エイブラハム・リンカーンがアメリカ合衆国初の共和党の大統領に就任。「人民の人民による人民のための政治」を謳った民主主義を掲げ、合衆国南部に広がる奴隷制を否定。奴隷解放を訴えると、アフリカからの黒人奴隷による労働力を頼りに綿花栽培を主とする農業で栄えていた南部の州は合衆国から離脱し独立を宣言。北部23州からなるアメリカ合衆国と南部11州のアメリカ連合国との内戦「南北戦争」が始まる。

およそ4年にわたる南北戦争は、政治組織が整い工業を主力産業とし、武器の調達にもたけていた北部が勝利。政治力も軍備も持たない農業中心の南部は綿花の輸出の要となる海上を北部に封鎖され経済力を失ったことも要因となり敗北した。

解放された黒人たちの北部流入
自由の街ニューヨークへ

リンカーン大統領が南北戦争中に南部が支配してきた奴隷たちの解放を命じる宣言をし、合衆国憲法で承認されたことでアメリカ合衆国における奴隷制が廃止された。しかし、奴隷制が廃止され、完全に自由の身になってもなお南部には黒人に対する差別や偏見がはびこったままだった。そんな環境から逃れ、より良い仕事に就き豊かな生活を手に入れようと大勢の黒人たちは好景気の北部大都市に大移動。勤勉と努力で夢が叶う「アメリカン・ドリーム」を求めてヨーロッパから大勢の人が訪れたように、南部の黒人たちも新天地としてニューヨークの街を目指したのだった。

因縁深き地に建つ壮麗な博物館
国立アメリカ・インディアン博物館
National Museum of the American Indian

ロウアー・マンハッタン MAP 付録P.12 C-4

1625年にオランダ商人が先住民と交易に利用した砦跡に建てられた旧税関ビルの建物で、インディアンの芸術・工芸品のコレクションを展示。

☎800-242-6624 Ⓜ4・5線 Bowling Green駅から徒歩1分 ⑩1 Bowling Green ⑩10:00～17:00 ⓦ無休 ⓨ無料

移民たちの入国審査を再現
エリス島移民博物館
Ellis Island Museum of Immigration

エリス島 MAP 付録P2 B-4

エリス島にあった移民局を利用した博物館。1892年から1954年までの約60年間、アメリカに入国した移民の姿を記録や写真で紹介している。

☎212-561-4588 Ⓜバッテリー・パークからスタチュー・クルーズで15分 ⑩Ellis Island National Museum of Immigration ⑩8:30～19:00※時季によって異なる ⓦ無休 ⓨ無料(スタチュークルーズ乗船チケット代必要)

↑移民局が置かれていた場所にある

ニューヨーク証券取引所の所在地
ウォール街
Wall Street

ロウアー・マンハッタン MAP 付録P.12 C-3

1653年にオランダ人入植者らが、先住民やイギリス人の侵攻を阻むため築いた木材の防壁に由来する。現在は世界金融の中心地。

Ⓜ2・3線 Wall St駅から徒歩2分

↑ウォール街にはかつて本当に防壁があった

				2000	
アメリカ合衆国					
1902 フラットアイアン・ビル完成	1904 地下鉄開業	1905 ジュリアード音楽院設立	1929 株価大暴落 世界大恐慌	1931 エンパイア・ステート・ビル誕生	1939 ロックフェラー・センター誕生
日露戦争	関東大震災				2001 アメリカ同時多発テロ

国際金融市場の頂点に君臨する

世界の都市、ニューヨーク

大規模なインフラ整備に着手
急速に経済が発展

南北戦争（1861〜1865）後、富を求めて多くの人が訪れたニューヨークの街はインフラ整備に着手。メトロポリタン美術館、メトロポリタン歌劇場、アメリカ自然史博物館が創建され、ブルックリン・ブリッジが完成しマンハッタンと結ばれると1898年マンハッタン、ブルックリン、クイーンズ、ブロンクス、スタテンアイランドの5区で形成された現在のニューヨーク市が誕生する。

1903年にウィリアムズバーグ橋が完成した翌年には5区を結ぶニューヨーク市地下鉄が開業。1909年マンハッタン橋が、翌年ペンシルベニア駅が完成し、1913年グランド・セントラル駅が開業すると、ニューヨークはアメリカを代表する大都市としての存在感を揺るぎないものとした。

高さとデザインを競い合う
摩天楼の誕生

1853年開催のニューヨーク万博で、ワイヤーロープ方式のエレベーターが披露され高層ビルの建築が始まる。1909年建設のメトロポリタン・ライフ・タワー・ビル、1913年のウールワース・ビルなど。富豪や財閥は高層ビルを建設することで富や権威を競い合うようになり、1930年にはクライスラー・ビル、翌年にはエンパイア・ステート・ビル、1939年のロックフェラー・センターの完成で摩天楼は最盛期を迎える。ニューヨークのランドマークともいえるビルのほとんどは1930年代に建設され、現在のマンハッタンの景観の輪郭が形作られた。

⬆摩天楼が光り輝くニューヨークの夜景

繁栄の極みから奈落の底へ
「世界恐慌」の悪夢

1920年代は第一次世界大戦特需の勢いにのり「狂騒の20年代」と呼ばれるほど大発展を遂げた時代。世界経済の中心はロンドンのシティからニューヨークのウォール街に移り、空前の好景気のもと人々の暮らしはレベルアップ。自家用車やラジオ、洗濯機、冷蔵庫などの家電製品が普及し、大量生産・大量消費の生活様式が定着。映画やジャズなどのアメリカ的な大衆文化も花開いた。

ところが、そんな好景気のなか経済の先行きに不安を抱いた投資家たちが一斉に持ち株を売却したことから株価が大暴落。「暗黒の木曜日」と呼ばれる1929年10月24日に起きたこの株価暴落が世界恐慌を招くことになる。壊滅的な株価の下落は10月28日の月曜日（ブラック・マンデー）と10月29日の火曜日（ブラック・チューズデー）で、多くの銀行が倒産。大量の失業者を生み、経済力が著しくダウンしたこの悪夢のような日々はほぼ1カ月続くこととなる。そして、ここから徐々に第二次世界大戦に向かう不穏な社会状況に追い込まれていく。

戦後すぐに活気づく街
治安の悪化が加速

1939年のニューヨーク万博で成功を収めた街は世界恐慌の痛手から完全に脱却するが、日米関係の悪化から第二次世界大戦に突入することになる。しかし、戦争の被害を受けなかったニューヨークの街は戦後すぐに活気を取り戻し、再開発のための建設ラッシュを迎える。だが、市内の交通網が整ってきたことで、マンハッタンから郊外に住まいを移す人々が増えると、ニューヨークの経済は徐々に衰退し始める。やがて市の財政は破たん寸前の状況になり、1970年代には金融危機、治安の悪化が加速。人口流出を避けられない事態になってしまう。

さらに1977年7月に25時間以上続く大停電が起き、ニューヨークのあちらこちらで略奪行為が発生。刑務所が満杯になるほどの逮捕者が出る騒ぎになり、マンハッタンを離れる裕福な白人たちが増加した。

しかし1980年代に不動産価格が高騰、失業率も下がると、再びニューヨークは世界の金融の中心地としての勢いを取り戻す。街は映画『ウォール街』さながらの好景気に沸き、1994年にニューヨーク市長になったルドルフ・ジュリアーニの政策によって汚くて治安の悪いニューヨークは安全できれいな豊かな大都市に生まれ変わった。

⬆郊外に移住する人たちで人口が増加したロングアイランド

世界が注目する観光地に
「ビッグ・アップル」誕生

金融、商業、芸術、エンターテインメントの中心地として活気に満ちたニューヨークの街は、1920年代にスポーツライターのジョン・フィッツ・ジェラルドによって最高の褒美を意味する「ビッグ・アップル」に例えられて以来、それが愛称として浸透し始める。さらに、ニューヨーク市観光局が赤いリンゴをトレードマークに「ビッグ・アップル」を街の代名詞にして観光促進プロジェクトを立ち上げると、世界中から多くの旅行者が訪れる観光地に。赤いリンゴ＝ニューヨークというイメージは不動のものとなる。

ニューヨークの野球チーム「メッツ」はホームグラウンドに電動のリンゴのオブジェ「ホームラン・アップル」を設置。メッツの選手がホームランを打つたびに赤い大きなリンゴのオブジェがせりあがる演出で選手の功績を街のファンとともに祝っている。

多くの移民と南部の黒人たちが押し寄せたニューヨークの街は驚異的な経済発展を遂げ、黄金期を迎える。突然見舞われた世界恐慌という暗黒の日々、21世紀のテロの衝撃から立ち直り、ニューヨークは今も世界をリードする街として輝き続けている。

消えない9.11の記憶
同時多発テロと復興

2001年9月11日、4機の米国民間航空機がイスラム過激派テロ組織にハイジャックされた。そのうち2機がワールド・トレード・センタービル2棟に、1機がアーリントンの国防総省本庁舎に激突、爆発炎上した。残りの1機はペンシルベニア州で墜落。ワールド・トレード・センタービルは北棟・南棟の2棟とも崩壊し、多数の死傷者を出した。死者総数は推定で約3000人。犯人はオサマ＝ビンラディン率いるテロ組織アルカイダとされた。

リアルタイムで流された事件のニュース映像は世界中に衝撃を与え、アメリカ国民も大きなダメージを受けたが、それ以上に国民の反中東、反イスラム感情が高まったことで、強硬な中東政策を推し進めるブッシュ政権への支持へつながり、のちのアフガニスタン攻撃、イラク戦争に突き進むことになった。

再生するグラウンド・ゼロ
街並みの復活

ツインタワーが建っていた場所はグラウンド・ゼロと呼ばれ、2002年から再建工事が始まった。2006年、最初に再建されたのが7ワールド・トレード・センター。次に2011年に9/11メモリアル、2013年に4ワールド・トレード・センターが完成。2014年に9/11メモリアル・ミュージアムがオープンし、ツインタワー跡地に配された2つのプールを囲む銅板に犠牲者の名前が刻まれ、追悼の場となっている。

また、アメリカ独立の年にちなみ、1776フィート（約541m）と全米一の高さを誇る1ワールド・トレード・センターも完成した。シャープなフォルムのビルの地上386.5mの展望台からはニューヨーク市街が一望のもと。世界中の人々が集い、ビルを見上げ、慰霊碑に頭をたれた場所は、未来に歴史を語り継ぐメモリアル・エリアとして復活している。

花開くブラック・カルチャー
20世紀の文化・芸術

ニューヨークは南部に比べて、黒人差別がゆるやかだったという。セントラル・パークの北部一帯を占めるハーレム地区は、17世紀にはオランダ人の別荘が建つ高級住宅地だったが、20世紀に入ると開通する予定であった地下鉄開業が遅れたことにより地価が急落。第一次世界大戦の労働力として南部から流入してきた黒人が大勢移り住むようになった。

1920年代には、この地を中心に文学・音楽活動が盛んとなり「ハーレム・ルネサンス」と象徴される黒人文化が花開いた。ビリー・ホリデイやデューク・エリントン、ルイ・アームストロングらが歌い、演奏した高級クラブ「コットン・クラブ」やマイケル・ジャクソンがデビューした「アポロ・シアター」などでは、白人たちが毎夜ジャズやブルースに聞き惚れた。

ロックの聖地が点在
世界を牽引するNY音楽

ニューヨークにはロック伝説の場所が点在する。セントラル・パークの西側に立つダコタ・ハウスはジョン・レノンとオノ・ヨーコの住んでいたアパート。グリニッチ・ビレッジは、エドガー・アラン・ポーなど作家や詩人を多く輩出した地だが、ボブ・ディランがデビュー当時に暮らしたワシントン・スクエア・パーク界隈には、ジミ・ヘンドリックスやレッド・ツェッペリン、ローリング・ストーンズ、エリック・クラプトンなど多くのアーティストが名盤をレコーディングしたエレクトリック・レディ・スタジオもある。

マドンナは1960年代後半から芸術家や音楽家、そしてヒッピーたちが住んだイースト・ビレッジのライブハウスからスタートし、セックス・ピストルズのシド・ヴィシャスは、作家のO.ヘンリーが暮らしていたホテル・チェルシーの住人だったことも有名だ。

ボブ・ディランが歌い
シドとナンシーが眠る
ホテル・チェルシー
The Hotel Chelsea
チェルシー **MAP** 付録P.18 A-1

1883年にホテルとしてオープンし、アーサー・C・クラーク、シド・ヴィシャス、アンディ・ウォーホルなど数々の著名人、ミュージシャン、アーティストが滞在して作品を作った伝説的なホテル。
🚇C・E線23 St駅から徒歩1分 🏠222 W. 23rd St.

⬆小説『2001年宇宙の旅』はここで生まれた

ジョン・レノンゆかりの
セレブも憧れの住居
ダコタ・ハウス
The Dakota
アッパー・ウエスト・サイド **MAP** 付録P.6 C-4

1884年にセントラル・パーク横に建てられた高級アパートメント。ジョン・レノンが南玄関前でファンに射殺された事件で知られる。女優のローレン・バコールや歌手のロバータ・フラック、指揮者のレナード・バーンスタインなども住んだ。
🏠なし 🚇B・C線72 St駅から徒歩1分 🏠1 W. 72nd St.

⬆設計はプラザホテルと同じ、ハーデンバーフ

スクリーンの名場面が蘇るニューヨークの街角

映画の舞台を訪ねて、歴史を垣間見る

映画の舞台になった名所を訪ねれば、映画のストーリーをリアルに追体験できるうえ、そこに刻まれた歴史を知ることで、さらなるニューヨークの魅力に触れられる。

金融の街にふさわしい世界経済に影響を与える要所
N.Y.証券取引所
New York Stock Exchange(NYSE)
ウォール街 MAP付録P.12 C-3

マイケル・ダグラスが貪欲な投資家を演じた映画『ウォール街』(1987年)、レオナルド・ディカプリオ主演の『ウルフ・オブ・ウォールストリート』(2013年)に登場するこの証券取引所は2024年9月時点、株式時価総額トップの世界最大の証券取引所だ。

1987年の株価暴落「ブラック・マンデー」を機に誕生したブロンズ像の雄牛「チャージング・ブル」(ブロードウェイ沿い、ボウリング・グリーンにある)は、株価上昇を願うウォール街のシンボルで、その雄牛の鼻や角、睾丸をなでると幸運が訪れるというパワースポットになっている。

尽きることない富や権力への欲望を象徴した摩天楼の代表格
エンパイア・ステート・ビル
Empire State Building ▶P66
ミッドタウン・ウエスト MAP付録P.17 D-3

『インデペンデンス・デイ』(1996年)、『キング・コング』(2005年)に登場したこのビルは、1972年にワールド・トレード・センター・ビルが誕生するまで世界の高さを誇っていた街のランドマーク。1976年アメリカ合衆国建国200周年を記念し、カラーの夜間照明によるビルのライトアップをスタート。記念日やクリスマスなどのイベントに合わせたカラフルなライトアップが注目を集めるようになった。2012年に最先端のLED照明が導入されると、1600万色以上の光を表現が可能になり、単純なライトアップにとどまらず、ビルをキャンバスに絵を描いて観客を楽しませてくれるように。

➡バブル期は日本人がビル所有者に

多くの通勤列車が乗り入れる大都市のターミナル駅
グランド・セントラル駅
Grand Central Terminal ▶P155
ミッドタウン・イースト MAP付録P.15 E-4

鉄道王のヴァンダービルトが1871年に造った鉄道を前身とするグランド・セントラル駅はニューヨークの玄関口。現在の駅は当時ライバルだったペンシルベニア駅よりも豪華な造りを目指して1913年に完成したもの。プラネタリウムのように星座が描かれた丸天井、パリのオペラ座をイメージした大理石の階段がある高さ38mの広いコンコースは、初めて訪れた者を圧倒させる。そのコンコースを見下ろすバルコニーに上がり、行き交う大勢の人の波を目にして、ロバート・デ・ニーロとメリル・ストリープが大人の恋愛を描いた映画『恋におちて』(1984年)を思い出す人もいることだろう。

➡プラットホームはコンコースを降りた地下にある

移民たちに希望の光を与えたN.Y.の有名な観光スポット
自由の女神
Statue of Liberty ▶P60
リバティ島 MAP付録P2B4

『ゴーストバスターズ2』(1989年)、『ホーム・アローン2』(1992年)、『デイ・アフター・トゥモロー』(2004年)など数多くの映画に登場する自由の女神像は、1886年アメリカ合衆国独立100周年の記念にフランスが友好の証として贈ったもの。当初はアメリカ初の白熱灯を使用した灯台として役目を果たしていたが、夜間に船を誘導するにはその明かりが暗すぎたうえ、発電機を使用して明かりを灯すとコストがかさみ、1902年に灯台としての歴史に幕を閉じる。以降、船でこの地を訪れる移民たちを迎える女神となった。

心も体もリフレッシュできるマンハッタンのオアシス
セントラル・パーク
Central Park ▶P44
セントラル・パーク MAP付録P6 C-4

『オータム・イン・ニューヨーク』(2000年)などの映画のワンシーンでおなじみのセントラル・パーク。今ではニューヨーク市民に欠かせない憩いのスポットになっているが、グリニッチ・ヴィレッジ以北のマンハッタンが未開発だった1811年、東西のアヴェニューと南北のストリートからなる道路網を定める都市計画にこの公園は予定されていなかった。しかし19世紀半ば、市民には広場ではなく大きな公園が必要と考えられ、岩だらけの湿った土地を造成し、大規模な公園の設計と建設が行われた。

『ホーム・アローン2』(1992年)に登場する石橋「ギャプストウ・ブリッジ」は、開園当初にイギリスの建築家、ジェイコブ・レイ・モールドが手がけた木製の橋が古くなり、1896年に地元の石を使って架け替えられたもの。その近くにある冬季オープンのスケートリンクが有名なウォルマンリンクは、バックに高層ビルが並ぶいかにもニューヨークらしいスポットだ。

ニューヨーカーたちがくつろぐ広々とした芝生「シープ・メドウ」の近くにあるレストラン「タヴァーン・オン・ザ・グリーン」は1880年代、羊小屋だった建物を1934年にセントラル・パークの設計に携わったロバート・モーゼスによりレストランに改築されたもの。おしゃれな高級レストランとして観光客にも親しまれているこの店は、『ゴーストバスターズ』(1984年)、『ウォール街』(1987年)、ベット・ミドラー主演の映画『ステラ』(1990年)など、数多くの映画の舞台にもなっている。

➡ボウ・ブリッジからの眺めは必見

STAY AT THE RELAXING HOTEL

ホテル

世界トップクラスの宿にステイ

Contents

デザイン性の高さと極上の空間を兼ね備える

世界が注目!ニューオープンのホテル

各国をリードする最新鋭のホテルが続々誕生しているニューヨーク。
有名デザイナーが手がけるラグジュアリーな客室やコンセプトは話題沸騰。

気品ある雰囲気を漂わせる
リバーサイドの隠れ家ホテル

1

クラシックとモダンが見事に調和
33ホテル
33 Hotel

ロウアー・マンハッタン **MAP** 付録P.13 D-3

サウス・ストリート・シーポート地区
の歴史ある街並みに溶け込むレンガ造
りのホテル。客室はクラシカルながら
現代的なセンスでまとめられ、ブルッ
クリン・ブリッジの眺めが素晴らしい。
スイートルームは全室テラス付き。

☎212-766-6600 🚇Ⓜ2・3線Fulton St駅
から徒歩7分 🏠33 Peck Sl.
💰Ⓣ$548〜 Ⓓ$346〜 客室66室
🌐33hotel.com/nycseaport/ 🍴

1.シグネチャー・スイートは6階にあり開放感あふ
れるテラスが魅力 2.ブルックリン・ブリッジや対
岸の街並みも見渡せる 3.イタリアにインスパイ
アされたレストラン、ベリーニ 4.ベリーニには
バーも併設されている 5.ミスターCロフトはキ
ングベッドまたはダブルベッド2台が選べる

環境にやさしい癒やしを演出

水辺の風景と緑に囲まれた

1

アート

エンターテインメント

グルメ

スイーツ&カフェ

ショッピング

歩いて楽しむ

ホテル

屋上からの開放的な眺望が抜群

1ホテル・
ブルックリン・ブリッジ

1 Hotel Brooklyn Bridge

ダンボ **MAP** 付録P.26 A-3

ブルックリン・ブリッジとマンハッタンを見渡す絶好のロケーション。地球環境に配慮した設計で、植物や再生材を利用した空間が心地よい。絶景のルーフトップ・バーやプールも魅力。

☎347-696-2500(予約は833-625-6111)
🚇M・C線High St駅から徒歩10分🏠60
Furman St. 🕐🅣🅓$733〜 客室数195室 🅗🅟
www.1hotels.com/brooklyn-bridge
💳

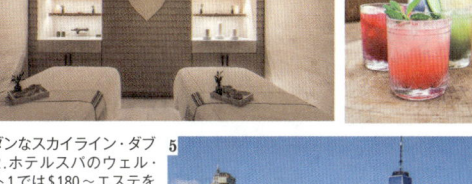

1.モダンなスカイライン・ダブル　2.ホテルスパのウェル・アット1では$180〜エステを体験　3.ルーフトップ・バーのハリエッツ・ルーフトップ&ラウンジ(→P.64)　4.スイートのリビングスペース　5.マンハッタンの絶景を望むプール

173

多彩な歴史が刻まれた
アートが施された美空間

美大の学生寮をおしゃれに改装
フリーハンド・ニューヨーク
Freehand New York

グラマシー **MAP** 付録P.11 D-2

もとは多くの芸術家が出入りした
ジョージ・ワシントン・ホテル。その
後、美大の学生寮の時代を経て、新た
なホテルに生まれ変わった。レトロな
雰囲気と木目調の家具がセンス良く調
和し、随所に配されたアートも魅力。

☎212-475-1920 交M6線23 St駅から徒歩2分
所 23 Lexington Ave. 料 ⑪⑫ $160〜 客室数 395
室 HP freehandhotels.com/new-york/

1.落ち着いた色彩に包まれたキングルーム　2.カ
ジュアルな食事が味わえるブロークン・シェイカー
のテラス席　3.週末はブランチを楽しむ地元客も
多い　4.ホテル内の階段もレトロな雰囲気でお
しゃれ　5.クラシカルなジョージ・ワシントン・
バーでしっとりと一杯楽しみたい

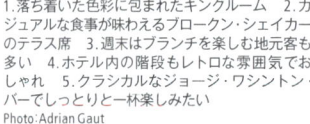

Photo：Adrian Gaut

アート

エンターテインメント

グルメ

スイーツ&カフェ

ショッピング

歩いて楽しむ

ホテル

高層階の部屋でゆったり

充実の設備で快適ステイ

便利な立地で観光や買い物に最適

エンバシー・スイーツ・ニューヨーク・マンハッタン・タイムズ・スクエア

Embassy Suites by Hilton New York Manhattan Times Square

ミッドタウン・ウエスト **MAP** 付録P.17 D-3

タイムズ・スクエアや5番街にも歩いて行ける39階建てのホテル。多くの客室にはソファを備えたリビングがあり、電子レンジなどの設備も揃う。無料のオーダー形式の朝食もうれしい。

☎212-912-0111 🚇M B・D・F・M・N・Q・R・W線34 St-Herald Sq駅から徒歩3分
🏠60 W. 37th St. 🈺D＄269〜 🛏310室
🌐www.hilton.com/en/hotels/nycmies-embassy-suites-newyork-manhattan-times-square/ 📠

1.マンハッタンのビル街の夜景が目の前に広がる 2.スカイローン・カフェはホテル内のラウンジ・バブ 3.ゆったりくつろげるキングスイートはラグジュアリーで上質な客室 4.レストランのヒーストはロビーにあるモダンダイニング

老舗が演出するハイエンドなくつろぎ空間

ブティックホテルの上質なひととき

クリスタルガラスの老舗高級店がプロデュースするホテルや、創業100年を
超える歴史を持つホテルなど、高級かつ個性的な魅力を体感するステイを。

洗練された輝きを放つ
クリスタルの豪華な宮殿

1

2

バカラによる世界初の旗艦ホテル

バカラ・ホテル

Baccarat Hotel & Residences

ミッドタウン・ウエスト **MAP** 付録P15 D-2

高級クリスタルメーカーとして世界に
名を知られるバカラ社がプロデュース。
客室やサロンなど館内の随所にバカラ
製品がちりばめられ、ラグジュアリー
な雰囲気に満ちている。コスメブラン
ド直営の贅沢なスパも話題に。

☎844-203-3008
交 Ⓜ E・M線5 Av/53 St駅から徒歩2分 **所** 28
W. 53rd St. **料** Ⓓ $850〜 **客数** 114室 **HP**
www.baccarathotels.com/

1.豪華絢爛で気品あふれるバカラ・スイート　2.ホテルの2階
にあるバー。バカラ製のグラスで味わうお酒は格別　3.スキン
ケアクリームの最高峰といわれるドゥ・ラ・メールのスパ　4.至
福の時を約束するプールが自慢　5.キングサイズのベッドを
備えたプレステージ・スイート

3

4

5

アート

エンターテインメント

グルメ

スイーツ&カフェ

ショッピング

歩いて楽しむ

ホテル

重厚な雰囲気と流行が共存する

アルゴンキン・ホテル
The Algonquin Hotel

ミッドタウン・ウエスト **MAP** 付録P.14 C-4

1902年の開業以来、作家や俳優などに愛されてきた歴史を持つ。客室はヨーロッパ調のデザインで統一され、エレガントな雰囲気が漂う。タイムズ・スクエアに近く、観光にも便利。看板猫が迎えてくれることでも有名だ。

☎212-840-6800 Ⓜ B・D・F・M線42 St-Bryant Park駅から徒歩3分 59 W. 44th St. Ⓓ$422～ 184室 www.marriott.com/en-us/hotels/nycak-the-algonquin-hotel-times-square-autograph-collection/

右縦書き：老舗の風格を感じさせる落ち着きのあるたたずまい

1. エドワード調のクラシカルな客室　2. 建物は1987年にニューヨーク市のランドマーク建築に指定　3. 創業当時の趣を残すロビー　4. ブルーの照明がムーディな大人の夜を演出するブルーバー　5. ラウンジは落ち着いた雰囲気のレストラン。天井が高くゆったりと食事を楽しめる

1. ペントハウスの北側からの景色　2. 木目調の重厚感あふれるロビー　3. おしゃれな暖炉が印象的なファイアー・プレイス・キング・ルーム　4. カウンターで静かにお酒を楽しめるバー44

1988年創業がリノベーション

ロイヤルトン
Royalton

ミッドタウン・ウエスト **MAP** 付録P.14 C-4

人気デザイナーデュオのローマン&ウィリアムスが手がけた最先端のデザインが印象的。客室はアースカラーを基調とした内装で、豪華なスイートやペントハウスタイプの部屋も備わる。シックなバー44も利用したい。

☎212-869-4400 Ⓜ B・D・F・M線42 St-Bryant Park駅から徒歩3分 44 W. 44th St. Ⓣ$160～ Ⓓ$192～ 168室

右縦書き：デザイン性と快適さを追求した時代の最先端をいく客室が魅力

HOTEL

トップクラスを誇る洗練されたおもてなしを体感
有名ブランドホテルをセレクト

特別な旅を彩る快適な客室やダイニング、スパなど、設備やロケーションに
優れた一流ホテル。旅の疲れを癒やしてくれる、お気に入りの宿を選びたい。

○ 日本人の利用者も多い、立地抜群の大型ホテル
シェラトン・ニューヨーク・タイムズ・スクエア
Sheraton New York Times Square
ミッドタウン・ウエスト **MAP**付録P.14 C-2

☎212-581-1000 ⊗ⓂB・D・E線7 Av
駅からすぐ 🚇811 7th Ave.
🅑D$259〜 室数1800室
🅗www.marriott.com/en-us/hotels/
nycst-sheraton-new-york-times-square-
hotel/ 📧

○ マンハッタン中心にあるクラシカルな老舗ホテル
インターコンチネンタル・ニューヨーク・バークレー
InterContinental New York Barclay
ミッドタウン・イースト **MAP**付録P.15 F-3

☎212-755-5900 ⊗Ⓜ6線51 Stから徒歩3分
🚇111 E. 48th St. 🅑T$533〜 D$499〜 室数700室
🅗www.icbarclay.com 📧

○ 著名人も泊まるモダンラグジュアリーなホテル
トンプソン・セントラルパーク・ニューヨーク
Thompson Central Park New York
ミッドタウン・ウエスト **MAP**付録P.14 C-1

☎212-245-5000 ⊗ⓂF線57 St駅／N・Q・R・W線57 St - 7 Av駅
から徒歩3分 🚇119 W. 56th St. 🅑T$491〜 D不明 室数587室
🅗www.hyatt.com/thompson-hotels/lgatp-thompsoncentral-park-
new-york 📧

○ 部屋ごとに個性の異なるおしゃれな内装に注目
エース・ホテル
Ace Hotel
チェルシー **MAP**付録P.10 C-1

☎212-679-2222 ⊗ⓂR・W線28 St駅から徒歩2分
🚇20 W. 29th St. 🅑TD$168〜 室数283室
🅗www.acehotel.com/new-york/ 📧

○ アール・デコ調の建物が特徴的な最先端のホテル
JWマリオット・エセックス・ハウス
JW Marriott Essex House
ミッドタウン・ウエスト **MAP**付録P.8 C-2

☎212-247-0300 ⊗ⓂN・Q・R・W線57 St-7 Av駅から徒歩1分／F
線57 Stから徒歩3分 🚇160 Central Park S. 🅑T$560〜 D不明
室数426室 🅗www.marriott.com 📧

○ スタイリッシュに改装された広い客室が人気
マリオット・ニューヨーク・ブルックリン・ブリッジ
New York Marriott at the Brooklyn Bridge
ダンボ **MAP**付録P.26 C-4

☎718-246-7000 ⊗ⓂA・C・F・R線Jay
St - MetroTech駅から徒歩2分 🚇333
Adams St. 🅑TD$249〜 室数666室
🅗www.marriott.com/en-us/hotels/
travel/nycbk-new-york-marriott-at-the-
brooklyn-bridge/ 📧

○ ハドソン川沿いを望めるロマンティックなホテル
コンラッド・ニューヨーク
Conrad New York
ロウアー・マンハッタン **MAP**付録P.12 B-3

☎212-945-1000
⊗Ⓜ E線World Trade Center駅から徒歩7分
🚇102 North End Ave. 🅑T$399〜 D不明 室数463室
🅗www.conradnewyork.com 📧

○ 洗練されたデザインの最先端ブティックホテル
パブリック・ホテル
Public Hotel
ロウアー・イースト・サイド **MAP**付録P.21 E-2

☎212- 735-6000 ⊗ⓂF線2 Av駅から徒歩4分
🚇215 Chrystie St. 🅑TD$242〜 室数187室
🅗www.publichotels.com/ 📧

○ ウィリアムズバーグに建つ眺望抜群の高層ホテル
ウィリアム・ヴェイル
The William Vale
ウィリアムズバーグ **MAP**付録P.28 B-1

☎718-631-8400 ⊗ⓂL線Bedford Av駅から徒歩8分
🚇111 N. 12th St. 🅑T$450〜 D$295〜 室数183室
🅗www.thewilliamvale.com/ 📧

○ JFK空港のTWAターミナルがホテルとして復活
TWAホテル
TWA Hotel
JFKターミナル5内 **MAP**付録P.3 F-4

☎212-806-9000 ⊗🚇ジョン・F・ケネディ国際空港直結
🅑TD$249〜 室数512室 🅗www.twahotel.com/ 📧

旅の基本情報

📍

旅の準備

パスポート（旅券）

旅行の日程が決まったら、まずはパスポートを取得。各都道府県、または市町村のパスポート申請窓口で取得の申請をする。すでに取得している場合も、有効期限をチェック。ニューヨーク州があるアメリカへの入国時には、パスポートの有効残存期間が90日以上は残っているのが望ましい。

ESTA（電子渡航認証システム）

アメリカへの入国はESTA（電子渡航認証システム）と呼ばれるシステムによる事前申請が必要。公式HPから渡航の72時間前までに手続きを済ませ、認証してもらおう。手続きの詳細は➡P.180へ。

ビザ（査証）

ESTAによる渡航認証、出国用航空券、IC旅券があれば90日以下の観光、商用目的での滞在はビザ不要。

海外旅行保険

海外で病気や事故に遭うと、思わぬ費用がかかってしまうもの。携行品の破損なども補償されるため、必ず加入しておきたい。保険会社や旅行会社の窓口やインターネットで加入できるほか、簡易なものであれば出国直前でも空港にある自動販売機でも加入できる。クレジットカードに付帯しているものもあるので、補償範囲を確認しておきたい。

- -

☎ 日本からニューヨークへの電話のかけ方

| 010 | → | 1 | → | 市外局番 | → | 相手の電話番号 |

国際電話の識別番号　　アメリカの国番号

荷物チェックリスト

◎	パスポート	
◎	パスポートのコピー（パスポートと別の場所に保管）	
◎	ESTAの申請番号控え（46日以上の滞在の場合）	
◎	現金	
◎	クレジットカード（2枚以上を推奨）	
◎	航空券またはeチケット	
◎	ホテルの予約確認書	
◎	海外旅行保険証	
◎	ガイドブック	
	洗面用具（歯磨き・歯ブラシ）	
	常備薬・虫よけ・生理用品	
	化粧品・日焼け止め	
	着替え用の衣類・下着	
	冷房対策用の上着	
	水着	
	ビーチサンダル	
	雨具・折りたたみ傘	
	帽子・日傘	
	サングラス	
	防水ポーチ・防水スマホケース	
	部屋着	
	エコバッグ	
	携帯電話・充電器・モバイルバッテリー	
	デジタルカメラ・充電器・メモリーカード	
	Wi-Fiルーター	
	ウェットティッシュ・ティッシュ・ハンカチ	
△	スリッパ（ホテルでも使用）	
△	アイマスク・耳栓	
△	エア枕	
△	筆記具	

◎必要なもの　△機内で便利なもの

入国・出国はあわてずスマートに手続きしたい!

落ち着いて行動するために、事前に流れをシミュレーション。荷物や申請に不備がないか確認しておけば安心。

アメリカ入国

① 入国審査

到着後、スタッフの指示に従い入国審査所へ向かう。審査官にパスポートと税関申告書(求められれば復路の航空券も)を提出し、滞在の期間や目的を伝える。指紋採取、顔画像撮影を行い、パスポートに入国スタンプを押してもらったらOK。2008年以降にアメリカへの入国歴がある人は自動入国審査端末(APC)を利用でき、質問の回答入力やパスポートのスキャンなど入国審査をキオスク端末で行える。APCを利用した場合は税関申告書の記入は不要。

② 預けた荷物の受け取り

モニターで自分の搭乗便を確認。該当のターンテーブルで預けた荷物を受け取る。荷物が出てこない場合はパッケージクレーム・タグを係員に見せ手続きする。

 出発前に確認しておきたい!

ESTA(電子渡航認証システム)

アメリカ入国までに渡航認証されている必要があるので、公式HPから申請する。申請料は$14。認証されていないとチェックインができない可能性が高いので注意。渡航72時間前までに申請することが推奨されている。
🌐 esta.cbp.dhs.gov/esta/

① 公式HPにアクセス
専用HPの「新規の申請」から「個人による申請」を選択し、免責事項を確認。

ESTA申請で検索すると公式ではない申請サイトもヒットするので注意

② 必要事項を入力
氏名やパスポート番号などの申請者の情報と、渡航情報を入力し、質問に回答。項目内容を確認してから送信する。

③ 支払いと認証の確認
クレジットカードで申請料を支払う。トップページの「既存の申請内容を確認」から控えておいた申請番号でアクセスし、認証が承認されていれば完了。

③ 税関手続き

税関申告書は機内で配られるので事前に記入しておく。申請するものがなければ緑の通路へ進む。申告するものがあれば、赤の通路の係員に申請する。税関を通過したら、個人旅行者用出口から到着ロビーへ。

アメリカ入国時の免税範囲

アルコール類	酒類1ℓまで(21歳以上)
たばこ	紙巻たばこ200本、または葉巻100本(21歳以上)
物品	$100相当まで
現金	課税されないが、合計$1万相当以上の場合は申告が必要

Webチェックイン

搭乗手続きや座席指定を事前にWebで申請しておくことで、空港で荷物を預けるだけで済み大幅に時間を短縮できる。一般的に出発時刻の24時間前からチェックイン可能。パッケージツアーでも利用できるが一部は対象外で、その際は空港カウンターでの手続きとなる。

機内への持ち込み制限

● **液体物** 100㎖(3.4oz)を超える容器に入った液体物はすべて持ち込めない。100㎖以下の容器に小分けにしたうえで、ジッパー付きの透明なプラスチック製袋(縦横40㎝以内)に入れる。免税店で購入したものは100㎖を超えても持ち込み可能だが、乗り継ぎの際に没収されることがある。
● **刃物** ナイフやカッター、ハサミなどの刃物。
● **電池・バッテリー** 100Whを超え160Wh以下のリチウムを含む電池は2個まで。100Wh以下や本体内蔵のものは制限はない。160Whを超えるものは持ち込み不可。
● **ライター** 小型かつ携帯型のものを1個まで。
● **粉末状物質** 350㎖(12oz)を超えるコーヒーなどの粉末。アメリカ行き国際線のみの規制。粉ミルクは例外となる。

注意が必要な持ち込み品

アメリカへ植物、果物、肉類、土などを持ち込むことはできない。肉、卵などの畜産物はエキスの入った加工品(インスタント製品や缶詰)もNGだ。

アメリカ出国

① 空港へ向かう

搭乗する航空会社によってターミナルが違うため、事前によく確認しておきたい。チェックインがまだであれば2時間前、Webチェックインを済ませていても1時間前には着いていたい。

② チェックイン

チェックインがまだであれば、カウンターでパスポートと搭乗券(eチケット)を提示。預ける荷物をセキュリティチェックに通し、バゲージクレーム・タグを受け取る。預け入れ荷物は施錠できないので、スーツケースベルトなどを活用したい。ただし、TSAロックのスーツケースなら施錠可。

③ セキュリティチェック

セキュリティチェックはテロ対策で時間がかかることもあるので、余裕をもって受けたい。機内持ち込み荷物のX線検査とボディチェックを受ける。ボディチェックはベルト、携帯、時計、アクセサリーなどの金属類を外して行う。

④ 搭乗

セキュリティチェック後は出発フロアで免税店でのショッピングやグルメを楽しめる。30分前には搭乗ゲート前に到着しておきたい。機内で配られる「携帯品・別送品申告書」も記入しておこう。

日本帰国時の免税範囲

アルコール類	1本760ml程度のものを3本
たばこ	紙巻たばこ200本、葉巻50本、その他250g、加熱式たばこ個装等10個のいずれか。
香水	2oz(オーデコロン、オードトワレは含まない)
その他物品	海外市価1万円以下のもの。1万円を超えるものは合計20万円まで

※アルコール類、たばこは20歳以上のみ

日本への主な持ち込み制限品

持ち込み禁止品	麻薬類、覚醒剤、向精神薬など
	拳銃などの鉄砲、弾薬など
	ポルノ書籍やDVDなどわいせつ物
	偽ブランド商品や違法コピー商品
	DVDなど知的財産権を侵害するもの
	家畜伝染病予防法、植物防疫法で定められた動植物とそれを原料とする製品
持ち込み制限品	ハム、ソーセージ、10kgを超える乳製品など検疫が必要なもの
	ワシントン国際条約の対象となる動植物とそれを原料とする製品
	猟銃、空気銃、刀剣など
	医薬品、化粧品など

📍 こちらもチェックしておきたい！

預け入れ荷物の施錠

アメリカからの出発・乗り継ぎ便はテロ対策として、預け入れ荷物のスーツケースなどに鍵をかけないよう通知されている。鍵をかけていた場合、最悪鍵が壊されることもあり、さらに保険の対象外だ。貴重品は預け入れではなく、手荷物として機内に持ち込みたい。

空港での別送品の申告

海外から物品を別送する場合は、日本入国時に「携帯品・別送品申告書」を2通税関に提出する。うち1通は税関に確認印を押してもらい、保管する。通関手続きが終了すると、税関外郵出張所からお知らせのはがきが届くので確認印が押された申告書を提出する。

出入国の自動化ゲート、顔認証ゲート

日本の一部空港では、パスポートと指紋の登録でスムーズに出入国を行える「自動化ゲート」や、登録なしで顔認証により自動的に出入国手続きが済む「顔認証ゲート」が運用されている。どちらもパスポートへの入国スタンプは押されないので、必要な場合は各審査場事務室の職員に申し出よう。

荷物の重量制限

帰国時に重くなりがちな預け入れ荷物。JALやANAなどLCCではない航空会社であれば、1個23kgまでの荷物が2個まで預け入れ無料というのがスタンダード。重量オーバーすると別途料金が必要になるので、重い荷物をバランスよく2つに分けることが重要だ。

3つの空港からマンハッタンへアクセス！

ニューヨークの玄関口は周辺にある3つの空港を利用する。なかでもジョン・F・ケネディ国際空港は世界中から旅客が集まる大規模ハブ空港で、日本からの直行便も数多く就航。旅のスケジュールや予算に合わせて空港を選択したい。

ジョン・F・ケネディ国際空港

John F. Kennedy International Airport

MAP 付録P.3 F-4

ニューヨークの旅で最も利用客の多いハブ空港。日本からニューヨークへの直行便は、羽田空港から毎日発着。関西国際空港からは、国内・外の空港を経由する便が不定期発着。直行便はいずれも所要約12～13時間。日本航空とアメリカン航空はターミナル8、全日空はターミナル7に到着。

Jamaica 駅
ターミナル7
ターミナル5
Terminal 7 駅
Terminal 5 駅
ターミナル8
TWA ホテル
ターミナル8
Terminal 8 駅
Federal Circle 駅
Terminal 4 駅
ターミナル4
Terminal 1 駅
Terminal 2-3 駅
ターミナル1
ターミナル2
N
バス乗り場

空港からマンハッタンへ

空港からマンハッタンまでは車で約1時間程度。リーズナブルに済ませたいならエアトレインと地下鉄を活用するのがおすすめ。運行時間に注意しながら計画を。

タクシー

最も便利な交通手段。各ターミナルの到着ロビーを出たところに乗り場がある。イエロー・キャブの認証を受けている車種に乗車するのがマスト。道路状況により所要時間は大幅に変わるのでゆとりをもって行動を。マンハッタンまでは一律の金額が設定されているのでわかりやすい。

所要	約1時間
料金	$70

※タクシー代に渋滞緩和税が必要

グランドセントラル・エクスプレス・バス

マンハッタンのターミナルであるグランド・セントラル駅へ向かうバス。公式HPから予約が可能なので、事前に確認しておきたい。運行時刻は6～23時頃（運行間隔は60分程度）

所要	約1～2時間
料金	$29

エアトレイン

各ターミナルを経由し、地下鉄E・J・Z線、地下鉄A線の2方向に運行。各駅で地下鉄に乗り換えてマンハッタンへ行ける。

所要	約1時間20分～
料金	$8.50+$2.90

※エアトレイン料金＋メトロ料金

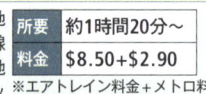

エアリンクシャトル

マンハッタン内ならどこでも停車する乗合バス。小型のバンだが、個人の目的地の近くまで移動してくれるのが魅力。

所要	約1時間30分～
料金	$34～

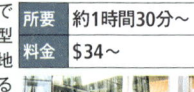

ニューアーク・リバティ国際空港

Newark Liberty International Airport **MAP** 付録P.2 A-4

マンハッタンから南西に約26km、ニュージャージー州にあるニューヨーク第2の空港。A、B、Cの3つのターミナルからなる。日本からの直行便は、成田国際空港と羽田空港からユナイテッド航空(UA)がそれぞれ1日1便運航。ユナイテッド航空はターミナルBに到着。

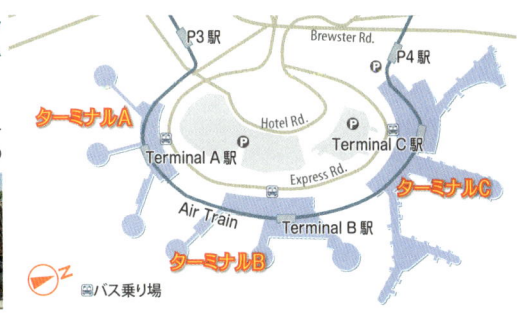

バス乗り場

空港からマンハッタンへ

州こそ異なるがマンハッタンまでの距離は比較的近い。マンハッタンの西側やロウアー・マンハッタンを拠点にするなら便利。

 レンタカー | 所要 約30分 | 料金 レンタカー会社により異なる

各ターミナルの到着ロビーを出たところに乗り場がある。マンハッタンまでの所要は、道路状況にもよるが、50～60分が目安。

ニューアーク・エアポート・エクスプレス・バス

グランド・セントラル駅、ポート・オーソリティ・バス・ターミナル、ブライアント・パーク駅へ向かうバス。

所要	約1時間
料金	$22.50

 エアトレイン

マンハッタンへの移動ならエアトレインとNJトランジットを乗り継いで移動する。

所要	約1時間
料金	$17.10

エアリンクシャトル

マンハッタン内ならどこでも停車する乗合バス。

所要	約1時間
料金	$37.45～

ラガーディア空港

LaGuardia Airport **MAP** 付録P.3 E-2

マンハッタンの東まで約13km、クイーンズの北にあるアメリカ国内線専用の空港。セントラル・ターミナル・ビルをはじめとする4つのターミナルからなり、近距離の都市を結ぶシャトル便が充実している。

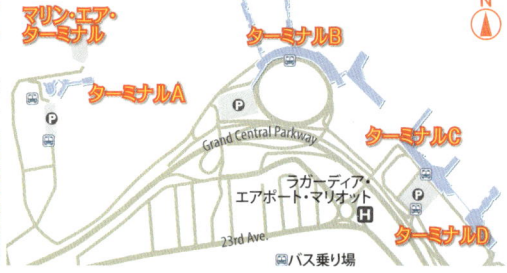

バス乗り場

空港からマンハッタンへ

マンハッタンの中心部まで移動するなら、3つの空港のなかでラガーディア空港がいちばん近い。主にバスでの移動となる。

 レンタカー | 所要 約20～30分 | 料金 レンタカー会社により異なる

各ターミナルの到着ロビーを出ると乗り場がある。白タクもいるが、必ず正規の乗り場から乗ること。乗り場には係員がいるので指示に従う。

 エアリンクシャトル

マンハッタン内ならどこでも停車する乗合バス。

所要	約45分～
料金	$34～

ニューヨークのお金のことを知っておきたい！

事前に大まかな支出を算出して、現金払いか、カード払いか想定しておけば適切な両替額もわかりやすくなる。

通貨

通貨はドル（$）とセント（¢）で、$1＝100¢。

$1 ＝ 約155円

（2025年1月現在）

1万円 ＝ 約$64

紙幣は$1、2、5、10、20、50、100まで7種類あるが、よく見かけるのは$20までで、$2紙幣はほぼ流通していない。硬貨は1〜25¢の4種類が主流。50¢と$1の硬貨も存在しているが見かけることはほとんどない。旅行の際は、チップに便利な$1や$5を常に用意するのがよい。

紙幣

$1

$5

$10

$20

$50

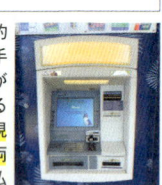 ※下部の$100札
$100

硬貨

25¢
クォーター

10¢
ダイム

5¢
ニッケル

1¢
ペニー

両替

どこで両替をすればいい?

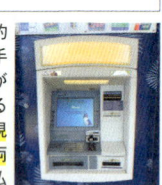

場所や店舗により異なるが、一般的にホテルや空港はレートが悪く、手数料が高い。銀行はレートは良いが営業時間が短いので、街に点在する両替所がおすすめ。必要最小限の現金を日本の空港やニューヨークの両替所で両替したら、基本はカード払いするほうがポイントなどを考慮するとお得で安全性も高い。現金が足りなくなったらATMでキャッシングを利用するのもおすすめ。

> 日本円からの両替は BUYING

レート表の見方

CURRENCY (通貨)	SELLING	BUYING
JAPANESE YEN	108.97000	111.97000
BRITISH POUND	0.79543	0.80781

両替する通貨／ドルを日本円に両替するときのレート／日本円をドルに両替するときのレート。この場合、1万円が$89.30の換算

クレジットカードのキャッシング／デビットカード

クレジットカードのキャッシングによる現地通貨の引き出しは利息が発生するが、帰国後すぐに繰り上げ返済すれば、現金での両替よりもレートが有利なこともある。事前にキャッシングの可否やPIN（暗証番号）の確認を忘れずに。また、VISAやMasterのデビットカードもATMで現地通貨の引き出しが可能。

海外トラベルプリペイドカード

プリペイドカードを利用して事前に日本で必要な分だけ入金しておき、ATMで現地通貨を引き出せる。任意の金額しかカードに入っていないので安全性が高く、為替手数料は現地両替所やほかのカードと比べて割安なことがある。

クレジットカード

ニューヨークでは、屋台やマーケットなどを除けば多くの場所でクレジットカードが利用できる。高額な現金を持ち歩くのは危険なので、現地では$1程度の少額でも利用する人が多い。VISA、Master、AMEXが主流だが、JCBなども問題なく使用できる。ホテルやレンタカー会社などで保証金代わりとして求められることもある。非対応の場合や、紛失などのトラブルに備えて2枚以上あると安心。

ATM の使い方

ENTER PIN	
ENTER	入力
CORRECTION	訂正
CANCEL	キャンセル

1、暗証番号を入力 ENTER PIN

PIN(暗証番号)を入力と表示されたら、クレジットカードの4ケタの暗証番号を入力し、最後にENTER(入力)を押す

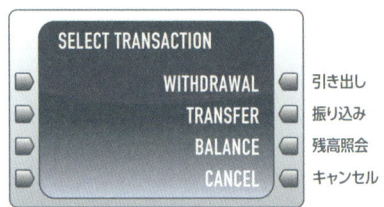

SELECT TRANSACTION	
WITHDRAWAL	引き出し
TRANSFER	振り込み
BALANCE	残高照会
CANCEL	キャンセル

2、取引内容を選択 SELECT TRANSACTION

クレジットカードでのキャッシングも、国際キャッシュカードやデビットカード、トラベルプリペイドカードで引き出すときもWITHDRAWAL(引き出し)を選択

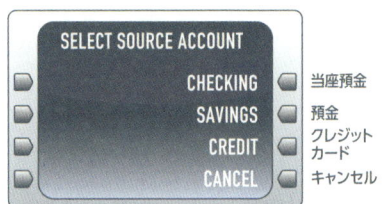

SELECT SOURCE ACCOUNT	
CHECKING	当座預金
SAVINGS	預金
CREDIT	クレジットカード
CANCEL	キャンセル

3、取引口座を選択 SELECT SOURCE ACCOUNT

クレジットカードでキャッシングする場合はCREDIT(クレジットカード)、トラベルプリペイドカードなどで預金を引き出す場合はSAVINGS(預金)を選択

SELECT AMOUNT	
10	100
20	200
50	500
OTHER	CANCEL

4、金額を選択 SELECT AMOUNT

引き出したい現地通貨の金額を選ぶ。決められた金額以外の場合はOTHER(その他)を選ぶ。現金と明細書、カードを受け取る

物価

ニューヨークの物価は日本の都市部と同程度。食事代は日本よりも高く感じるが量も多いので、シェアするとよい。アメリカブランドのものは日本よりも安く手に入ることも。

バス片道料金
$3(約465円)

タクシー初乗り
$3(約465円)

ミネラルウォーター
(500㎖)
$2前後(約310円)

ビール
$10程度
(約1550円)

ドーナツ
$4前後(約620円)

ハンバーガー
$15前後(約2325円)

予算の目安

東京〜ニューヨーク間の航空券は時期により13万〜25万円程度。下記のほかに施設入場料やおみやげ代をプラス。

宿泊費 マンハッタンの場合、格安ホテルで1室あたり2万〜2.5万円、中級ランクで3万〜5万円、高級ホテルなら10万円以上が相場。

食費 ステーキハウスやホテルのダイニングは1人約$50〜100は必要。フードコートなら1人約$15、ドーナツなどの軽食は約$5など安く済む。

交通費 地下鉄は片道$2.90と交通費を節約できるが、夜やエリアの治安状況に応じてタクシーを利用するなど多少の出費も必要。

チップ

サービスを受けたときに渡す習慣で、最少額は$1。レストランやツアー、タクシーなどは15〜20%程度を払う。カードで払う場合もチップの金額を上乗せしてレシートの「Tip」の欄に書き込んで支払う。 伝票に「Tip」や「Service Charge」などの名目ですでに金額が計上されている場合はチップが含まれているので、額面どおりの支払いでOK。

金額の目安

ホテル・ベッドメイキング	$2
空港やホテルのポーター	荷物1つにつき$1
タクシー	利用料金の15%
エステ・マッサージ	利用料金の20%程度

電話／インターネット事情を確認しておきたい！

現代の旅には欠かせないスマートフォンやタブレットを快適に利用するため、通信の手立てを考えておきたい。

電話をかける

> 国番号は、日本が81、アメリカが1

ニューヨークから日本への電話のかけ方

ホテル、公衆電話から

ホテルからは外線番号 → 011 → 81 → 相手の電話番号

011＝国際電話の識別番号　81＝日本の国番号　※固定電話の市外局番、携帯電話とも最初の0は不要

携帯電話、スマートフォンから

0または＊を長押し → 81 → 相手の電話番号

0または＊＝※機種により異なる　81＝日本の国番号　※固定電話の市外局番、携帯電話とも最初の0は不要

固定電話からかける

ホテルから
外線番号（ホテルにより異なる）を押してから、相手先の番号をダイヤル。たいていは国際電話もかけることができる。

公衆電話から
硬貨やテレホンカード、クレジットカード式のものがある。近年、公衆電話は「LinkNYC」（→ P.187）に変わり減少傾向。

日本へのコレクトコール

緊急時にはホテルや公衆電話から通話相手に料金が発生するコレクトコールを利用しよう。

● **KDDIジャパンダイレクト**
☎1-877-533-0051
オペレーターに日本の電話番号と話したい相手の名前を伝える

携帯電話／スマートフォンからかける

国際ローミングサービスに加入していれば、日本で使用している端末でそのまま通話ができる。滞在中、ニューヨーク市内の電話には市外局番と番号をダイヤルするだけでよい。日本の電話には、＋を表示させてから、国番号「81」＋相手先の番号（最初の0は除く）。同行者の端末にかけるときも、国際電話としてかける必要がある。

海外での通話料金
日本国内での定額制は適用されず、着信時にも通話料が発生するため、料金が高額になりがち。ホテルの電話やIP電話を組み合わせて利用したい。同行者にかけるときも日本への国際電話と同料金。

IP電話を活用する
インターネットに接続できる状況なら、SkypeやLINE、Viber、Messengerなどの通話アプリの利用で、同じアプリ間であれば無料通話ができる。有料プランでニューヨークの固定電話にもかけられ、一般的に国際電話より料金が安い。

インターネットを利用する

ほとんどのホテルでWi-Fiを利用することができる。有料のこともあるので予約時に確認を。街なかでは、主要な美術館やカフェ、デパートなどで利用できる。鍵マークが付いていない無料Wi-Fiスポットは通信内容が読み取られる可能性があるので、カード番号など重要な情報を含む通信を行わないように注意。

● 無料Wi-Fiがある主な施設

ワールド・トレード・センター／ハドソン・ヤーズ／エンパイア・ステート・ビル／トップ・オブ・ザ・ロック／アメリカ自然史博物館／メトロポリタン美術館／ブルックリン・ブリッジ／セントラル・パーク／チェルシー・マーケット／ウエストフィールド・ワールド・トレード・センター／メイシーズ／ハイライン／マディソン・スクエア・パーク／ユニオン・スクエア／ブライアント・パーク／スターバックス／マクドナルドなど

インターネットに接続する

各携帯電話事業者の海外データ定額サービスに加入すれば、1日1000〜3000円程度でのデータ通信が可能。通信事業者によっては空港到着時に自動で案内メールが届くこともあるが、事前の契約や手動での設定が必要なこともあるため、よく確認を。定額サービスに加入せずにデータ通信を行うと高額な料金となるため、不安であれば電源を切るか、機内モードやモバイルデータ通信をオフにしておきたい。

プリペイドSIMカード／レンタルWi-Fiルーター

頻繁に利用するならば、現地用SIMカードの購入や海外用Wi-Fiルーターのレンタルも検討したい。SIMフリー端末があれば、Webサイトなどで事前購入したプリペイドSIMカードを差し込むだけで、期間中、決まったデータ容量の範囲内でデータ通信と通話ができる。5日間利用で2000〜3000円など。デザリングすれば複数人でも使用可能。Wi-Fiルーターの料金はさまざまだが大容量プランで1日500〜1500円ほど。複数人で同時に使えるのも魅力のひとつ。

	カメラ／時計	Wi-Fi	通話料	データ通信料
電源オフ	×	×	×	×
機内モード	○	○	×	×
モバイルデータ通信オフ	○	○	$	×
通常モバイルデータ通信オン	○	○	$	$

○ 利用できる　$ 料金が発生する

無料Wi-Fi「LinkNYC」を活用

「LinkNYC」とは、ニューヨークが設置している無料Wi-Fiステーション。ニューヨーク内にある公衆電話を、無料Wi-Fi、充電ができるUSBポート、周辺のマップなどを無料で利用できるステーションに変えるプロジェクトの一貫として設置。2024年6月現在、約2150台が街なかに完備されている。高速ギガビットの無料Wi-Fiはストレスなく利用できるので観光の際に重宝する。繁華街など観光客が集中する場所では接続に時間がかかる場合もある。

◉無料Wi-Fiがある主なエリア
マンハッタンではミッドタウンとダウンタウンに集中しており、ブロードウェイ、2nd Ave.、3rd Ave.、8th Ave.沿いに並ぶようにWi-Fiスポットがある。通りを歩けばWi-Fiを長時間利用することも可能。ほかにも、ユニオン・スクエア沿いのW. 14th St.や、ニューヨーク市庁舎へと続くラファイエット St.にも数多く設置されている。

◉ステーションを検索する
「LinkNYC」のステーションは街のいたるところに設置されている。訪れる場所でステーションを利用できるか事前に確認するなら、公式HPのFind a Linkから検索。
HP www.link.nyc/

📍「LinkNYC」の使い方

タブレット画面
ニューヨークの地図や経路検索、都市のサービス情報などを調べることができる。

電話
自身のマイク付きイヤホンを接続して電話をかけられる。アメリカ国内なら通話は無料。

911
アメリカでの緊急電話番号。赤いボタンを押すとすぐに通話できる。

オーディオ接続
電話をかける際にイヤホンを接続する。

USBポート
USBポートに接続すれば自身の携帯電話やタブレットを充電できる。

📍「LinkNYC」に接続する

1、ステーションを探す
まずは街なかで「LinkNYC」の無料Wi-Fiステーションを探そう。自身の携帯電話やタブレットなどのWi-Fi設定をオンの状態にして、ステーションから約50m以内で接続の設定を行う。無料Wi-Fiが利用できるのもその範囲内なので注意。

2、Wi-Fi設定の画面へ
Wi-Fi設定の画面に表示された「LinkNYC Free Wi-Fi」を選択。接続設定を一度行えば、どの無料Wi-Fiステーションにも自動的に接続できる。

3、メールアドレスを登録
画面表示に従ってメールアドレスを入力。iPhoneのみ、プライベートWi-Fiにするか確認される。しない場合は「Connect」で接続が完了、すぐに利用が可能に。する場合は「Get the key」から構成プロファイルをインストールして接続完了、利用が可能になる。

郵便

はがき／手紙
日本へ航空便で送る場合、所要5〜7日ほど。はがき、封書（First-Class Mail International）は定形サイズであれば1オンス（28g）まで世界中どこの国へも $1.65。「AIRMAIL」と「JAPAN」と記載しておけば、宛名は日本語でも可。

小包
郵便局の窓口から専用の箱に入れて送る場合、航空便小包（Priority Mail International）は20ポンド（9.06kg）まで送ることができ、料金は $59.75〜152.05。速達郵便（Priority Mail Express International）は4ポンド（1.812kg）まで $59.50かかり、5〜7日で届く。

宅配便

海外旅行の身の回り品やみやげ、かさばる荷物などは、日本の自宅まで配達するのも便利。帰国時の別送品も取り扱う。別送品は、本人帰国後の配達となり、帰国時に別送品申告が必要。米国日本通運、米国ヤマト便、フェデックス（FedEx）などで取り扱っており、料金や到着日は各社異なるので、確認してから利用を。

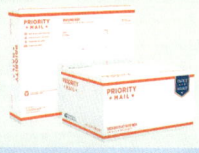

滞在中に知っておきたいニューヨークのあれこれ！

現地であわてないよう、ニューヨークならではの習慣やマナーを知って心の準備をしておけば、より楽しい旅に。

飲料水

ニューヨークの水道水は飲用もできるが、ミネラルウォーターを購入するのが望ましい。スーパーやデリ、ドラッグストアで販売されているペットボトルの水を購入したい。

トイレ

公共のトイレは「Restroom(レストルーム)」と呼ぶのが一般的。日本の洋式と同じ形で水洗、トイレットペーパーも流せる。レストランや大型施設では、清潔で無料のトイレを利用できる。カフェやファストフード店では商品を注文すればトイレは利用可能。トイレを外側から施錠している店もあるので、その場合は店員に鍵を借りよう。駅のトイレや夜間の街なかのトイレは危険なので利用を避けたい。

各種マナー

地下鉄で 地下鉄内には、蓋のない飲み物の持ち込みは禁止。違反をすると罰金が科せられる。席の上に足を置く、横になるなど複数の席を占領することも迷惑行為として罰金となるのでマナーを守って乗車したい。

路上で 自転車は歩道の走行は禁止。車の往来が激しい場所もあるが、車道を走らないと罰金が科せられる。歩きスマホは法律として違反と定められていないものの、近年事故が多発し条例制定の動きが高まっている。周りに注意しながら街歩きをしたい。

その他 公園やホテルなど、公共の場で12歳以下の子どもの単独行動・放置は虐待とみなされる。

ドレスコード

基本的にはカジュアルな服装でよいが、高級レストランではドレスコードを設定しているところが多い。「適度にドレスアップしていくもの」という認識のため、女性ならワンピースやブラウス、足元はパンプスでまとめて。男性はジャケット着用が多く、革靴が無難。

度量衡

日本とは異なるヤード・ポンド法が使われている。下の表を参考にメートル法で数値を置き換えてみて。

主な単位

長さ	1mile(マイル) =約1.6km	重さ	1lb(ポンド) =約453g
長さ	1in(インチ) =約2.54cm	重さ	1oz(オンス) =約28g
長さ	1ft(フィート) =約30.5cm	体積	1pt(パイント) =約473㎖
温度	0℃(摂氏) = 32°F(華氏)	体積	1ga(ガロン) =約3.78ℓ

電化製品の使用

電圧は日本と異なる

ニューヨークの電圧は110～120V(ボルト)、周波数60Hz(ヘルツ)と日本の電圧100V、周波数50～60Hzより少し高め。近年の携帯電話やデジタルカメラの充電器は、さまざまな電圧に対応しているため変圧器は必要ないが、事前に対応電圧を確認しておきたい。ドライヤーやヘアアイロンは海外の電圧に対応していないことがあり、変圧器を通しても壊れることがあるので海外対応の機器を購入しよう。

プラグはA型が主流

日本と同じく2つの穴があるA型なので変換プラグは不要。3つ目の丸い穴はアースプラグで、使わなくても大丈夫。

A型プラグ

飲酒と喫煙

飲酒、喫煙とも21歳から。

公共の場での飲酒、酒類の深夜の販売は禁止

酒類の購入にはID(身分証明書)の提示が必要で、24時～翌6時はスーパーやコンビニでの酒類の販売が禁じられている。また、街なかやビーチ、公園などの公共スペースでの飲酒も禁止で、蓋のあいた酒瓶の持ち歩きもNGだ。

喫煙は喫煙スペースで

公園、街なかなどの屋外公共スペースはもちろん、ホテルやレストラン、観光施設などの屋内、テラスも含めほぼ禁煙。電子たばこも不可。設けられた喫煙スペースを探そう。たばこ購入にはIDが必要となる。

 現地の観光案内所で情報収集

街を訪れたら観光案内所に立ち寄りたい。観光名所の情報や道案内、地図やパンフレット配布を行っている。また、美術館やエンパイア・ステート・ビルなどの入場割引券、学生用のミュージカル鑑賞割引券もあり、お得な割引チケットが手に入るのも魅力。椅子に座ってゆっくり調べ物もできる。

ビジター・インフォメーション・センター
●メイシーズ MAP 付録P.16 C-3
☎212-494-3827 🏠151 W. 34th St.
●チャイナタウン MAP 付録P.21 E-4
☎なし 🏠101 Baxter St.

病気、盗難、紛失…。トラブルに遭ったときはどうする?

万が一のときのために、事前にトラブルの可能性を確認し、対応策を考えておけば安心だ。

治安が心配

ニューヨークの治安は近年改善傾向にあるが、危険なエリアも多く注意を怠らずに観光したい。大通りから入った路地など、人が歩いていない場所は昼間であっても危険。早朝や夜間に行動する際は特に気をつけること。タイムズ・スクエアなどの繁華街や、ターミナルとなるペンシルヴェニア駅ではスリや置き引きなどの盗難に注意。わざとぶつかり、壊れたカメラを見せて弁償を要求する詐欺も発生している。混雑する地下鉄内では、スリの危険があるのでドア付近に立たない、椅子に座っても寝ないなど、日本の公共交通機関とは異なる意識を持ちたい。ハドソン・ヤーズ周辺は、開発のため工事中の区画が多い。暗くて物陰に隠れやすいため、歩くときは注意。

緊急時はどこへ連絡?

事故や事件に巻き込まれた場合は迷わず警察へ。想定外の事態に巻き込まれて困った場合は大使館に相談。

警察・消防・救急
☎911

大使館
在ニューヨーク日本国総領事館
ミッドタウン・イースト **MAP** 付録P.15 E-3
☎212-888-0889 ⬛299 Park Ave.
🌐www.ny.us.emb-japan.go.jp/jp/html/

病院
安心メディカル
ミッドタウン・ウエスト **MAP** 付録P.17 D-1
☎212-730-9010 ⬛36 W. 44th St.
東京海上記念診療所
ミッドタウン・イースト **MAP** 付録P.17 E-3
☎212-889-2119 ⬛55 E. 34th St.
Jメディカルマンハッタン
ミッドタウン・イースト **MAP** 付録P.15 E-4
☎212-365-5066 ⬛315 Madison Ave.

病気・けがのときは?

海外旅行保険証に記載されているアシスタンスセンターに連絡するか、ホテルのフロントに医者を呼んでもらう。海外旅行保険に入っていれば、提携病院で自己負担なしで安心して治療を受けることができる。

パスポートをなくしたら?

① 最寄りの警察に届け出を行い、盗難・紛失届出証明書を発行してもらう。

② 証明書とともに、顔写真2枚、本人確認用の書類(日本国籍を確認できるもの)、帰国の便名が確認できる書類を用意し、在ニューヨーク日本国総領事館で紛失一般旅券等届出書、渡航書発給申請書を記入し、提出する。

③ 「帰国のための渡航書」は1〜2日で発行してもらえる。手数料は$18。帰国時1回限りにつき有効で、日本で再度パスポートを取得する必要がある。※手数料はおつりのないよう現金で用意。毎年為替レートに合わせて変更

新規パスポートも申請できるが、発行に所要約1週間(土・日曜、祝日は含まない)、戸籍謄本(抄本)の原本が必要となる。手数料は、5年有効が$79、10年有効が$115。

クレジットカードをなくしたら?

不正利用を防ぐため、カード会社にカード番号、最後に使用した場所、金額などを伝え、カードを失効してもらう。再発行にかかる日数は会社によって異なるが、翌日〜3週間ほど。事前にカード発行会社名、紛失・盗難時の連絡先電話番号、カード番号をメモし、カードとは別の場所に保管しておくこと。

現金・貴重品をなくしたら?

現金はまず返ってくることはなく、海外旅行保険でも免責となるため補償されない。荷物は補償範囲に入っているので、警察に届け出て盗難・紛失届出証明書を発行してもらい、帰国後保険会社に申請する。

**外務省
海外安全ホームページ&
たびレジ**

外務省の「海外安全ホームページ」には、治安情報やトラブル事例、緊急時連絡先などが国ごとにまとめられている。出発前に確認しておきたい。また、「たびレジ」に渡航先を登録すると、現地の事件や事故などの最新情報が随時届き、緊急時にも安否の確認や必要な支援が受けられる。

▷ 旅のトラブル実例集 ◁

詐欺・恐喝

事例1 タイムズ・スクエアでディズニーキャラクターが近づいてきた。写真を撮ると金銭を要求された。

事例2 ペンシルヴェニア駅で故意にぶつかられ、ワインボトルが割れたと弁償を強要された。

事例3 無料でCDを配布する素振りだったため受け取ると、金銭を要求された。断ると大声で脅された。

対策 相手から近づいてくるストリートパフォーマーやタクシーの客引きなどには要注意。周囲に不審な人物がいないか常に警戒したい。不必要なものはむやみに受け取らないようにしたい。

スリ・強盗

事例1 地下鉄のドア付近に立って乗車。降車する乗客と何度かぶつかり、気づくと財布を紛失していた。

事例2 ホテルでチェックインの手続き中、横に置いていたバッグを盗まれた。

事例3 駅のトイレを利用していたところ、昼間にもかかわらず暴行を受け金品を盗られた。

対策 人前で現金や貴重品を見せず、多額の現金は持ち歩かない。ホテルの手続き中なども貴重品は手に持ち、足元の荷物は両足で挟むなど工夫する。人のいないトイレや路地などは時間帯に限らず立ち寄らない。

おとな旅プレミアム ✈ 旅を豊かで楽しくするスポット

INDEX

インデックス

STAFF

● **編集制作** Editors
K&Bパブリッシャーズ K&B Publishers

● **取材・執筆・撮影** Writers & Photographers
CoCollaborations, LLC (NYC)
　ココマスダ Coco Masuda
　スティーブン J ヒル Stephen J Hill
　西本義次 Yoshiji Nishimoto

安倍かすみ Kasumi Abe
中村英雄 Hideo Nakamura

藤原ひろみ Hiromi Fujiwara
森合紀子 Noriko Moriai
嶋嵜圭子 Keiko Shimazaki
山下涼香 Sayaka Yamashita

● **編集協力** Local Cooperation
西田玲美奈 Remina Nishida
水口あさ Asa Mizuguchi

● **カバー・本文デザイン** Design
山田尚志 Hisashi Yamada

● **地図制作** Maps
トラベラ・ドットネット TRAVELA.NET

● **表紙写真** Cover Photo
iStock.com

● **写真協力** Photographs
ニューヨーク市観光局
PIXTA
Aflo
123RF

● **総合プロデューサー** Total Producer
河村季里 Kiri Kawamura

● **TAC出版担当** Producer
君塚太 Futoshi Kimizuka

● **エグゼクティヴ・プロデューサー**
Executive Producer
猪野樹 Tatsuki Ino

おとな旅プレミアム
ニューヨーク

2025年3月11日　初版　第1刷発行

著　　　者	TAC出版編集部（しゅっぱんへんしゅうぶ）	
発 行 者	多 田 敏 男	
発 行 所	TAC株式会社 出版事業部	
	（TAC出版）	

〒101-8383 東京都千代田区神田三崎町3-2-18
電話　03(5276)9492（営業）
FAX　03(5276)9674
https://shuppan.tac-school.co.jp

印　　　刷	株式会社　光邦	
製　　　本	東京美術紙工協業組合	

©TAC 2025　Printed in Japan　　　　　ISBN978-4-300-11282-3
N.D.C.295　　　　　　　　　　落丁・乱丁本はお取り替えいたします。

おとな旅
プレミアム
PREMIUM

付録

CONTENTS

ニューヨーク
MAP
街歩き地図

街の
交通ガイド
付き

Map: Upper West Side (Manhattan)

Grid labels: A B C (columns), 1 2 3 4 6 (rows)

Water / Parkways (west side):
- アムトラック Amtrak
- ヘンリー・ハドソン・パークウェイ Henry Hudson Parkway
- ハドソン・リバー Hudson River
- Riverside Dr.
- West End Ave.
- Henry Hudson Parkway

Streets (north to south):
- W. 106th St.
- W. 105th St.
- W. 104th St.
- W. 103rd St.
- W. 102nd St.
- W. 101st St.
- W. 100th St.
- W. 99th St.
- W. 98th St.
- W. 97th St.
- W. 96th St.
- W. 95th St.
- W. 94th St.
- W. 93rd St.
- W. 92nd St.
- W. 91st St.
- W. 90th St.
- W. 89th St.
- W. 88th St.
- W. 87th St.
- W. 86th St.
- W. 85th St.
- W. 84th St.
- W. 83rd St.
- W. 82nd St.
- W. 81st St.
- W. 80th St.
- W. 79th St.
- W. 78th St.
- W. 77th St.
- W. 76th St.
- W. 75th St.
- W. 74th St.
- W. 73rd St.
- W. 72nd St.
- W. 71st St.
- W. 70th St.

Avenues: Amsterdam Ave., Columbus Ave., Broadway, Central Park West

Subway / rail labels:
- 地下鉄1線
- 地下鉄2,3線
- 地下鉄1,2,3線
- 地下鉄A,C線
- 地下鉄B,D線

Stations:
- 103 St駅
- 96 St駅
- 86 St駅
- 81 St-Museum of Natural History駅
- 79 St駅
- 72 St駅

Places / labels:
- ラスカー・リンク
- 97th St. Transverse
- テニスコート
- West Drive
- ジャクリーン・ケネディ・オナシス貯水池 Jacqueline Kennedy Onassis Reservoir
- アッパー・ウエスト・サイド Upper West Side
- P.99 グッド・イナフ・トゥ・イート R Good Enough to Eat
- マンハッタン子供博物館
- グレート・ロ…
- P.147 ゼイバーズ S Zabar's
- ベルヴェデーレ城
- 79th St. Transverse
- P.81 アメリカ自然史博物館 American Museum of Natural History
- P.14 リチャード・ギルダー・センター Richard Gilder Center
- ニューヨーク歴史協会
- P.44・170 セントラル・パーク Central Park
- サン・レモ
- ザ・レイク The Lake
- P.168 ダコタ・ハウス ★ The Dakota
- P.128 アリスズ・ティー・カップ C Alice's Tea Cup
- ベセスダの… ストロベリー・フィールズ

セントラル・パーク周辺
Central Park
周辺図 P.2-3
0　　150　　300m
1:16,000

P.4-5
P.6-7
P.8-9
P.10-11　P.25
P.12-13
P.24

エル・ムセオ・デル・バリオ

ニューヨーク市立博物館 P.83
Museum of the City of New York

E. 106th St.
E. 105th St.
E. 104th St.
E. 103rd St.
103 St駅
E. 102nd St.
E. 101st St.
E. 100th St.

マウント・サイナイ病院

E. 99th St.
E. 98th St.

セント・ニコラス・ロシア正教大聖堂

E. 97th St.

メトロポリタン病院

96 St駅
96 St駅
E. 96th St.
E. 95th St.
E. 94th St.

23分署/消防署

East Drive

メトロ・ノース鉄道　Metro - North Railroad
地下鉄4,5,6線
地下鉄Q線

5th Ave.
Madison Ave.
Park Ave.
3rd Ave.
2nd Ave.
1st Ave.
York Ave.

East River　イースト・リバー

ユダヤ美術館

E. 93rd St.
E. 92nd St.
E. 91st St.

クーパー・ヒューイット・スミソニアン・デザイン・ミュージアム

E. 90th St.
E. 89th St.

グッゲンハイム美術館 P.80
Solomon R. Guggenheim Museum

ホーリー・トリニティ教会

E. 88th St.
E. 87th St.

グレーシー・マンション

86 St駅
86 St駅
E. 86th St.
E. 85th St.

ノイエ・ギャラリー
Neue Galerie

C ヴァラエティ・コーヒー・ロースターズ P.129
Variety Coffee Roasters

カール・シュルツ・パーク

ヨークヴィル
Yorkville

E. 84th St.
E. 83rd St.
E. 82nd St.

メトロポリタン美術館 P.76
The Metropolitan Museum of Art

C ハッチ＆ウォルド P.99
Hutch & Waldo

E. 81st St.

P.45 イート S
E.A.T.

R カンター・ルーフトップ・ガーデン・バー P.79
Cantor Rooftop Garden Bar

E. 80th St.

C ペトリー・コート・カフェ P.79
Petrie Court Café

R グレート・ホール・バルコニー・カフェ P.79
The Great Hall Balcony Cafe

E. 79th St.

S ミュージアム・ショップ P.79
Museum Shop

E. 78th St.

アッパー・イースト・サイド
Upper East Side

77 St駅

レノックス・ヒル病院

E. 77th St.
E. 76th St.

不思議の国のアリス像

E. 75th St.

ホーリー・トリニティ教会
（ギリシア正教）

エピファニー教会

E. 74th St.
E. 73rd St.

アンデルセン像

72 St駅

E. 72nd St.
E. 71st St.

フリック・コレクション P.82
Frick Collection

E. 70th St.

E. Drive
Madison Ave.
メトロ・ノース鉄道　Metro - North Railroad

Franklin D. Roosevelt Drive

ミッドタウン
Midtown
周辺図 P.2-3
0　150　300m
1:16,000

マグノリア・ベーカリー P.120
Magnolia Bakery

シープ・メドウ

P.44・170 セントラル・パーク
Central Park

66 St-Lincoln Center駅

P.47 デイリー・ビジター・センター&ギフト・ショップ
The Dairy Visitor Center & Gift Shop

65th St. Transverse

カルーセル

エビスリー・ブール P.45
Epicerie Boulud at Lincoln Center

P.90 リンカーン・センター
Lincoln Center

エンパイア・ホテル P.151
The Empire Hotel

エンパイア・ルーフトップ P.65
The Empire Rooftop

P.91 デイヴィッド・ゲフィン・ホール
David Geffen Hall

P.91 メトロポリタン・オペラ・ハウス
Metropolitan Opera House

ジャン・ジョルジュ P.109
Jean-Georges

P.91 デイヴィッド・H. コーク劇場
David H Koch Theater

59 St-Columbus Circle駅

地下鉄N.R.線

Central Park S.

ブロードウェイ P.14-15

P.152 ターンスタイル・アンダーグラウンド マーケット
Turnstyle Underground Market

57 St/7 Av駅　57 St

ミッドタウン
Midtown

JWマリオット・エセックス・ハウス
JW Marriott Essex House P.178

デ・ウィット・クリントン・パーク

7 Av駅

ニューヨーク市観光局

クリントン
Clinton

47-50 St Rockefeller Center

アムトラック
Amtrak

50 St駅　50 St駅

49 St駅

クリントン・パーク

イントレピッド 海洋航空宇宙博物館

P.52 ゴッサム・ウエスト・マーケット
Gotham West Market

P.68 タイムズ・スクエア
Times Square

42 St-Port Authority Bus Terminal駅

Times Sq-42 St駅

ハドソン・ヤーズ P.22

地下鉄7線

42 St Bryant Park駅

リンカーン・トンネル

ポート・オーソリティ・バス・ターミナル

ガーメント・ディストリクト
Garment District

ジェイコブ・K. ジャビッツ・コンベンション・センター

P.139 メイシーズ
Macy's

ハイライン P.48
High Line

34 St-Hudson Yards駅

34 St-Penn Station駅

34 St-Penn Station駅

34 St-Herald Sq駅

ニューヨーク市観光局

8

マップ（Map）

- **D** フリック・コレクション P.82 / Frick Collection
- **E** レノックス・ヒル / Lenox Hill
- **F** ニューヨーク・ホスピタル・コーネル・メディカル・センター

- 68 St-Hunter College駅
- セント・キャサリンズ・パーク
- エマヌ・エル ユダヤ教会 / Temple Emanu-El
- ロックフェラー大学 ⊗
- **R** レストラン・ダニエル P.109 / Restaurant Daniel
- Lexington Av/63 St駅
- セントラル・パーク動物園
- 地下鉄F線
- **C** P.127 ベイクド・バイ・メリッサ / Baked by Melissa
- **C** パーム・コート P.119 / The Palm Court
- グランド・アーミー・プラザ
- Pond
- 5 Av/59 St駅
- **C** P.121 スプリンクルズ / Sprinkles
- Lexington Av/59 St駅
- トラムウェイ駅
- エアリアル・トラムウェイ / Aerial Tramway
- Ed Koch Queensboro Bridge (59th Street Bridge)
- **R** セレンディビティ3 P.100 / Serendipity 3
- **H** プラザ・ホテル / The Plaza Hotel
- **S** ブルーミングデールズ P.139 / Bloomingdales
- ルーズベルト島 / Roosevelt Island
- トランプ・タワー
- メトロノース鉄道
- イースト・リバー / East River
- **m** ニューヨーク近代美術館 P.72 / The Museum of Modern Art, New York
- 5-Av/53 St駅
- Lexington Av/53 St駅
- 地下鉄M線
- 地下鉄E線
- 51 St駅
- ロックフェラー・センター
- **★** トップ・オブ・ザ・ロック P.68 / Top of the Rock
- 在ニューヨーク日本国総領事館
- **E** スカイリフト P.68 / Skylift
- **C** レミ・フラワー・アンド・コーヒー P.43 / Remi Flower and Coffee
- **E** ザ・ビーム P.68 タイムズ・スクエア周辺 P.16-17 / The Beam P.68
- P.155・170 グランド・セントラル駅 / Grand Central Terminal
- 国連本部
- 5Av駅
- Grand Central-42 St駅
- アント・パーク / nt Park
- 地下鉄7線
- ニューヨーク公立図書館 本館 / New York Public Library
- Queens Midtown Tunnel
- ピアポント・モーガン図書館
- P.4-5
- P.6-7
- P.8-9
- P.10-11 P.25
- P.12-13
- P.24
- **★** エンパイア・ステート・ビル P.66・170 / Empire State Building
- マレー・ヒル / Murray Hill
- 33 St駅
- **D** E. 33rd St.
- **E**
- **F**
- ロング・アイランド鉄道

ストリート名: E. 70th St. / E. 69th St. / E. 68th St. / E. 67th St. / E. 66th St. / E. 65th St. / E. 64th St. / E. 63rd St. / E. 62nd St. / E. 61st St. / E. 60th St. / E. 59th St. / E. 58th St. / E. 57th St. / E. 56th St. / E. 55th St. / E. 54th St. / E. 53rd St. / E. 52nd St. / E. 51st St. / E. 50th St. / E. 49th St. / E. 48th St. / E. 47th St. / E. 46th St. / E. 45th St. / E. 44th St. / E. 43rd St. / E. 42nd St. / E. 41st St. / E. 40th St. / E. 39th St. / E. 38th St. / E. 37th St. / E. 36th St. / E. 35th St. / E. 34th St.

アベニュー名: 5th Ave. / Madison Ave. / Park Ave. / Lexington Ave. / 3rd Ave. / 2nd Ave. / 1st Ave. / Franklin D. Roosevelt Drive / Park Ave. S.

9

ミッドタウン〜ダウンタウン
Midtown〜Downtown
周辺図 P.2-3

0　150　300m
1:16,000

地名・施設ラベル

- 34 St-Hudson Yards駅
- Hudson Yards駅
- W. 34th St.
- W. 33rd St.
- 34 St-Penn Station駅
- 中央郵便局 ✉
- マディソン・スクエア・ガーデン Ｅ Madison Square Garden
- ペンシルヴェニア駅
- W. 33rd St.
- 34 St-Penn Station駅
- 34 St-Herald Sq
- W. 32nd St.
- エンパイア・ステート・ビル Empire State Building P.66・170
- W. 31st St.
- P.130 スタンプタウン・コーヒー・ロースターズ Ｃ Stumptown Coffee Roasters
- E. 30th
- W. 30th St.
- P.178 エース・ホテル Ｈ Ace Hotel
- 28 St駅
- 28 St駅
- W. 29th St.
- W. 28th St.
- チェルシー・パーク
- W. 27th St.
- W. 27th St
- P.98 スミス Ｒ The Smith
- W. 26th St.
- ハイライン P.48 High Line
- マンハッタン Manhattan
- W. 25th St.
- S フェアウェ Fairway P.147
- W. 24th St.
- W. 23rd St.
- ハドソン・ヤーズ P.22
- 23 St駅
- 23 St駅
- 23 St駅
- ピア62・スケート・パーク
- W. 22nd St.
- チェルシー Chelsea
- ティナ・キム・ギャラリー Ｓ
- W. 21st St.
- W. 20th St.
- W. 19th St.
- W. 18th St.
- 18 St駅
- W. 17th St.
- P.130 スターバックス・リザーブ・ロースタリー Ｃ Starbucks Reserve Roastery
- P.107
- W. 16th St.
- P.53 チェルシー・マーケット Chelsea Market
- Ｒ オールド・ホームステッド・ステーキハウス Old Homestead Steakhouse
- W. 15th St.
- P.52 マーケット57 Ｒ Market 57
- 14 St駅
- 14 St駅
- 14 St駅
- 6 Av駅
- 地下鉄
- P.145 チェルシー・マーケット・バスケット Ｓ Chelsea Market Basket
- P.140 ソーポロジー Ｓ Soapology
- W. 13th St.
- P.105 エイミーズ・ブレッド Ｒ Amy's Bread
- W. 12th St.
- Little W. 12th St.
- Ｒ パスティス P.150 Pastis
- W. 11th St.
- P.15 リトルアイランド Little Island
- Gansevoort St.
- W. 10th St.
- Horatio St.
- W. 9th St.
- P.158 ホイットニー美術館 Whitney Museum of American Art
- Jane St.
- Bethune St.
- P.115 ホワイト・ホース・タヴァーン Ｎ White Horse Tavern
- Christopher St-Sheridan Sq駅
- P.159 ワシントン・スクエア・パーク Washington Square Park
- Bank St.
- W. 11th St.
- Washington Square
- Perry St.
- Bleecker St.
- West 4 St-Washington Sq駅
- W. Charles St.
- W. 10th St.
- W. 3rd St.
- ハドソン・リバー Hudson River
- Christopher St.
- Barrow St.
- Morton St.
- West St.
- Sullivan St.
- W. Houston
- Leroy St.
- Houston St駅
- Clarkson St.
- PATH
- W. Houston St.
- King St.
- Charlton St.
- Prince St.

10

ロング・アイランド鉄道 (LIRR)
Long Island Rail Road (LIRR)

ニューヨーク大学
メディカル・センター

P.4-5
P.6-7
P.8-9
P.10-11　P.25
P.12-13
P.24

33 St駅

トレーダー・ジョーズ P.147
Trader Joe's

28 St駅

サラベス P.99
Sarabeth's

マディソン・スクエア・パーク P.157
Madison Square Park

イレブン・マディソン・パーク P.111
Eleven Madison Park

メトロポリタン・
ライフ・タワー

23 St駅

フリーハンド・ニューヨーク P.174
Freehand New York

P.156
フラットアイアン・ビル
Flatiron Building

グラマシー・パーク

21分署

イースト・リバー
East River

Franklin D. Roosevelt Dr.

Peter Cooper Rd.

グラマシー
Gramercy

リンカーン像

ユニオン・スクエア P.159
Union Square

3 Av駅　　1 Av駅　　　地下鉄L線

St-Union Sq駅

イースト・ビレッジ
East Village

ナインス・ストリート・エスプレッソ P.130
Ninth Street Espresso

アラモ

トンプキンズ・
スクエア・パーク

Saint Marks Pl.

8 St-
NYU駅

Astor Pl駅

グリニッチ・
ビレッジ
Greenwich
Village

P.151
ニューヨーク大学
New York University

Great Jones St.

Bond St.

ノーホー
Noho

トゥー・ブーツ P.150
Two Boots

カッツ・デリカッセン P.116
Katz's Delicatessen

クリントン・ストリート・
ベイキング・カンパニー P.98
Clinton St. Baking Company

Bleecker St駅

スポーツセンター

Bleecker St.

E. 1st St.　地下鉄F線

2 Av駅

サラ D. ルーズヴェルト
パーク

下鉄B,D,F,M線

ソーホー
Soho

Broadway-
Lafayette St駅

Prince St

Delancey St駅

11

ダウンタウン
Downtown
周辺図 P.2-3
0　150　300m
1:16,000

Delancey St駅
Essex St駅
Forsyth St.
Chrystie St.
wery駅

R スーパームーン・ベイクハウス P.104
Supermoon Bakehouse

ウィリアムズバーグ・ブリッジ
Williamsburg Bridge

地下鉄J,Z線
Delancey St.
Broome St.
Willett St.
Pitt St.
Abraham Kazan St.

テネメント博物館 P.160
Tenement Museum

Grand St.
Eldridge St.
Allen St.
Orchard St.

Jackson St.
Cherry St.

1

C ドーナツ・プラント P.123
Doughnut Plant

Franklin D.Roosevelt Dr.

・イースト・リバー・パーク

Grand St駅
・サラ D.ルーズヴェルト・パーク
Hester St.
Essex St.

R コサーズ・ベーグル＆ビアリーズ P.103
Kossar's Bagels & Bialys

E.Broadway
Clinton St.
Montgomery St.
Gouverneur St.
Water St.

ャイナタウン
Chinatown

Canal St.

East Broadway駅

Rutgers St.

ノーホー P.20-21

Henry St.
Madison St.
Monroe St.
Catherine St.
Cherry St.
St James Pl.

Pike St.

地下鉄B,D線
地下鉄N,Q線

地下鉄F線

イースト・リバー
East River

2

Robert F. Wagner Pl.

★ マンハッタン・ブリッジ P.161
Manhattan Bridge

John St.
Plymouth St.
Water St.
Front St.
York St.

H 33ホテル P.172
33 Hotel

スマック・メロン・スタジオ ・

フルトン・フェリー
Fulton Ferry
Water St.

York St駅
Adams St.
Sands St.

P.26 ブルックリン・ブリッジ ★
Brooklyn Bridge

Nassau St.
Jay St.
Flatbush Ave.

3

★ ザ・シーポート P.163
The Seaport

South St.

Pier 16

地下鉄A,C線

Pier 15

Brooklyn Queens Expwy.

High St駅

R ティンビルディング・バイ・ジャンジョルジュ
Tin Building by Jean-Georges
P.50

Orange St.
Pineapple St.
Henry St.

Clark St駅
Clark St.
Tillary St.
Tech Pl.

ブルックリン・ハイツ
Brooklyn Heights

Brooklyn Bridge Blvd.

地下鉄2,3線

Pierrepont St.

Court St駅

4

地下鉄R線

Montague St.
Clinton St.

Borough Hall駅

Remsen St.

Joralemon St.

13

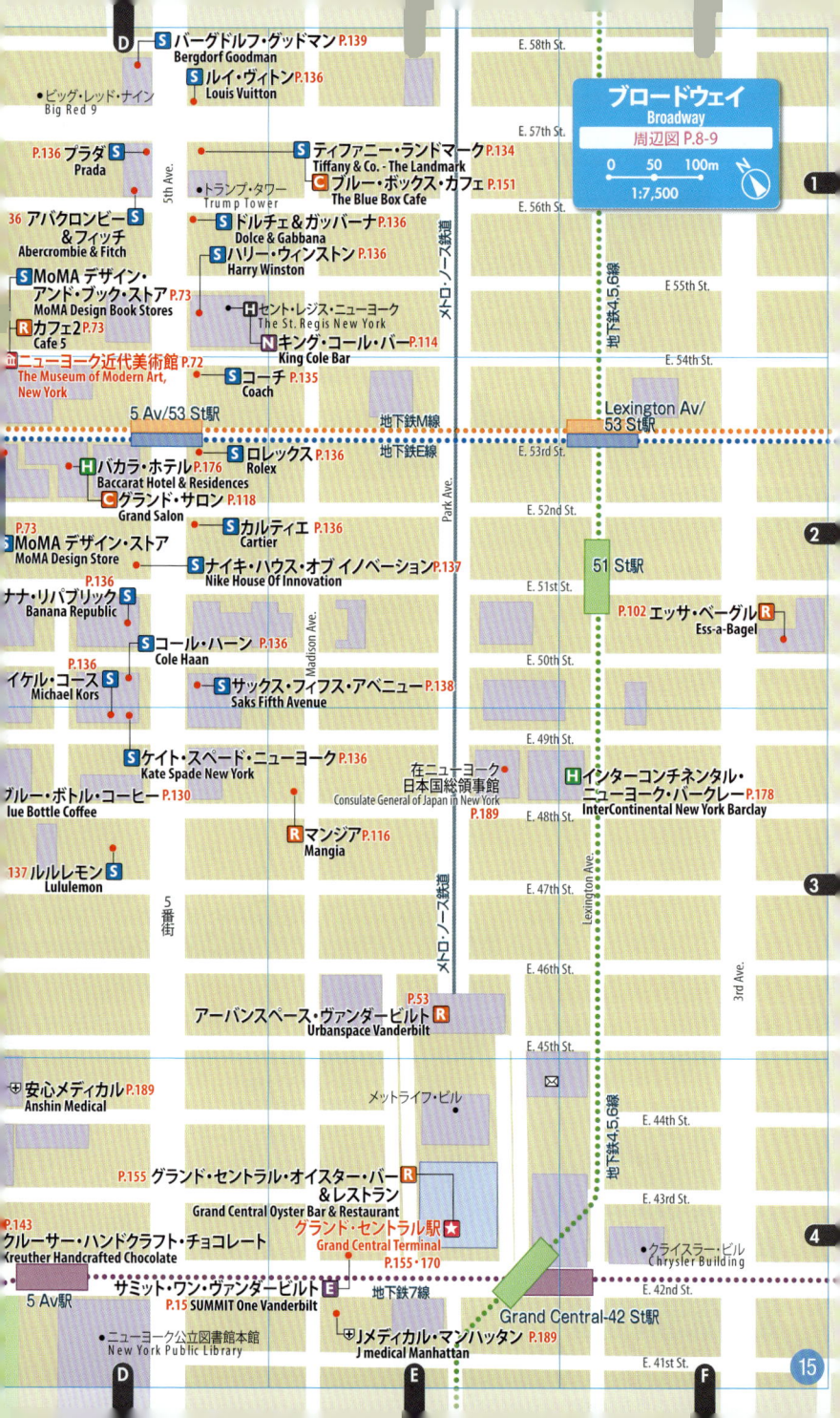

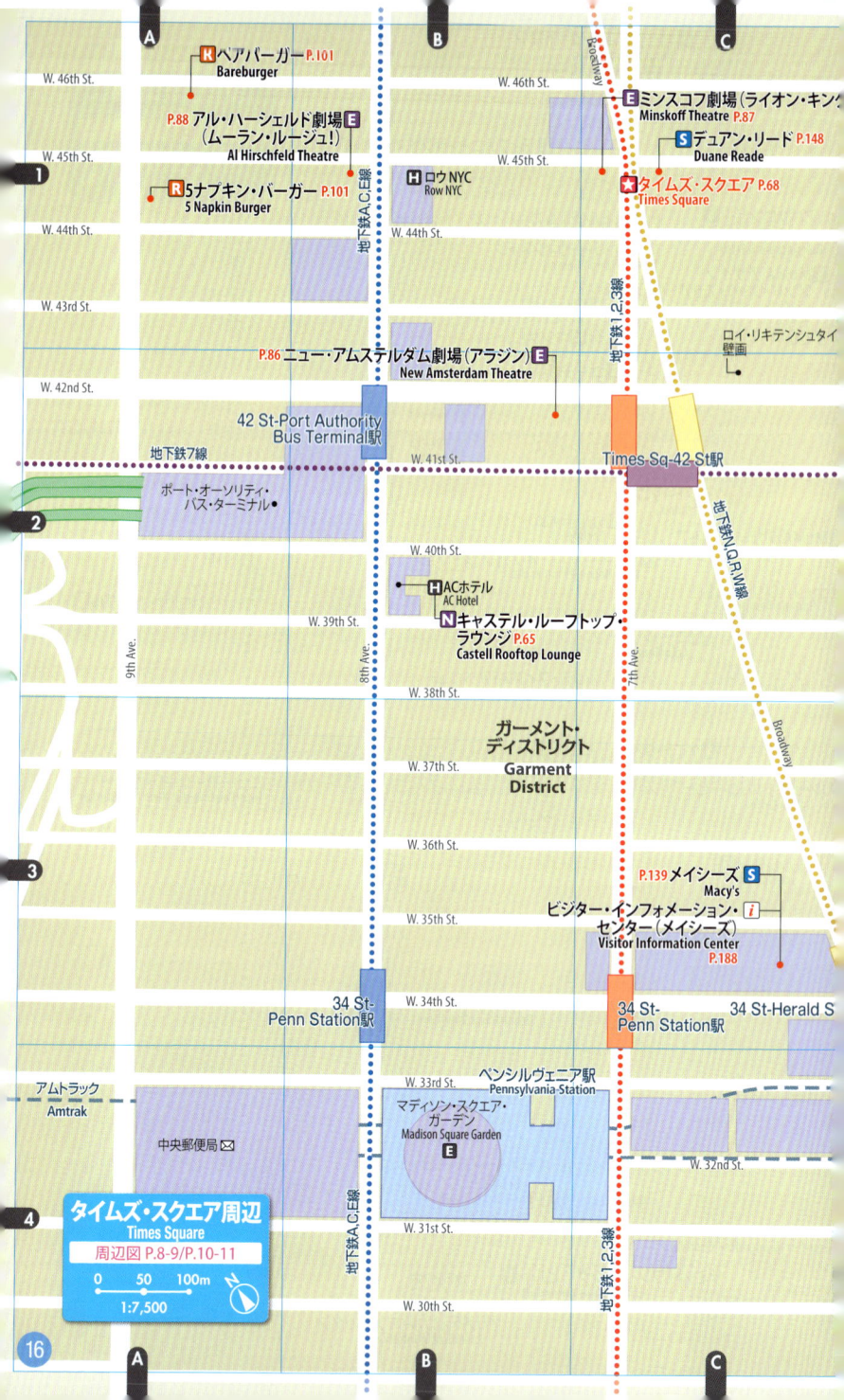

	A	B	C

A列
- **K** ベアバーガー P.101 / Bareburger
- P.88 アル・ハーシェルド劇場（ムーラン・ルージュ！）**E** / Al Hirschfeld Theatre
- **R** 5ナプキン・バーガー P.101 / 5 Napkin Burger
- W. 46th St.
- W. 45th St.
- W. 44th St.
- W. 43rd St.
- P.86 ニュー・アムステルダム劇場（アラジン）**E** / New Amsterdam Theatre
- W. 42nd St.
- 42 St-Port Authority Bus Terminal駅
- 地下鉄7線
- ポート・オーソリティ・バス・ターミナル●
- 地下鉄A,C,E線
- W. 41st St.
- W. 40th St.
- **H** ACホテル / AC Hotel
- **N** キャステル・ルーフトップ・ラウンジ P.65 / Castell Rooftop Lounge
- W. 39th St.
- W. 38th St.
- ガーメント・ディストリクト / Garment District
- W. 37th St.
- W. 36th St.
- W. 35th St.
- 34 St-Penn Station駅
- W. 34th St.
- アムトラック / Amtrak
- W. 33rd St.
- 中央郵便局 ✉
- マディソン・スクエア・ガーデン / Madison Square Garden **E**
- W. 31st St.
- W. 30th St.
- 9th Ave.
- 8th Ave.

B列・C列
- W. 46th St.
- **E** ミンスコフ劇場（ライオン・キング）/ Minskoff Theatre P.87
- **S** デュアン・リード P.148 / Duane Reade
- **K** タイムズ・スクエア P.68 / Times Square
- W. 45th St.
- **H** ロウ NYC / Row NYC
- W. 44th St.
- 地下鉄1,2,3線
- ロイ・リキテンシュタイン壁画
- Times Sq-42 St駅
- 地下鉄N,Q,R,W線
- 7th Ave.
- Broadway
- W. 37th St.
- W. 36th St.
- W. 35th St.
- P.139 メイシーズ **S** / Macy's
- ビジター・インフォメーション・センター（メイシーズ）**i** / Visitor Information Center P.188
- 34 St-Penn Station駅
- 34 St-Herald S
- W. 34th St.
- W. 33rd St.
- ペンシルヴェニア駅 / Pennsylvania Station
- W. 32nd St.

タイムズ・スクエア周辺
Times Square
周辺図 P.8-9/P.10-11
0 50 100m
1:7,500

16

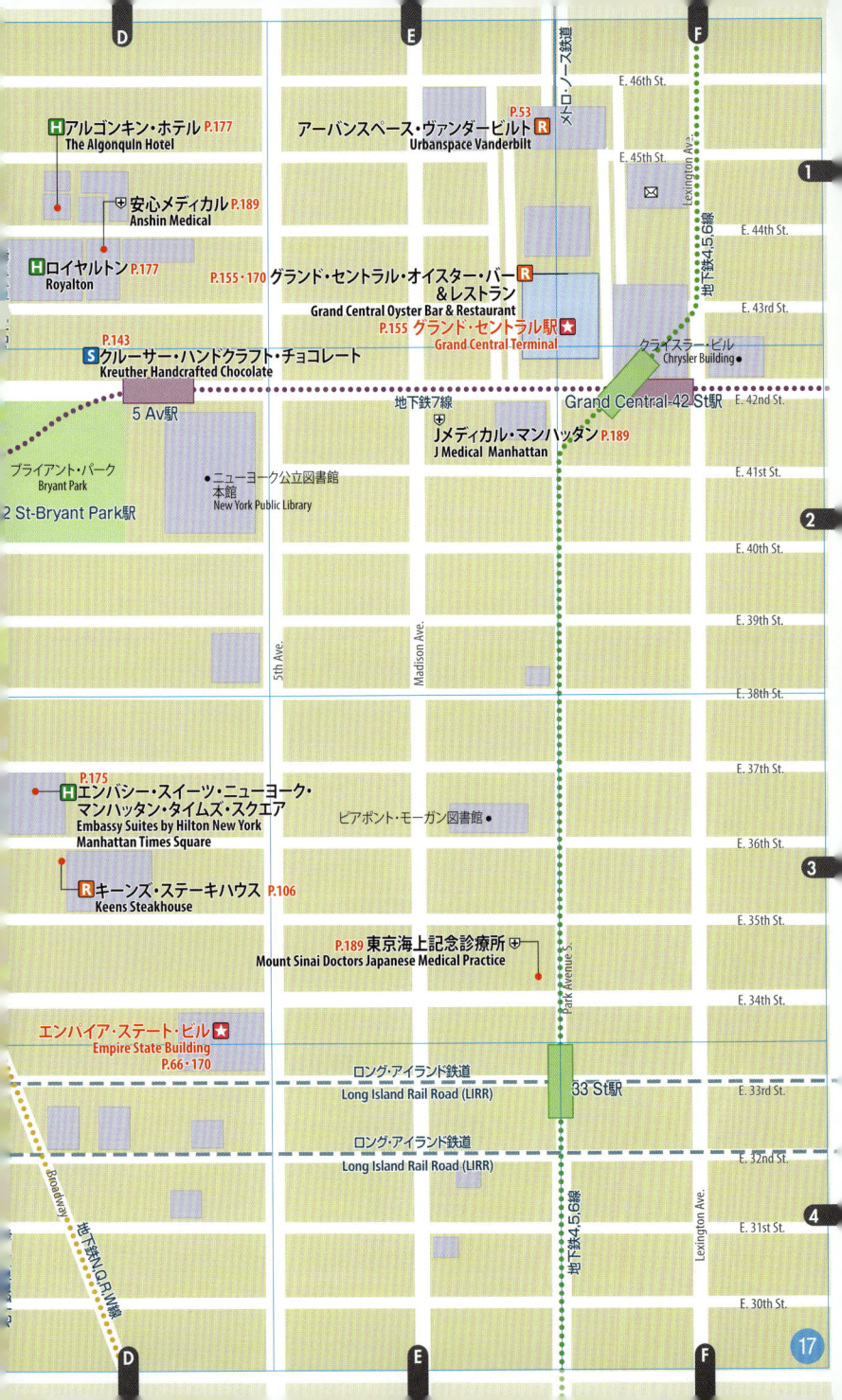

Map Labels

D

H アルゴンキン・ホテル P.177
The Algonquin Hotel

✚ 安心メディカル P.189
Anshin Medical

H ロイヤルトン P.177
Royalton

S P.143 クルーサー・ハンドクラフト・チョコレート
Kreuther Handcrafted Chocolate

5 Av駅

ブライアント・パーク
Bryant Park

2 St-Bryant Park駅

●ニューヨーク公立図書館
本館
New York Public Library

E

アーバンスペース・ヴァンダービルト **R** P.53
Urbanspace Vanderbilt

P.155・170 グランド・セントラル・オイスター・バー **R**
＆レストラン
Grand Central Oyster Bar & Restaurant
P.155 グランド・セントラル駅 ★
Grand Central Terminal

地下鉄7線

Jメディカル・マンハッタン P.189
J Medical Manhattan

F

メトロ・ノース鉄道

E. 46th St.

E. 45th St.

Lexington Ave.

E. 44th St.

地下鉄4,5,6線

E. 43rd St.

クライスラー・ビル
Chrysler Building ●

Grand Central-42 St駅 E. 42nd St.

E. 41st St.

E. 40th St.

5th Ave.

Madison Ave.

E. 39th St.

E. 38th St.

E. 37th St.

H エンバシー・スイーツ・ニューヨーク・
マンハッタン・タイムズ・スクエア P.175
Embassy Suites by Hilton New York
Manhattan Times Square

ピアポント・モーガン図書館 ●

E. 36th St.

R キーンズ・ステーキハウス P.106
Keens Steakhouse

E. 35th St.

P.189 東京海上記念診療所 ✚
Mount Sinai Doctors Japanese Medical Practice

E. 34th St.

エンパイア・ステート・ビル ★
Empire State Building
P.66・170

ロング・アイランド鉄道
Long Island Rail Road (LIRR)

33 St駅 E. 33rd St.

ロング・アイランド鉄道
Long Island Rail Road (LIRR)

E. 32nd St.

Park Avenue S.

Lexington Ave.

Broadway

地下鉄N,Q,R,W線

地下鉄4,5,6線

E. 31st St.

E. 30th St.

17

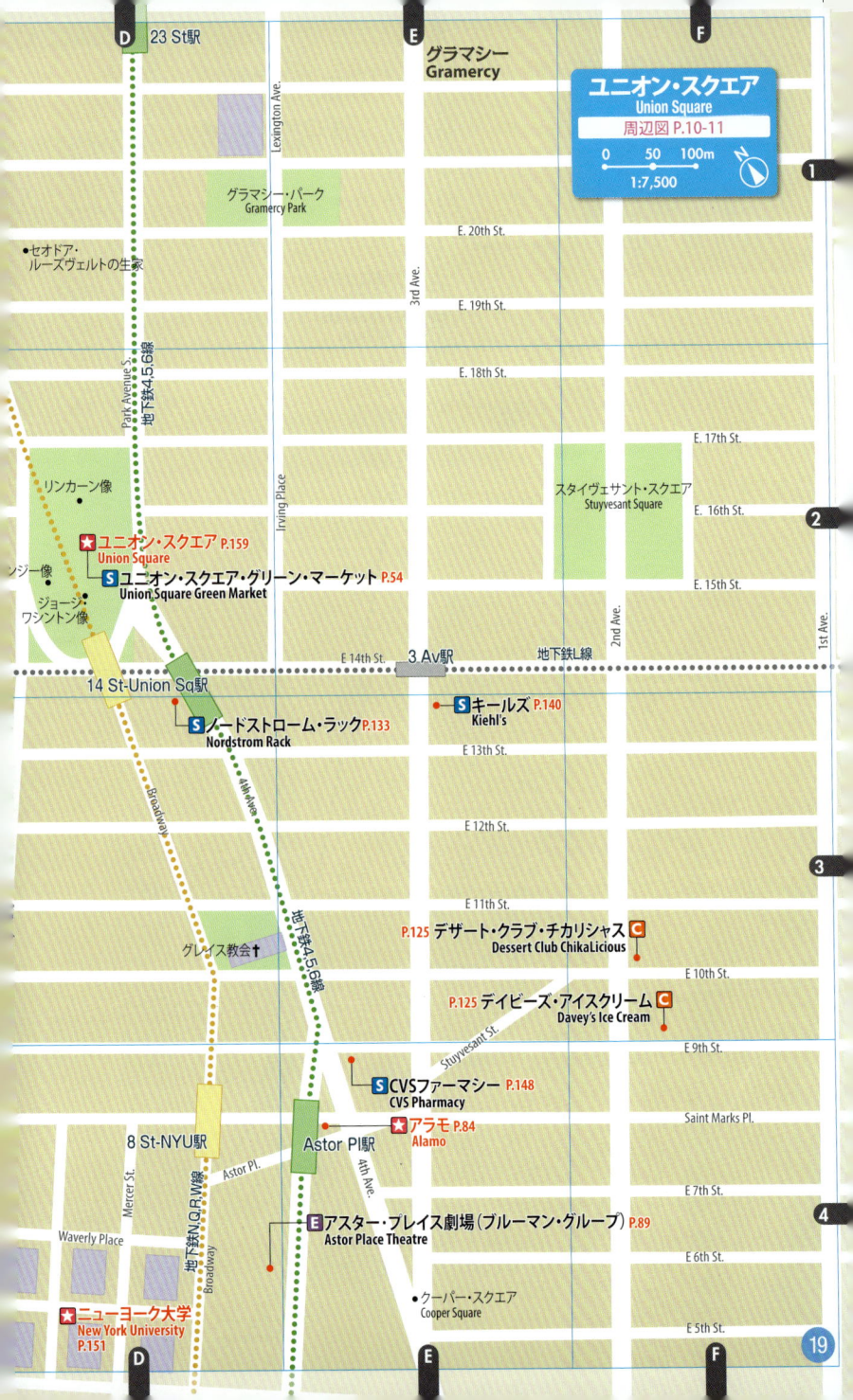

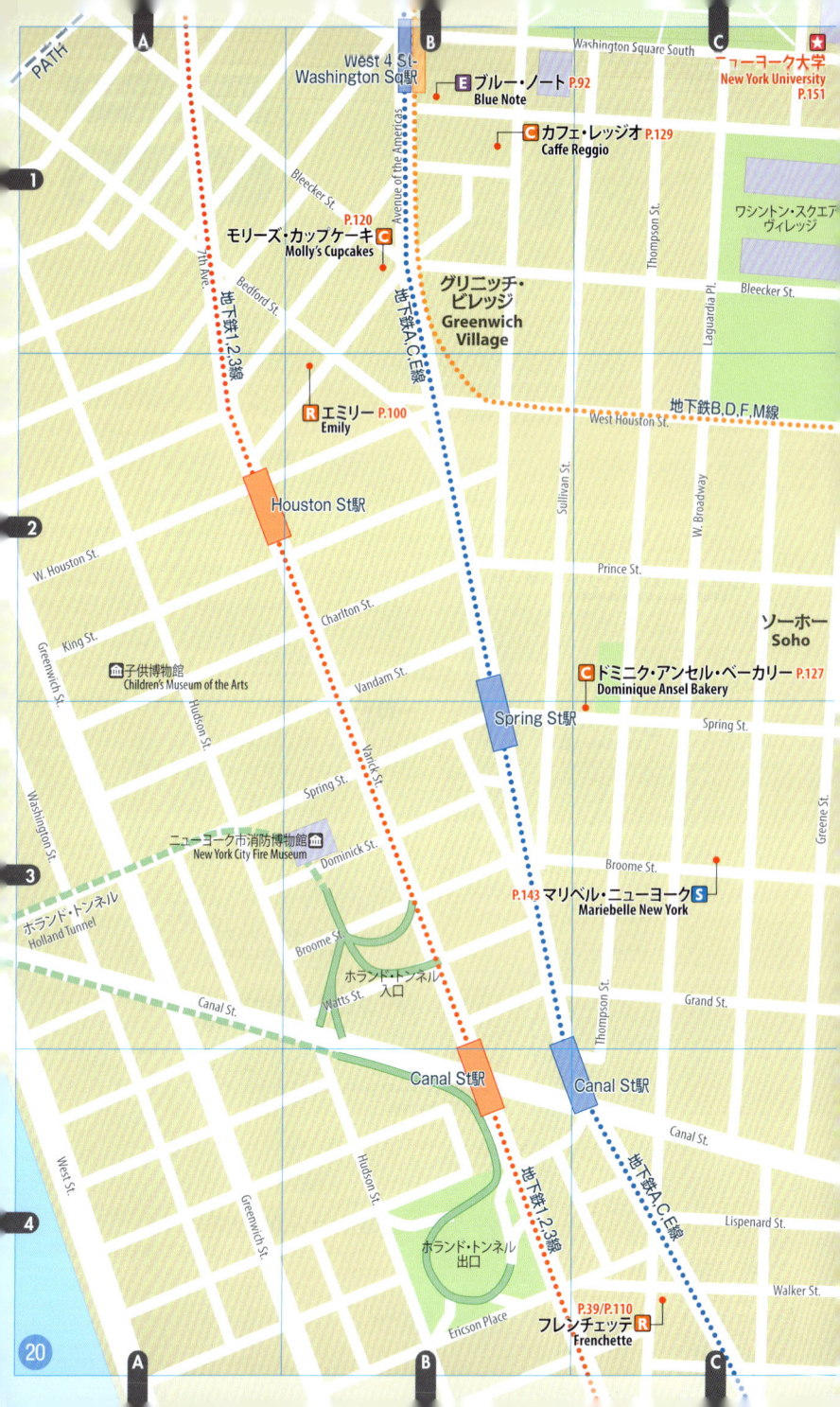

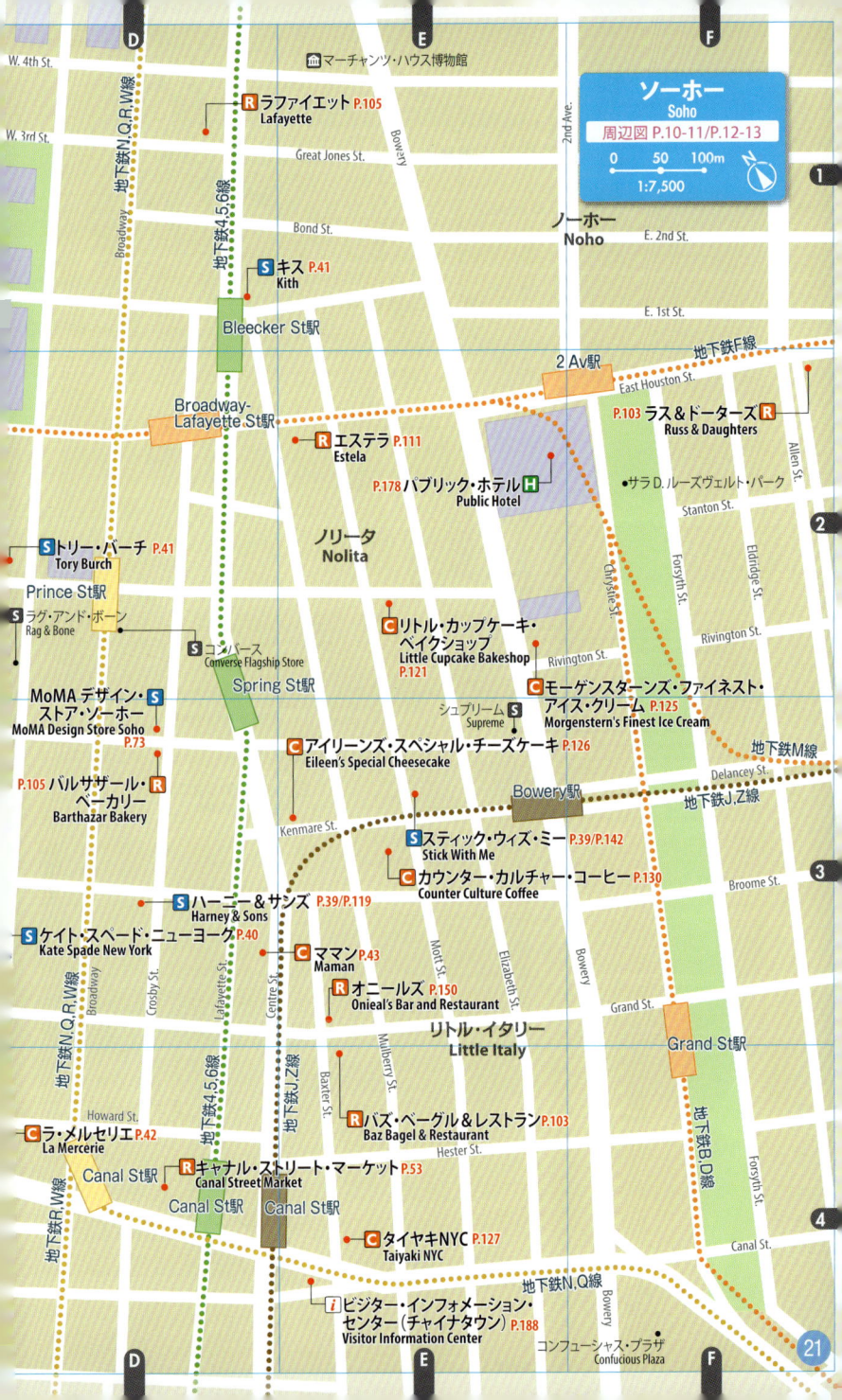

マーチャンツ・ハウス博物館

W. 4th St.
W. 3rd St.

地下鉄N,Q,R,W線

Broadway

地下鉄4,5,6線

Great Jones St.

Bowery

2nd Ave.

ノーホー
Noho

E. 2nd St.

ラファイエット P.105
Lafayette

Bond St.

キス P.41
Kith

E. 1st St.

Bleecker St駅

地下鉄F線

2 Av駅

East Houston St.

Broadway-
Lafayette St駅

エステラ P.111
Estela

P.178 パブリック・ホテル
Public Hotel

P.103 ラス＆ドーターズ R
Russ & Daughters

サラ D. ルーズヴェルト・パーク

Stanton St.

Allen St.

トリー・バーチ P.41
Tory Burch

ノリータ
Nolita

Chrystie St.

Forsyth St.

Eldridge St.

Prince St駅

ラグ・アンド・ボーン
Rag & Bone

リトル・カップケーキ・
ベイクショップ
Little Cupcake Bakeshop
P.121

Rivington St.

コンバース
Converse Flagship Store

Spring St駅

MoMA デザイン・
ストア・ソーホー
MoMA Design Store Soho
P.73

モーゲンスターンズ・ファイネスト・
アイス・クリーム P.125
Morgenstern's Finest Ice Cream

地下鉄M線

シュプリーム
Supreme

P.105 バルサザール・
ベーカリー
Barthazar Bakery

アイリーンズ・スペシャル・チーズケーキ P.126
Eileen's Special Cheesecake

Delancey St.

地下鉄J,Z線

Kenmare St.

Bowery駅

スティック・ウィズ・ミー P.39/P.142
Stick With Me

Broome St.

カウンター・カルチャー・コーヒー P.130
Counter Culture Coffee

ハーニー＆サンズ P.39/P.119
Harney & Sons

ケイト・スペード・ニューヨーク P.40
Kate Spade New York

Broadway

地下鉄N,Q,R,W線

Crosby St.

Lafayette St.

Centre St.

Mott St.

Elizabeth St.

地下鉄J,Z線

ママン P.43
Maman

オニールズ P.150
Onieal's Bar and Restaurant

Bowery

Grand St.

Grand St駅

リトル・イタリー
Little Italy

地下鉄4,5,6線

Baxter St.

Mulberry St.

地下鉄D線

Forsyth St.

ラ・メルセリエ P.42
La Mercerie

Howard St.

バズ・ベーグル＆レストラン P.103
Baz Bagel & Restaurant

Hester St.

Canal St駅

地下鉄R,W線

キャナル・ストリート・マーケット P.53
Canal Street Market

Canal St駅

Canal St駅

タイヤキNYC P.127
Taiyaki NYC

地下鉄N,Q線

Canal St.

ビジター・インフォメーション・
センター（チャイナタウン） P.188
Visitor Information Center

コンフューシャス・プラザ
Confucius Plaza

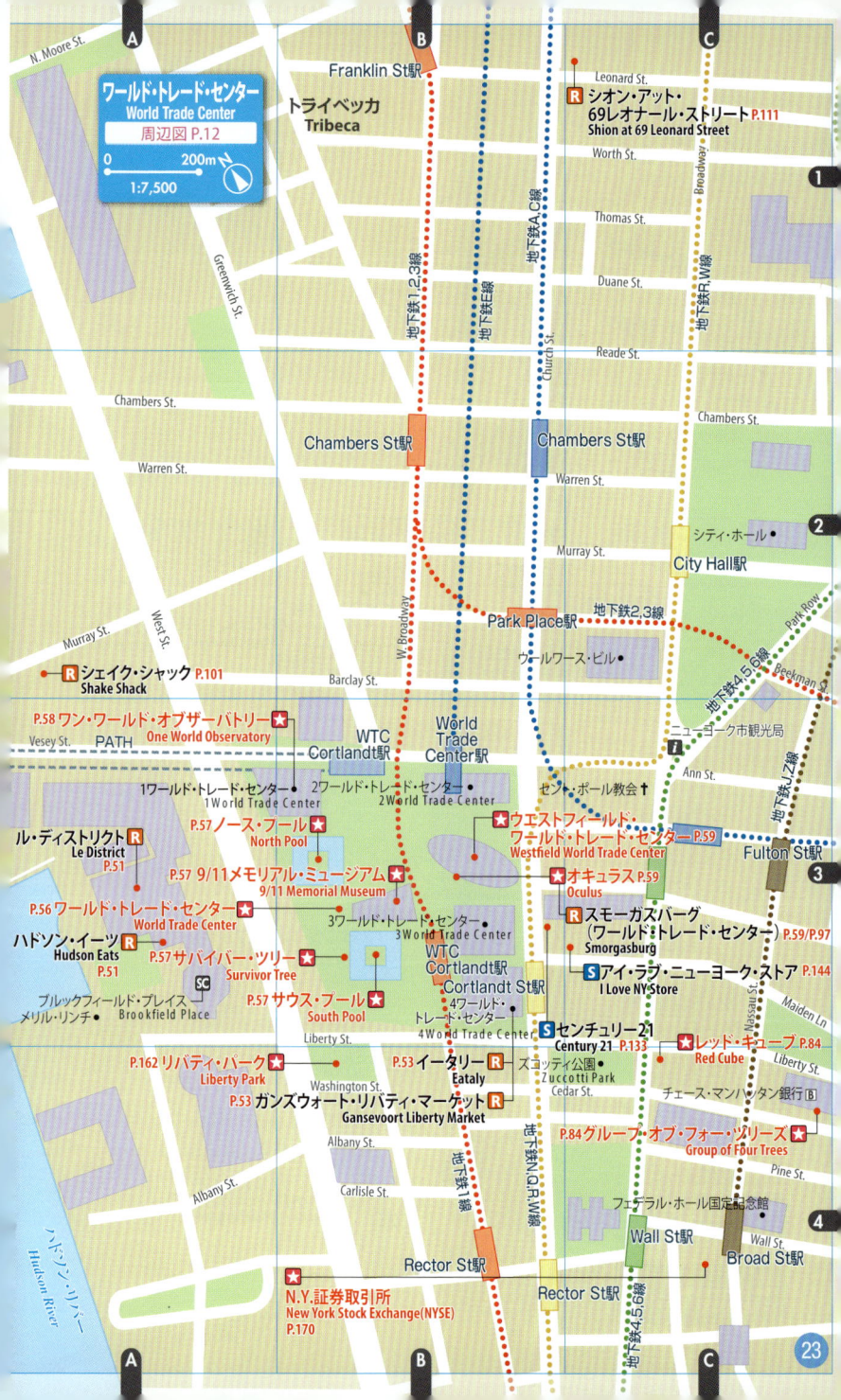

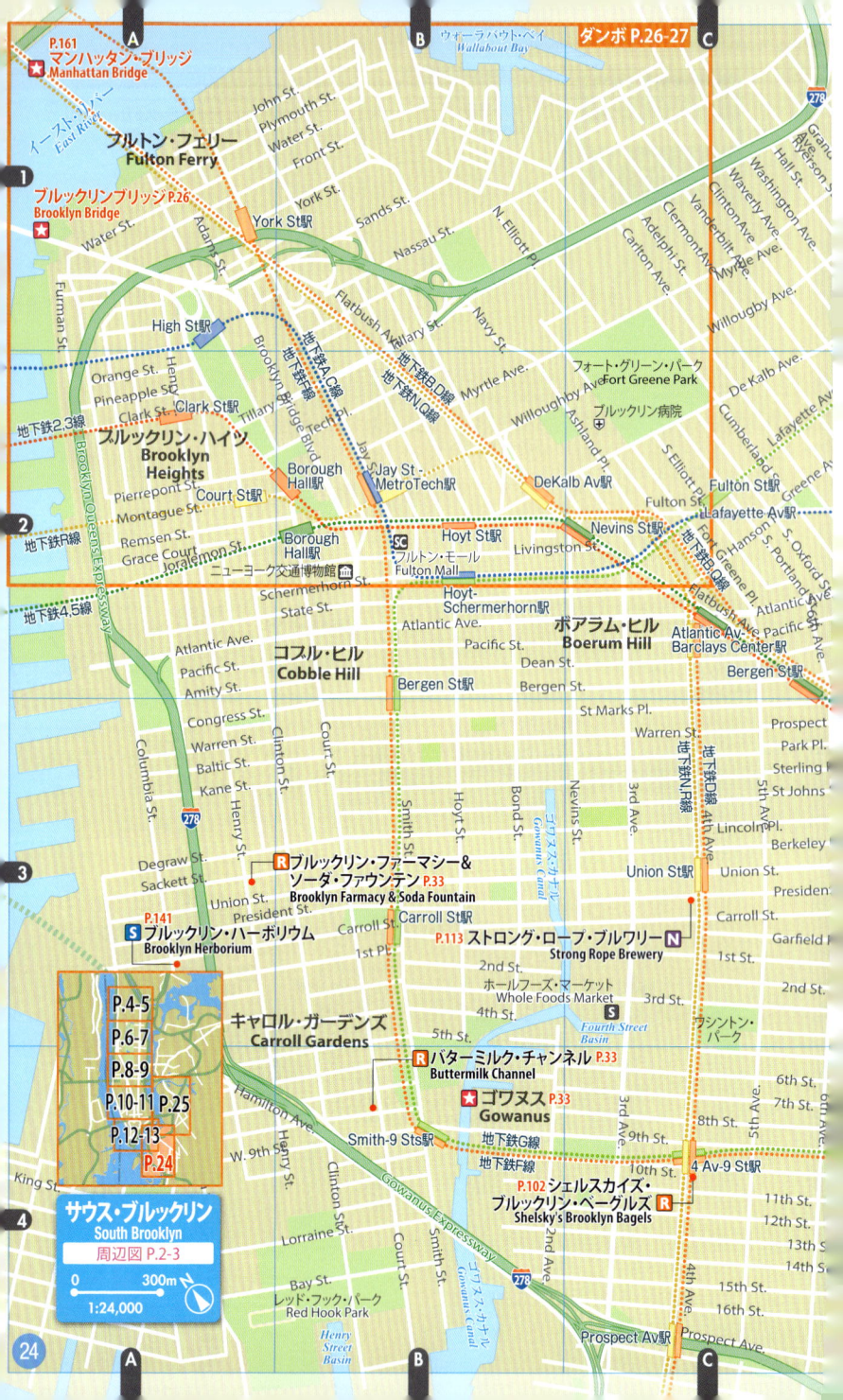

ニュータウン・リバー
Newtown River

ロングアイランド鉄道
Long Island Rail Road (LIRR)

ノース・ブルックリン
North Brooklyn
周辺図 P.2-3
0　　300m
1:27,000

1

Long Island City駅

P.4-5
P.6-7
P.8-9
P.10-11　P.25
P.12-13
P.24

Pulaski Br.

Box St.
Clay St.
Dupont St.
Eagle St.
Freeman St.
Green St.
Huron St.

Freeman St.
Green St.
Java St.
Kent St.

India St.
McGuinness Blvd.
Manhattan Ave.
Greenpoint Ave.
Moultrie St.

Freeman St.
Green St.

Greenpoint Ave.
Monitor St.
N. Henry St.
Russell St.
Humboldt St.
Jewel St.

Kingsland Ave.
Norman Ave.
Apollo St.
Sutton St.
Morgan Ave.
Hausman

★ グリーンポイント P.33
Greenpoint

Greenpoint Av駅

Calyer St.
Meserole Newel St.
Eckford St.
Leonard St.
Manhattan St.
McGuinness Blvd.
Diamond St.
Nassau Ave.

Driggs Ave.

Vandervoort Ave.

Franklin St.
Noble St.
West St.
Lorimer St.
Guernsey St.

地下鉄G線

Morgan Ave.

Maspeth Ave.

Ⓢ ベロック・ティー・アトリエ
Bellocq Tea Atelier
P.119

Nassau Av駅

Banker St.
Dobbin St.

Ⓒ ピーターパン・ドーナツ &
ペストリー・ショップ P.123
Peter Pan Donut & Pastry Shop

Ⓝ ブルックリン・ワイナリー P.113
Brooklyn Winery

North 15th St.
North 14th St.
North 13th St.
North 12th St.
North 11th St.
North 10th St.
North 9th St.
North 8th St.
North 7th St.

マッカレン・パーク

ウィリアムズバーグ P.28-29

2

イースト・リバー
East River

地下鉄L線

Kent Ave.
North 6th St.
Bedford Av駅

Bayard St.
Richardson St.
Withers St.
Roebling St.

Graham Av駅
Humboldt St.
Grand St.
Grand St駅

Graham Ave.

North 5th St.

Wythe Ave.
Berry St.
Bedford Ave.
Driggs Ave.

Lorimer St駅
Metropolitan Av駅

Skillman Ave.
Conselyea St.

Manhattan Ave.
Leonard St.

Metropolitan Ave.

Devoe St.
Ainslie St.
Powers St.
Grand St.
Maujer St.
Ten Eyck St.
Stagg St.
Scholes St.
Meserole St.
Montrose Ave.
Boerum St.

Lorimer St.
Union Ave.
Borinquen Pl.

Montrose Av駅

ダンウェル・ドーナツ Ⓒ P.122
Dun-Well Doughnuts

★ ドミノ・パーク P.30
Domino Park

Grand St.
South 1st St.
South 2nd St.
South 3rd St.
South 4th St.
South 5th St.

Havemeyer St.
Roebling St.
Hooper St.
Keap St.
Rodney St.
Hewes St.
Marcy Ave.

Broadway駅

3

地下鉄M線
Williamsburg Br.

地下鉄M線

地下鉄J,Z線

South 6th St.
Broadway
South 8th St.
South 9th St.
Division Ave.

Marcy Av駅
Broadway
Hewes St駅

地下鉄J,Z線

Bedford Ave.
Lee Ave.
Keap St.
Hooper St.
Hewes St.
Penn St.
Rutledge St.
Heyward St.
Lynch St.
Middleton St.
Lorimer St.
Walton St.
Harrison Ave.

Flushing Av駅

Marcy Ave.
Wallabout St.
Flushing Ave.

Gerry St.
Bartlett St.
Tompkins Ave.

ウィリアムズバーグ
Williamsburg

Brooklyn Queens Expressway
Division Ave.
Bedford Ave.

Wythe Ave.

Myrtle Willoughby Avs駅

Park Ave.
Skillman Ave.
Kent Ave.
Taaffe Pl.
Franklin Ave.
Classon Ave.
Emerson Pl.
Steuben St.
Grand Ave.

Walworth St.
Spencer St.
Bedford Ave.

Myrtle Ave.
Willoughby Ave.
Nostrand Ave.
Marcy Ave.
Sandford St.

Dekalb Ave.

イースト・リバー
East River

John St.
Plymouth St.
Water St.
Front St.

Nassau St.

4

25

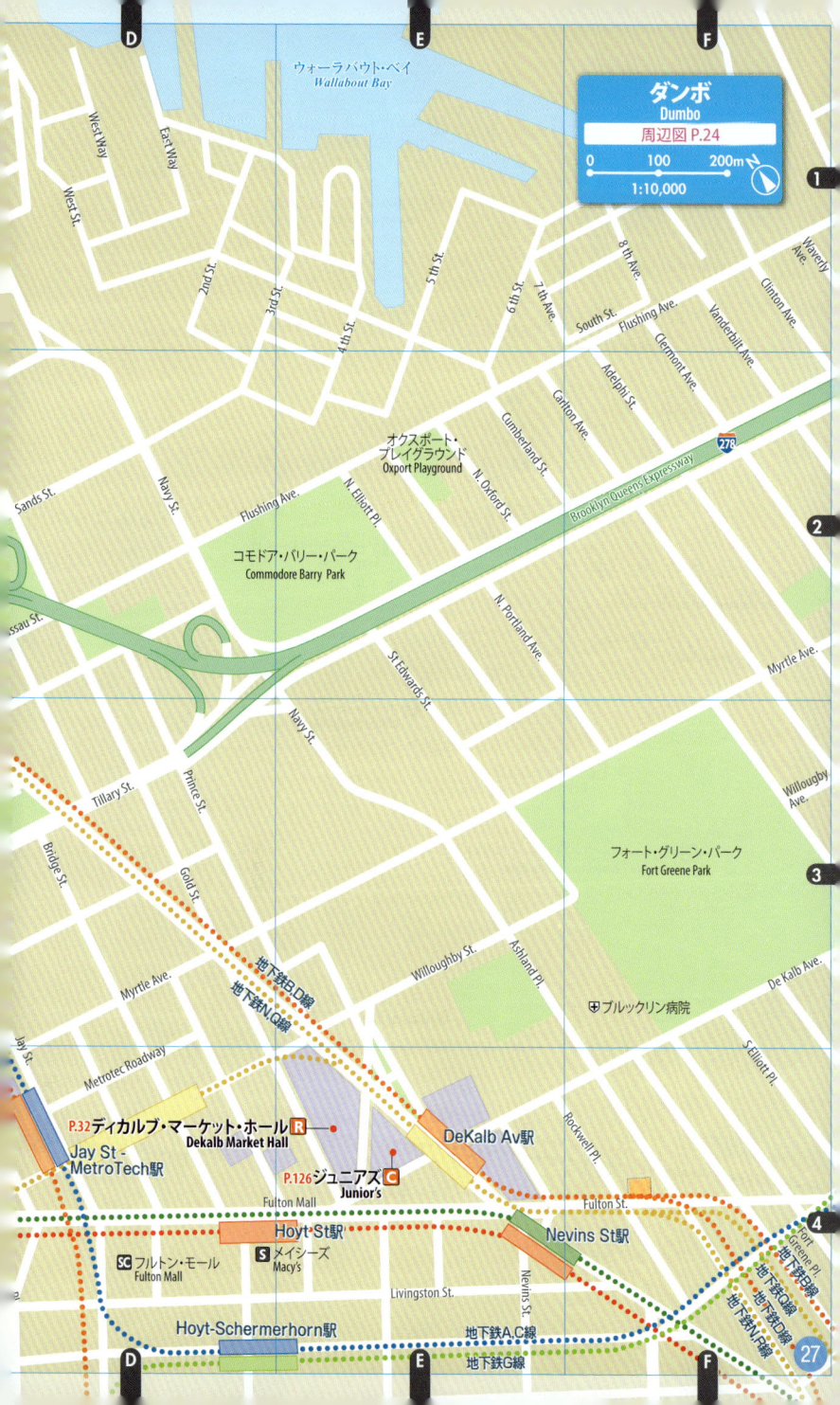

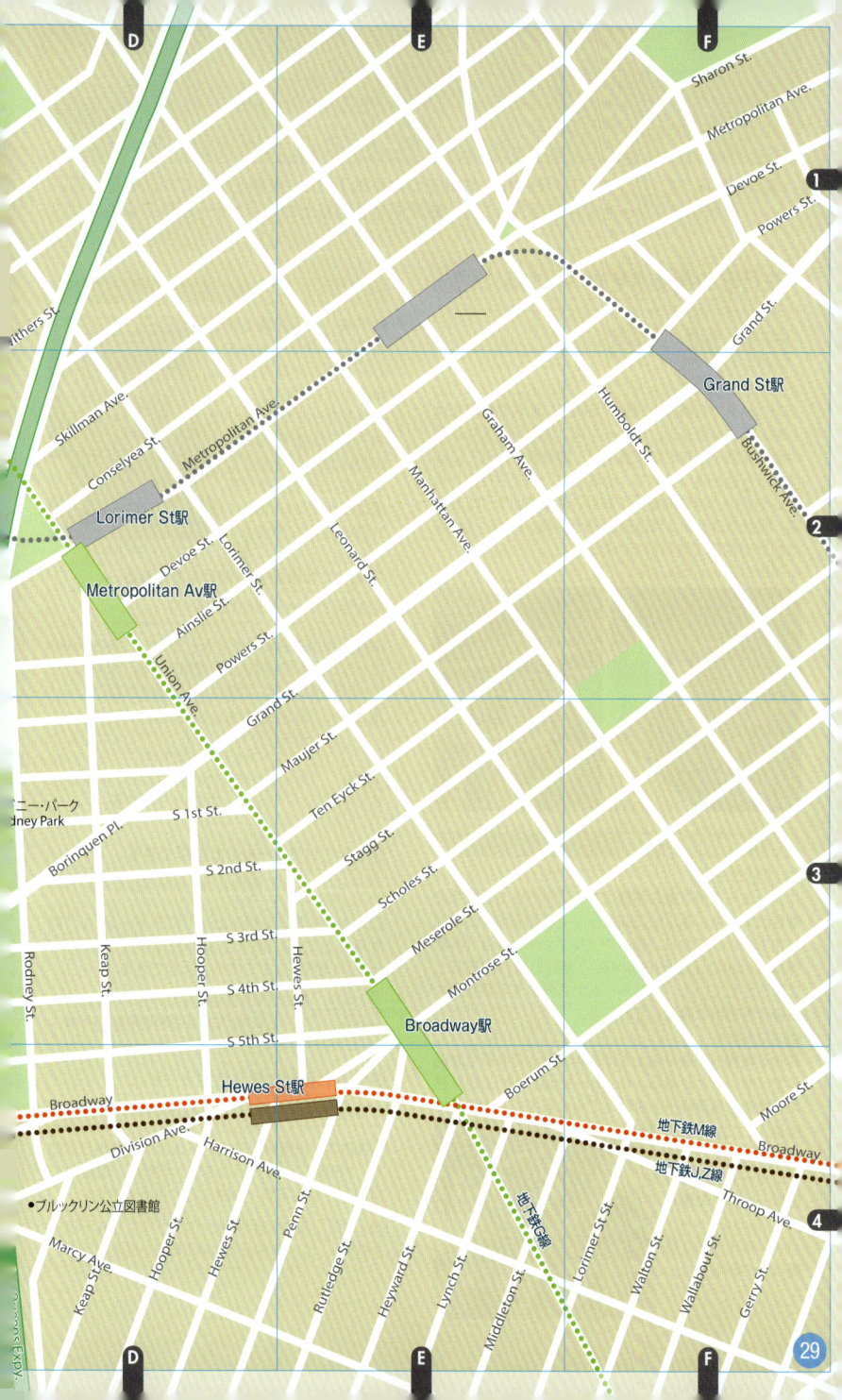

縦に細長いマンハッタンでの移動は、南北をつなぐ地下鉄と、東西をつなぐバスを基本に、便利なタクシーを交えて活用したい。観光気分も盛り上がるフェリーもおすすめ。

旅行客の街歩きをカバーする

地下鉄
Subway

マンハッタンを南北に縦断する観光に便利な路線をはじめ、ブルックリン、クイーンズ、ブロンクスなど市内全域を結ぶ代表的な交通手段。観光名所の近くにはほぼ地下鉄が通っており、渋滞もないので旅行客が利用しやすい。24時間動いており、通常は約5～15分間隔、朝夕のラッシュ時は約2～5分間隔、24時～翌5時は約30分間隔で運行している。
🕐24時間 🌐 new.mta.info/

地下鉄の路線と種類

●路線の種類
ニューヨーク地下鉄の路線はアルファベットと数字で表されている。基本的に同じルートを走るラインは同じ色で表されており、番号やアルファベットは「各駅停車(Local)」「急行(Express)」などの運行形態ごとに設定されている。同じルートでも停車する駅が異なるので乗車前に確認しておこう。

●乗り換え
異なる路線への乗り換えでは、すぐ近くでも駅名が同じではないことがある。Google Mapsなどは乗り換えのための徒歩ルートも教えてくれるので、出発前に検索しておくとスムーズだ。また、メトロカード利用なら電車・バス間の乗り換えもOK(ペイ・パー・ライドは2時間以内の制限あり)。

チケットの種類

地下鉄、バス共通で使用可能なプリペイド式カード「メトロカード(MetroCard)」とクレジットカードや電子マネー入り携帯電話、OMNYカードをかざして通過できる、タッチ&ゴー形式のOMNYの2種類を利用できる。

スムーズな移動を手助けしてくれる

OMNYカード OMNY Card

OMNY専用交通系電子マネーカード。1枚のOMNYカードで1回につき4人まで使用できる。7日間のうちに12回利用すれば、以降はチャージされない。

| 購入場所 | 地下鉄駅にあるOMNYカード専用機械や、街なかのドラッグストアやコンビニエンスストアなどでで購入可。 |
| 手数料以上 | カードの発行には手数料$5、最低$1以上のチャージが必要。 |

好きなだけチャージして利用できる

ペイ・パー・ライド Pay-Per-Ride MetroCard

$5.80～任意の金額をカードにチャージし、1回乗車ごとに$2.90ずつ引かれていくシステム。カード1枚で4人まで使うことができる。

| 購入場所 | 駅の自動券売機か有人ブースで購入可。 |
| 手数料 | カードの発行には手数料が別途$1必要。 |

旅行者に便利な乗り放題カード

アンリミテッド・ライド Unlimited Ride MetroCard

高速バス、空港線以外の地下鉄とバスが乗り放題で、7日間$34と30日間$132がある。期限内の24時まで利用可能。複数人では使用できない。

| 購入場所 | 駅の自動券売機か有人ブースで購入可。 |
| 手数料 | カードの発行には手数料が別途$1必要。 |

地下鉄の乗り方

① 駅の入口を探す

地下へ続く階段の入口で駅名と路線の種類を確認。入口のランプは、緑色が24時間有人の改札がある、黄色は時間帯により閉鎖する出入口、赤は出口専用であることを示している。

わかりやすく表示された路線名

② メトロカードを購入してホームへ

構内のブースか自動券売機でメトロカードを入手。自動改札でカードをスライドさせたら、金属製の回転バーを押して入場する。利用路線と「Downtown（南行き）」「Uptown（北行き）」「Westside（西行き）」などの方面表示、または「Brooklyn」「Queens」などの終点駅の表示、急行か各駅停車かなどの確認を忘れずに。改札を一度通ると改札外へ出たとしても、同じ駅への入場は18分間制限されるので注意。

メトロカードは旅の最初に入手

③ 乗車する

1つのホームに複数の路線が乗り入れることがあるので、車体に表示されている路線名や行き先は必ず確認してから乗車。出発時や到着時のアナウンスはない。

揺れるので手すりを利用して

④ 下車する

車内アナウンスがない場合もあるので、ホームの駅名表示などを確認してから下車。自動改札か出口専用ゲートを抜けたら、「Exit」の表記や建物名、道路名などの案内に従って出口へ向かう。

📍 新しい運賃支払いシステム「OMNY」

非接触型のICカードや、クレジットカード、スマートフォン、スマートウォッチなどを改札でタッチして入場する「OMNY(One Metro New York)」の導入が開始。2025年1月現在、ニューヨーク市5区の全駅に設置。順次、利用可能な駅・バスを増やし、アプリなどもリリース予定。2025年までには完全移行し、メトロカードは廃止される予定だ。

📍 路線図やアプリを活用する

路線図は駅のブースや観光案内所で手に入る。アプリなら「New York Subway MTA Map」は路線図を確認できるほか、乗り換え検索や運行情報を確認できる。オフラインで路線図を見るだけならMTAの公式HPから事前にダウンロードしておくと便利だ。

利用時の注意

電車は定刻では来ないことも

日本のように時刻表どおりの正確な運行ではないことが多いので、ホームで長く待たされることも。時間には余裕をもって行動したい。

車内でのマナーとパフォーマンス

公共の場での化粧や騒がしい行為、車内での飲食は好まれず、ゴミの放置やアルコールの持ち込みは罰金の対象に。観光地近くのホームや車内では音楽演奏などのパフォーマンスが行われることもあり、動画や写真を撮ったり、気に入った場合はチップを渡そう。

急な行き先変更

土・日曜、祝日、またはメンテナンスなどで、行き先や停車駅が変更されることが多い。車内アナウンスやホームの張り紙で案内されるので、注意しておこう。

地下鉄の構内はWi-Fi利用が可能

ほとんどの地下鉄駅構内では無料でWi-Fiが利用できる。アプリを使った検索や運行情報の確認に便利。

治安情報とトラブル対策

●深夜、早朝の利用は控える

乗客が少なくなる23時以降や7時前の時間帯は犯罪が起こりやすいので利用を避けたい。乗客が少ないときは「Off Hours Wating Area」の看板や「Help Point」の表示があるエリアで待とう。

●乗車中の注意

高級ブランドのバッグや衣服を身につけて眠ったり、うわの空でいたりするとスリや置き引きに狙われることも。ドア近くに立ち車内に背を向ける、人の少ない車両に乗り込むなどの行為も避けよう。

●人けのない場所へ近づかない

人けの少ない通路や空間はひったくりや強盗、性犯罪などの犯罪が起こりやすいので避け、あからさまな観光客という行動は慎もう。

快適便利なニューヨークの顔

 # タクシー Taxi

いたるところで流しのタクシーが走っており、使い勝手が良い。深夜～早朝の時間帯や、治安が良くないエリアでは積極的に活用したい。市公認のタクシーは、マンハッタンで唯一営業を認可されている黄色の車体の「イエロー・キャ

ブ」、アップタウンやブルックリンなど郊外エリアで営業している緑色の車体の「グリーン・キャブ」の2つ。

イエロー・キャブ Yellow Cab
🌐 www.yellowcabnyctaxi.com

グリーン・キャブ Green Cab
🌐 www.nyc.gov/site/tlc/businesses/green-cab.page/

料金はどのくらい?

基本料金はメーター制で、そのほかに時間帯や出発地により加算されていく。車種にかかわらず同一料金。チップは料金の15%で、近距離の場合は$1～3。

タクシー料金の目安

初乗り (1/5マイル=約320mまで)	$3
以降、約320mごと（時速6 マイル以下の場合60秒ごと）	$0.70加算
平日の16:00～20:00	$2.50加算
20:00～翌6:00	$1加算
ニューヨーク州付加税	$0.75加算
マンハッタン区内発	$2.50～2.75加算
渋滞緩和のための課税	$0.75加算

ニューヨーク州外へ訪れる場合は追加料金が必要。高速や橋、トンネルなどの有料道を利用した場合はその料金も加算。

タクシー利用時の注意

流しのタクシーは夕方や夜間、雨の日、週末はつかまりづらいので注意。市公認のタクシーは顔写真入りの運転手登録書がメーター横に掲げられており、ボンネットにはメダリオンが取り付けられている。それ以外は**違法な白タク**なので利用はやめておこう。問題や忘れ物があった場合は運転手登録書やレシートに記載されているタクシーの識別番号（メダリオン）で問い合わせる。

タクシーの乗り方

① 手を挙げてタクシーをひろう

日本と同様に道に手を挙げる方法でOK。**車体上部のランプが点灯していれば空車**、**「OFF DUTY」の点灯は回送中**なので乗車できない。マンハッタンは一方通

24時間いつでも利用できる

行の道が多いので、進行方向側の道路で手を挙げたい。ホテルや駅前などスタンドがある場合はそこから乗車しよう。

② 乗車して行き先を告げる

ドアは手動なので自分で開けて乗車する。行き先は主要な観光スポットであればそのまま伝えてもよいが、基本的には「5th Ave. & 54th St., please.」など、

目的地の通り名は事前に確認を

通り名とブロック名の交差する位置を告げると理解してもらいやすい。

③ チップと料金を支払い、下車する

支払いは現金かクレジットカード。**チップは料金の15%**で、荷物や乗車人数が多いときは上乗せしたい。カード払いは後部座席のモニターに付くリーダーで読み込み、支払いたいチップの割合を選択することが多い。**レシートはタクシーの識別番号が印字**されており、忘れ物をした際などに必要なので**必ずもらっておくこと**。ドアは手動なので、**自分で開けて、降車後に閉める**。

現金払いは細かい紙幣を用意したい

📍 移動や支払いが便利で安心 自動車配車アプリ「Uber」「Lyft」

近年、世界的に普及しているライドシェアサービス。日本ではあまり普及していないためなじみがないが、**乗車前に料金がわかる**、スマートフォンでのカー

ド決済と利点は多い。アプリで現在位置と目的地、車種などを選択するため**データ通信可能な環境が必要**。日本でダウンロードしておけば、現地でも日本語表記で使えるので事前に用意しておこう。

水上から名所を眺めて移動する

🚢 フェリー Ferry

イースト・リバーを運航するフェリーは、ブルックリンやクイーンズへの移動手段としてはもちろん、見どころや摩天楼を望む絶好の観光ルートとしても人気。

NYCフェリー
NYC Ferry

7路線を運航する代表的なフェリー会社。ブルックリン観光に便利なEast River線など、人気スポットへのアクセスに利用できるが、地下鉄ほどの運航頻度ではないので時間には余裕をもって。船内には売店やトイレが完備されている。ニューヨーカーの通勤にも利用されているので、朝夕のラッシュ時の利用は避けたい。

料金と購入場所、運航時間

距離に関係なく片道$4.50の一律料金。メトロカードは利用できないので注意。

料金	「ONE-WAY(片道)」$4.50。10回券は$29。シニア(65歳以上)、学生割引チケットは片道$1.45。
購入場所	乗船場の自動券売機や有人ブースのほか、公式アプリで事前購入も可能。
運航時間	路線により異なる。
乗船場	マンハッタンの主な乗船場所は、Wall St.にあるピア11とE. 34th St.の2カ所が便利。

🔗 www.ferry.nyc

NYCフェリーの路線

路線名	色	主な行き先
ER East River	🟩	ブルックリン(ダンボ、ウィリアムズバーグ)※
SB South Brooklyn	🟥	ブルックリン(ダンボ、レッド・フック)※
RW Rockaway	🟥	ブルックリン(サンセット・パーク)、ロッカウェイ・ビーチ
AST Astoria	🟧	クイーンズ(ロング・アイランド・シティ)、ルーズヴェルト島
SV Soundview	🟪	ブロンクス(クラソン・ポイント・パーク)
SG St.George	🟥	マンハッタン(ミッドタウン・イースト)、スタテン島

※夏期の週末にはガバナーズ島にも停船

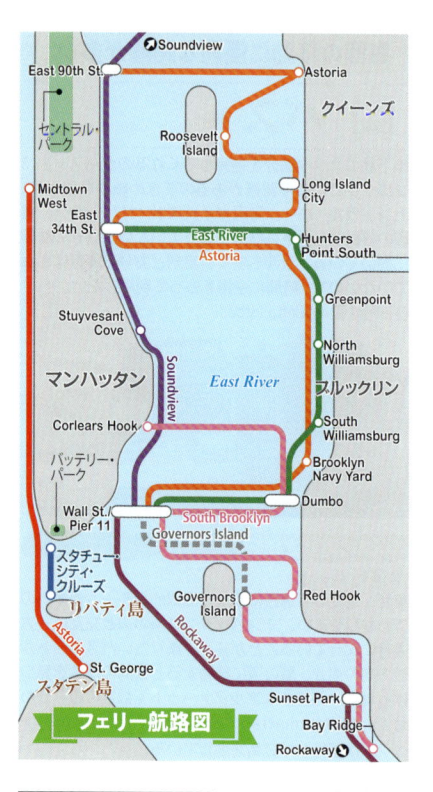

フェリー航路図

Soundview
East 90th St.
Astoria
クイーンズ
セントラル・パーク
Roosevelt Island
Midtown West
East 34th St.
East River
Long Island City
Astoria
Hunters Point South
Stuyvesant Cove
Greenpoint
North Williamsburg
マンハッタン
Soundview
East River
ブルックリン
Corlears Hook
South Williamsburg
バッテリー・パーク
Brooklyn Navy Yard
Wall St. Pier 11
Dumbo
South Brooklyn
Governors Island
スタチュー・シティ・クルーズ
Governors Island
Red Hook
リバティ島
Astoria
Rockaway
St. George
スタテン島
Sunset Park
Bay Ridge
Rockaway

スタチュー・シティ・クルーズ
Statue City Cruises

マンハッタンから自由の女神像が立つリバティ島を訪れるクルーズ。乗り場でセキュリティチェックを受けて乗船。女神像は向かって右手に現れる。島に到着後は自由に行動できる。

料金と購入場所、運航時間

料金はフェリー往復分に諸経費を含む。乗船時間は往路約20分、復路はエリス島を経由するため約30分かかる。

料金	往復$25.80(リバティ島への入場料、日本語のオーディオツアー代を含む)。
購入場所	バッテリー・パーク内クリントン砦のチケット売り場で購入可。混雑するので公式HPから事前購入するのがおすすめ。
運航時間	バッテリー・パーク発8時30分～17時、リバティ島発最終17時30分、季節により異なる。夏期は15～20分ごと、冬期は40～45分ごとに出航。
乗船場	バッテリー・パーク(MAP付録P.12 C-4)

🔗 www.statuecruises.com

東西の移動に便利な路線が多い

バス Bus

地下鉄のネック部分を補完してくれるのがバス。2・3ブロックごとに停留所があるのできめ細かな移動や、セントラル・パーク周辺やイースト・リバー沿い、東西の移動など地下鉄路線が通っていないエリアの移動に向いている。渋滞も多く、定刻どおりの運行はされていないので、時間に余裕をもって利用したい。
🕐24時間 🌐 new.mta.info/

バスの路線と種類

●運行ルート

東西、南北の各道路に沿った直線的なルートが多いのでわかりやすい。マンハッタンは隣の道と交互に一方通行になっていることが多く、乗りたいバスルートが逆方向の場合、隣の道に移動すると目的のバスを見つけられる。路線名はアルファベット＋数字の組み合わせで、M＝Manhattan、B＝Brooklynなどアルファベットは運行エリア名を表している。

●運行形態

通常運行のバスは「Local」、主要停留所のみ停車する急行バスは「Limited(Ltd)」と記されている。

乗車券の種類と料金

支払いは現金（コインのみ）かOMNYカード（→付録P.30）、クレジットカードや携帯電子マネーを直接タッチしての決済も可。特定の路線ではバス停にあるSBS（Select Bus Service）と呼ばれる運賃前払いの機械が利用可。

バス料金

バス1回乗車	一律$2.90
アンリミテッド・ライド（→付録P.30）	7日間乗り放題$34、30日間乗り放題$132

購入場所 現金はその場で支払う。メトロカードはバス停周辺では手に入らず、事前に地下鉄駅などで購入（→付録P.30）。SBSが利用できる路線はマンハッタンだとM15・M23・M34/M34A・M60・M79・M86。

乗り換え 現金払いの場合はトランスファーチケットをもらえばバスへの乗り換えが可能。メトロカード利用の場合は地下鉄とバス相互間の乗り換えが可能。どちらも2時間以内に1回のみ。

バスの乗り方

① バス停を探す

バス停は進行方向に向かって右側にあり、バスのイラストが描かれた丸い看板が目印。停車路線はローカルが青、リミテッドは紫、ツアーバスなどは緑で表されているので番号を確認。

おつりはないので気をつけて

② 料金を支払い、乗車する

手を挙げてバスを停め、車体に表示された路線番号・行き先を確認して前方ドアから乗車。運転席手前の機械に現金を入れるOMNYをタッチして運賃を前払いする。乗り換え予定で、現金払いの場合は「Transfer, please.」と伝えて乗り換え券をもらう。

前方入口近くの席は優先席

③ 合図を出して、降車する

降車の合図はボタンを押す、黄色か黒のゴムテープを押す、窓際のワイヤーを引っ張るなどがある。車内アナウンスは聞き取りづらいので、外の様子を常に気

ワイヤーを引いて降車を伝える

にしておくか、運転手に降車する停留所を伝えておこう。降車は前後どちらのドアからでもOK。

深夜、早朝の利用は注意

24時間運行だが、人けが少ない深夜や早朝の利用は避けたいところ。夜間や週末は本数が減るので、深夜の停留所で長時間待つのも危ない。

📍 観光バスで景色を楽しみながらエリアを効率よく移動する

観光エリアを走る2階建てオープントップバスが人気。制限時間内はバスの乗り降り自由なところが多いので、移動と観光を兼ねることができる。「Top View」「BigBus」「Gray Line」など数社が運行しており、料金やルート、日本語オーディオガイドの有無などを比較して選びたい。少し変わったところでは、劇場型観光バス「The Ride」も評判。観光ルートの移動の合間にアーティストによるストリートパフォーマンスを楽しむことができ、ニューヨークらしさを感じられる。

シティ・バイク citi bike

マンハッタンを中心にブルックリン、クイーンズなどで展開しているシェア型レンタルサイクル。約3万3000台の自転車と1900のステーションがあり、いつでも自由にレンタルできる。利用可能エリアも随時拡大中だ。
🔗 www.citibikenyc.com

料金プランの種類

観光利用ならデイ・パスがおすすめ。公式HPやアプリからオンラインで購入できるほか、ステーションのキオスク端末からも購入できる。

気軽に利用できる1回プラン

シングル・ライド Single Ride

最初の30分$4.99。以降1分ごとに$0.38の延長料金。

たっぷりサイクリングするならこのプラン

デイ・パス Day Pass

1日パス$19もある。最初の30分は追加料金がかからず、30分を超えて使用すると1分ごとに$0.38の延長料金が加算される。30分ごとにステーションに立ち寄り、貸し出し手続きを行うと延長料金はかからない。

自転車走行の注意点とマナー

●走行は自転車レーンか車道

自転車の歩道乗り入れは禁止されており、自転車レーンか車道を利用する。自転車も車と同じルールを遵守するよう法的に定められているので、左側走行、一方通行、信号や標識などの規則を守って走行しよう。

●混雑する道を避ける

多くの車が利用して混雑する基幹道路は、車両のスピードが速いので危険。マンハッタンの南北を貫く道路には自転車レーンが整備されていることが多いので、できるだけ利用しよう。

●鍵や籠はない

鍵が付いていないので、わずかな時間でも放置する場合は、ステーションを利用して。籠もないので体に掛けるタイプのバッグを用意したい。

シティ・バイクの乗り方

① ステーションを探す

公式HPやアプリのステーション・マップで近くのステーションを探す。ステーションのマークをタップすると自転車の在庫状況がわかる。

② 端末でレンタル手続き

キオスク端末で「Getting Started」を選択し、クレジットカードを挿入。2回目以降はクレジットカードをキオスク端末に挿入するだけでOK。アプリ利用の場合は端末での操作は必要なく、「Unlock a bike」をタップすると乗車コードが送られてくる。

③ 自転車のロックを解除

ステーションで使用したい自転車を決めたら、シティバイクもしくはリフトのアプリを開き、QRコードを読み取り、利用プランを選択しよう。ランプが赤から緑に変わったら自転車が使用可能になる。

QRコードを読み取る

④ 自転車を返却

事前に公式HPやアプリで目的地近くのステーションに空きがあるか確認しておくとスムーズ。車輪止めに自転車をしっかり押し入れて、緑のランプが点いたら返却完了。

📍 ヘリコプターでマンハッタンを望むラグジュアリーな空中散歩

とっておきの思い出をつくるなら、ニューヨークの夜景を堪能する、ヘリコプターのチャータープランがおすすめ。自由の女神やタイムズ・スクエア、セントラル・パークなど街の見どころを巡る25～30分間の空の旅だ。昼間開催のニューヨーカーツアーなどもある。

ヘリ・NY
Heli NY
シティ・ライト・エクスペリエンス
🕐30分ごとに運行(スケジュール要確認) 💴1シート$259、別途設備使用料$40 🔗heliny.com

旅の英会話
ENGLISH CONVERSATION

基本的な単語やフレーズだけでも
覚えておけば、現地の人と
コミュニケーションが取りやすくなる。

基本フレーズ

☐ をください（お願いします）。
☐, please.
プリーズ

ex. コーヒーをください。
Coffee, please.
コーフィー プリーズ

☐ はどこで買えますか。
Where can I get ☐ ?
ウェア キャナイ ゲット

ex. ミネラルウォーターはどこで買えますか。
Where can I get mineral water?
ウェア キャナイ ゲット ミネラル ウォーター

☐ まで距離はどのくらいですか。
How far is it from here to ☐ ?
ハウ ファ イズイット フロム ヒヤ トゥ

ex. タイムズ・スクエアまで距離はどのくらいですか。
How far is it from here to Times Square ?
ハウ ファ イズイット フロム ヒヤ トゥ タイムズ スクエア

☐ へはどうやって行けばいいですか。
How do I get to ☐ ?
ハウ ドゥ アイ ゲットゥ

ex. ソーホーへはどうやって行けばいいですか。
How do I get to SoHo ?
ハウ ドゥ アイ ゲットゥ ソーホー

《タクシー内で》☐ まで行ってください。
To ☐ , please.
トゥ　　　　　プリーズ

ex. タイムズ・スクエアまで行ってください。
To Times Square, please.
トゥ タイムズ スクエア プリーズ

☐ 行きのバス乗り場はどこですか。
Where is the bus stop for ☐ ?
ウェア イズ ダ バス ストップ フォー

ex. フェリーターミナルのバス乗り場はどこですか。
Where is the bus stop for ferry terminal ?
ウェア イズ ダ バス ストップ フォー フェリー ターミナル

この地下鉄（バス）は ☐ へ行きますか。
Does this subway(bus) go to ☐ ?
ダズ ディス サブウェイ（バス） ゴー トゥ

ex. この地下鉄はユニオン・スクエアへ行きますか。
Does this subway go to Union Square ?
ダズ ディス サブウェイ ゴー トゥ ユニオン スクエア

街なかでの会話

タクシー乗り場はどこですか。
Where can I get a taxi ?
ウェア キャナイ ゲッタ タクスィー

《地下鉄・バス内で》この席は空いていますか。
May I sit here ?
メアイ シット ヒア

両替はどこでできますか。
Where can I exchange money ?
ウェア キャナイ エクスチェンジ マニー

写真を撮っていただけますか。
Could you take our pictures ?
クッジュー テイク アワ ピクチャーズ

日本語を話せる人はいますか。
Is there anyone who speaks Japanese ?
イズ ゼア エニワン フゥ スピークス ジャパニーズ

トイレはどこですか。
Where is the restroom ?
ウェア イズ ダ レストルーム

ショッピングでの会話

見ているだけです。
I'm just looking.
アイム ジャスト ルッキング

試着してもいいですか。
Can I try it on ?
キャナイ トゥライット オン

大きい（小さい）サイズはありませんか。
Do you have a bigger(smaller) one ?
ドゥ ユー ハヴァ ビッガー（スモーラー） ワン

これはいくらですか。
How much is this ?
ハウ マッチ イズ ディス

これをください。
I'll take this.
アイル テイク ディス

クレジットカードで払えますか。
Can I use a credit card ?
キャナイ ユーズア クレジット カード

領収書をください。
Can I have a receipt, please.
キャナイ ハヴァ リシート プリーズ

返品（交換）したいのですが。
I'd like to return(exchange) this.
アイドゥ ライク トゥ リターン（エクスチェンジ） ディス

レストランでの会話

おすすめの料理はどれですか。
What is the recommended dish ?
ホワッティズ ザ リコメンデッド ディッシュ

メニューをください。
May I have a menu, please?
メアイ ハヴァ メニュー プリーズ

日本語のメニューはありますか。
Do you have a menu in Japanese ?
ドゥ ユー ハヴァ メニュー イン ジャパニーズ

注文してもいいですか。
May I order ?
メアイ オーダー

注文したものがまだきていません。
My order hasn't come yet.
マイ オーダー ハズント カム イェット

持ち帰ります。
To go, please.
トゥ ゴー プリーズ

会計をお願いします。
Check, please.
チェック プリーズ

トラブル時の会話

警察を呼んでください。
Please call the police !
プリーズ コール ザ ポリース

財布を盗まれました。
My wallet was stolen.
マイ ウォレット ワズ ストールン

盗難証明書を作成してくれますか。
Could you make a theft certificate ?
クッジュー メイクァ セフトゥ サーティフィケット

具合が悪いです。／頭痛がします。
I feel sick.／I have a headache.
アイ フィール スィック／アイ ハヴァ ヘディック

病院に連れて行ってもらえますか。
Please take me to a hospital.
プリーズ テイク ミー トゥ ア ホスピタル

保険用に診断書と領収書をください。
May I have a medical certificate and receipt for my insurance ?
メアイ ハヴァ メディカル サーティフィケット
アンド レシート フォー マイ インシュランス

ホテルでの会話

予約をしているのですが。
I have a reservation.
アイ ハヴァ リザヴェイション

今チェックインはできますか。
Can I check in now ?
キャナイ チェック イン ナウ

荷物を預かってください。
Please keep my luggage.
プリーズ キープ マイ ラゲッジ

部屋のシャワーが壊れています。
Shower is broken in my room.
シャワー イズ ブロークン イン マイ ルーム

Wi-Fiのパスワードを教えてください。
Could you tell me the Wi-Fi password ?
クッジュー テルミー ザ ワイファイ パスワード

締め出されてしまいました。
I rocked myself out.
アイ ロックド マイセルフ アウト

チェックアウトお願いします。
Check out, please ?
チェック アウト プリーズ

タクシーを呼んでください。
Could you call a taxi ?
クッジュー コーラァ タクスィ

トラブル時に使う単語

救急車
ambulance
アンビュランス

腹痛
stomach ache
ストマック エイク

下痢
diarrhea
ダイアリイア

高熱
high fever
ハイ フィーバー

アレルギー
allergy
アルジー

骨折
fracture
フラクチャー

やけど
burn
バーン

めまい
dizzy
ディズィー

事故証明書
report of the accident
リーポトゥ オブ ザ アクスィデン

遺失物係
lost and found
ロスト アンド ファウンド

財布
wallet / purse
ウォレット パース

日本大使館
Japanese embassy
ジャパニーズ エンバシー

泥棒／強盗
theif / robber
スィーフ ロバー

薬局
pharmacy / drug store
ファーマシー ドラッグ ストア

処方箋
prescription
プレスクリプション

消毒液
antiseptic
アンティセプティック